緑の政策事典

LE NOUVEAU
LIVRE
DES VERTS

フランス緑の党 著

真下俊樹 訳

緑風出版

LE NOUVEAU
LIVRE DES VERTS

Et si le vert
était la couleur du XXIe siècle?

by LES VERTS

緑の政策事典——目次

緑の政策事典――目次

謝辞

編集責任：ベルナール・ルフォール

『緑の本』の初版は、フェラン書房から一九九四年に出版された。ドミニック・フワンとドミ・ベルナールが企画調整したこの本は、緑の党が担っている思想を初めて総合的にまとめたものだった。それから五年後の今日、この運動の歴史の加速度的な展開、とくに緑の党議員の国会進出やドミニック・ヴワネの入閣を見るとき、改訂版を上程する必要を感じるようになった。

この『緑の本』の「第二巻」は、エリック・マルキに負うところが大きい。彼は本書を企画し、多くの章を執筆した。ドミ・ベルナールは、この企画の調整役を一貫して務め、四年近く世話役として働いてきた。また、本書の製本を担当したエコディフ社のクリスチーヌ・エスタヴワイエ氏、フェラン書房のベルナール・ルフォール氏にも謝辞を表したい。

エコロジスト思想の第二段階を画する本書は、集団作業の成果であり、様ざまな委員会や議論を通して、緑の党のメンバー一人ひとりがこの作業に参加している。とはいえ、とくに謝辞を捧げなければならないのは、本書の作成のために寄稿し、考えを提供してくれた次の人たちである。

フランソワーズ・アラマルチーヌ、ディディエ・アンジェ、マリーズ・アルディチ、アンドレ・アシエリ、マリ‐エレーヌ・オーベール、ドミニック・バーレル、アルド・バッタグリア、フランシーヌ・バヴェイ、クロード・ボージャール、ドニ・ボーパン、ダニエル・ベガン、ジャン‐リュック・ベンアミア、ジャン‐クロード・ビオー、マリ‐クリスチーヌ・ブランダン、アントワーヌ・ボンデュエル、ケディジャ・ブルカール、クリスチアン・ブレット、カトリーヌ・カンドリエ、エマニュエル・コー、クロード・シャルパンチエ、ディディエ・シェレル、ジョエル・シェネ、ロジェ・シアジェーズ、アンドレ・シコレラ、イヴ・コシェ、ダニエル・コーン‐ベンディット、フランシーヌ・コント、イヴ・コンタッソ、ミシェル・ダヴラ、ジャン‐マルク・ダンジャン、ベルナール・デルモット、マルク・デルプーヴ、アリス・ド・デーン、フランソワ・ド・ルギー、アラン・ドランジュ、ブノワ・デュカッス、ルネ・デュモン、アンリ・デュパッシウー、フランソワーズ・デュトゥ、ソランジュ・フェルネックス、ミレイユ・フェリ、ジョエル・フェイデル、フランソワーズ・フィアット、ジャン‐フランソワ・フュステック、ボリス・ガブリエル、ジェラール・ゴーチエ、フランソワーズ・ガラン、ピエール・ガンドニエール、シルヴァン・ガレル、カトリーヌ・グレーズ、マルタン・グランドルジュ、ダニエル・ハロー、ギイ・ハンヌビック、クリストフ・アルノワ、フレデリック・アルトマン、ギイ・アスコエ、ディディエ・エルヴォ、マリ・アンヌ・イスラー‐ベガン、マルク・イェドリチカ、ロベール・ジュール、ペネロープ・コミテス、ジャン‐イヴォン・ランドラック、フランソワ・ラランド、ステファーヌ・ラヴィニョット、ファビエンヌ・ルルー、アニー・ルロワ、アンヌ・ル・ストラ、トマ・ルゼー、ドミニック・リオ、アラン・リピエッツ、エリザベート・ロワショ、ノエル・マメール、ジャン‐ミシェル・マルシャン、ギイ・マリモ、マリ‐フランソワーズ・マンデス、ジャニック・モリソー、ジャン‐ピエール・モリショー、ローラ・モロシーニ、ミシェール・パンドリエーヴル、ジェラール・プリエール、ドミニック・プランケ、ステファンヌ・ポクラン、クリストフ・ポルキエ、エリック・キケ、フィリップ・キリオン、ダニエール・レシギエ、アラン・ルアア、アニエス・シナイ、マリ‐ピエール・シオン、ヴィクトール・シオン、クリスチアン・サント、クロード・タラブ、ベルトラン・ヴェルファイユ、フィリップ・ヴィシュラ、エマニュエル・ヴィドコック、ドミニック・ヴヮネ、エレーヌ・ザニエ、レイラ・Z。このほか、緑の党執行部の常駐員およびメンバーにも、「ロジスティック」の援助をいただいたことにお礼を述べたい。

本書は全体を通して、注意深い校正で文章の質を著しく高めてくれたシルヴィ・グランジェ、トマ・ルゼーにも多くを負っている。

また、折りにつけ力添えしてくれたジェラルディーヌ・ボワイエ、レジス・エダール、リュッファン・ムパカに謝辞を述べたい。

そして、既刊誌から本書へのイラストの転載を快諾してくれた「シャルリー・エブド」誌スタッフの皆さんにも熱い感謝を捧げる。

まえがき

世界の三大課題

ルネ・デュモン

私は長い間、エコロジストと左翼の接近を支援してきた。また、いずれも私の友人であるドミニック・ヴォネとリオネル・ジョスパンが、その仲間とともにこれを実現してくれたことを非常に嬉しく思っている。国会に入ることはひとつの事件であり、政府に入閣することは困難な挑戦である。だがこれは、社会を持続的発展といっそうの社会正義に向けて進歩させるために、挑む価値のあることである。

世界レベルでは、三つの大きな困難が今日責任を要求していると思われる。まず、戦争の多発だ。二〇世紀は、絶えることのない戦争がその歩みのテンポを取ってきたし、そのなかで二度の世界大戦は長い間影響の続く長音符だったといえる。冷戦の終結も世界中の平和をもたらすことはなかった。植民地解放戦争の後に、様ざまな原因によるまったく異なる紛争が地球を血に染め続けているのである。

もうひとつの根本的な心配は、世界の食糧安全保障だ。地球人口の増大と、食糧増産がしだいに難しくなっていることから、食糧安全保障はますます危うくなりつつある。食糧増産が困難である原因は、とくに三つ目の大問題である水不足にあり、これは地球温暖化によって深刻さを増している。

国連食糧農業機関（FAO）は、一九七四年と一九九六年の二度、ローマで世界の食糧安全保障をめぐる国際会議を開いた。一九七四年には、腹を空かせたまま眠りに就く子供たちが一人もいない世界にするために、一〇年の期限を切ったのだった。ところが一九九六年の会議では、飢えた子供の数は、その間の二二年間増えつづけていることが確認されただけだった。そこで今度は、飢えや栄養不良に苦しむ人の数を一五年後に半分に減らすことが提案された。だが、それでも栄養不良は増えつづけているのである。しかも、健康に生きるために必要な水が量的にも質的にも足りない人びとは、二〇億人に達している。

人類の歴史のなかで、人口が三倍以上に増えたのは二〇世紀しかない。一九〇〇年に一六億人だった地球の人口は、今日六〇億人に達している。この過剰な人口は、食糧増産の可能性がますます少なくなっているために、いっそう重大な脅威となっている。穀物生産（小麦、米、トウモロコシなど）を大幅に増大させた「緑の革命」は、とくに水資源を基礎にしていた。ところが、現在この水資源が減少を続けているのである。大河は大海に注ぎ、絶えず淡水という富を、人間や動物だけでなく灌漑にも使えない塩水に変え続けているのである。

人口問題については、これまで三回の世界会議で検討が行われたが、やはり効果的な解決策を提示できずに終わっている。この脅威は並はずれて深刻なものだが、その自覚は、大宗教をはじめとする数々の大きな障害に阻まれている。しかも、政治がいまだに出産を奨励しているとは！　私たちは中国の一人っ子政策から学ぶ必要があるだろう。

一九九五年にケベックで行われたFAOの創立五〇周年記念行事で、レスター・ブラウンは「だれが中国を養うのか？」という非常に重要な問いかけを提出した。中国の人口は、毎年一三〇〇万人ずつ増えている。インドは一六〇〇万人である！　アフリカの状況は、経済発展の続いているアジアの食糧不足よりもさらに劇的だ。足りない分をすべて買って補うだけの資金がないのだ。

水はどうかというと、私たちは温暖化によって地球の気候をめちゃめちゃにしつつあり、場所によってひどい洪水や干魃が発生する。本書で説明されているとおり、温暖化は化石燃料を様々な形で乱用した結果起きるものだ。石油や天然ガス、石炭を燃やしすぎるために、大気中の二酸化炭素（CO_2）やメタン（CH_4）などのガスの濃度が増え、地球が温暖化するのである。一九九二年のリオ・サミットや一九九七年の京都会議をはじめとする国際会議がいくつも開かれたが、どの会議も強制力のある措置の提案を拒否してきた。温暖化ガスの排出を削減するということは、化石燃料の消費量を減らすということである。それには、水力発電や風力、太陽エネルギーなど、あらゆる形の代替エネルギーを優遇し、助成する必要がある。そのためにも人口と水資源の問題を最優先課題としなければならないのである。

すでに大きな危機にある人類の救済によりよく貢献する試みとして、人口の急激な増加と温暖化を促す化石燃料の浪費、そして生命にとって最も重要な水をはじめとするあらゆる自然資源の浪費を促す行為は、すべて人類に対する犯罪の責を負うものと宣言することを、私は提案したい。

ルネ・デュモン

一九九九年春

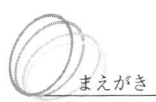

序

激動のなかの緑の党

ドミニック・ヴワネ

一九九七年六月以降、緑の党はその短い歴史のなかで新たな時代を経験している。それまでは野党にとどまり、「大政党」から古参ぶった皮肉を聞かされてきた緑の党だったが、いまや単に「まるく収める」政治の邪魔者であったり、新しい考え方の魅力ある実験室であるだけではなく、公共政策の実施に参加し、社会を変え、さらには社会の変化を先導する能力をもった、ひとつの政治勢力であることを証明する機会——そして義務も！——を得たのだった。

緑の党は、国会議員六名と大臣一名を同時に獲得し、国会への進出と政府への参加という、政党建設の重要な段階を一気に二段跳びで成し遂げることになった。数カ月のうちに、私たちは官僚機構の重圧や責任の大きさ、それぞれテンポが大きく異なる各決定機関（政党、議会、政府）の調整の難しさ、マスコミの絶え間ない視線の利点と不都合を知った。「権力」を行使する上での拘束である形式が、私たちの社会構想という根元を窒息させてしまわないよう、四六時中気を配っていなければならなかった。

スーパーフェニックス[訳注(1)]の廃炉、ライン‐ローヌ両河連絡大運河建設計画[訳注(2)]の放棄、ル・カルネ原発[訳注(3)]建設計画の中止、労働時間短縮法、滞在許可証のない何万人もの移民の合法化——残念ながらこれは未完了だが——、大気汚染防止のためのパリへの自動車乗り入れ制限、高速道路建設計画の放棄、初の汚染税導入、議員の男女比平等化に向けた最初の一歩、議員の兼任の制限、等々――数カ月のうちに、私たちは運動で二〇年かかって得られる以上の勝利を勝ちとった。

こうした「歴史の加速」に私たち自身驚いたが、緑の党は敏速に適応し、勝ちとった勝利を足掛かりに、次

訳注

(1)スーパーフェニックス:フランスがドイツ、イギリス、イタリア、ベネルクス三国との共同出資で建設した世界最大の高速炉(一三〇万kW)。高速増殖実証炉として一九八五年末に運開したが、液体ナトリウム漏れなど事故続きで、今日までに通算六カ月足らずしか稼働しなかった。一九九二年ごろから左翼や保守内部でも水面下で同炉の閉鎖動きがあったが、その影響の大きさと原子力ロビーからの圧力で、増殖を行なわない高速実験炉として存続することが九四年に決まり、出力上昇試験が行われていた。

(2)ライン‐ローヌ両河連絡大運河建設計画:ライン河とローヌ河をつなぎ運河による大物流幹線をつくる計画は、ドゴール時代の一九六一年から経済計画に盛り込まれていたが、経済効果が不透明で技術的にも困難として長い間棚上げにされていた。一九七八年に、地元出身のレイモン・バール首相がこの計画を復活させ、一部の工事が進められた。これに対して、美しい景観や環境の破壊と無駄な公共事業に反対する地元の市民団体やWWFフランスなどが工事は違法として行政裁判所に提訴し、一九九二年以降工事は中断していた。一九九五年にジュペ首相は、フランス電力(EDF)の出資による運河建設会社を新設し、二〇一〇年までの完成をめざして広大な農地の買収に乗り出していたが、ジョスパン新首相は緑の党との政策協定にもとづいて、就任直後の一九九七年六月、環境コストが大きすぎ、採算性に疑問があるとして計画の中止を発表した。

(3)ル・カルネ原発:フランス電力(EDF)がロワール河口(マンシュ県)に計画していた原発。一九九四年以来、新規発注が途絶えていたフランスの原発計画で唯一の具体性の高い建設計画であったことと、フランスの原子炉メーカー、フラマトム社とドイツのシーメンス社が共同で開発してきた新型原発「ヨーロッパ加圧水型炉」(EPR。大事故対策と経済性を改善し、MOX燃料装荷を前提にした次世代原子炉。計画出力一五〇万kW)の第一号となる可能性が高かったことから、ル・カルネ原発の建設可否は二一世紀のフランス原子力の行く末を方向づける重要な選択とされていた。ヴァネ大臣は、産業省との激しい交渉の末、一九九七年九月にル・カルネ原発建設計画の中止を勝ち取った。

のステップを準備し、その社会構想を前進させ、取り掛かった変革をさらに遂行したのだった。

この変革とは、本書のなかで詳述されているように、この運動の戦略のなかで、外部に対する運動の開放のなかで、その社会参加のなかで、その責任負担能力のなかで、提示する政策提案の一貫性のなかで、そして国際的な運動の発展のなかで実現されるものなのである。

契約的自立から複数の多数派へ

一九九三～九四年以降、緑の党は党戦略を変化させてきた。緑の党は、保守にも左翼にも背を向ける「孤立主義」の立場――政治的エコロジーを弱体化に導いた戦略――から出発したが、左翼政党と、労働運動から受け継いだ共通の価値（連帯、社会正義など）を確認した。この立場は、当初は少数派だったが、一九九一年以降は「複数の緑の党」の考え方[訳注(4)]に結実し、緑の党内でしだいに多数派を占めるようになった。そのころから、どのようにすれば緑の党は自立性を保ちながら左翼政党といっしょに自治体や国の管理運営に参加できるのか、という新しい戦略を立てる必要があることがわかってきた。そこから出てきたのが「契約的自立」という概念だ。自立は守るが、場合によっては、他の党といっしょに統治するために契約を結ぶ用意もあるというものである。

この考え方が大きな規模で実際に適用されたのは、一九九二～九八年のノール‐パ‐ド‐カレ地域圏（二七頁「地方では」の章参照）でのことで、マリ‐クリスチーヌ・ブランダンが、緑の党と社共の連合体の首長となり、地域圏議会議長をつとめたときだった。

だが、この戦略が決定的な具体化をみたのは一九九六～九七年である。一九九六年の夏の末にランド県サンギネで、緑の党が社会党のリオネル・ジョスパン党首と共産党のロベール・ユ書記長を夏期合宿に招いたさいに、「複数の多数派」という概念が生まれた。これは「従来の左翼連合」を左翼とエコロジストが結集することで乗り越えるものだった。

引き続き行われた議論の結果、これらの政党の間で、社会変革の意思の点で大きな合意の基盤が存在することが確認でき、共通の基本的見解の萌芽を生むことができた。それを最初に表現したのが「緑の党‐社会党」合意文書だった。この文書にもとづいて、緑の党は複数の多数派のダイナミックスに参画し、政府に参加することを決めたのだった。

私たちにとって、この「契約」はいまもなお政府内部での日常的な行動の重要な基盤となっている。政治の遂行も、方針の決定も、すべてこの文書に照らして判断している。だが、厳密で形式的な適用を追求するのではなく、ダイナミックな解釈を重視している。この契約には、守られていない点もいくつかあるが、それを公表することが私たちの責務と考えている。だが、政府活動のひとつひとつの段階、そして社会党とそのパートナーとの日々の関係をみると、このような契約が存在することが重要な切り札であることは間違いない。

ようやく実現したエコロジストの結集

一九七四年のルネ・デュモンの大統領選出馬に始まるフランスの政治的エコロジーの歴史は、決して直線的なものではなく、隆盛と衰退の起伏に満ちている。多くの政治グループと同様、衰退期には分裂が起き、結集が可能になるのは回復が軌道に乗っているときである。

最近の緑の党の歴史も、この法則の例外ではない。この点では、一九九三年の総選挙が転換点となった。こ

訳注

(4)「複数の緑の党」の考え方：一九八八年の大統領選で緑の党候補として出馬したアントワンヌ・ヴェシテールに代表される、左翼・保守を問わず既成政党とは一切共闘せず、エコロジストの独立性を守ろうとする立場（「ni-ni派」と呼ばれる）に対して、既成左翼との契約によって緑としての独立性を保ちつつ、緑と赤（左翼）の共闘に活路を見出そうとする勢力。リールで行なわれた一九九三年の緑の党総会で、この勢力のリーダーであるドミニック・ヴワネが多数派を獲得した（ヴェシテルは独自のグループ「独立エコロジスト運動（ＭＥＩ）」を結成し、緑の党を去った）。

のとき、エコロジスト全体で七%以上の得票を得たが、小選挙区制のために一人も議員を出せなかった。その数週間後、ドイツでは、ドイツ緑の党がほぼ同じ得票を得たが、四九人の議員を出している。ライン川の向こうで大躍進の歓声が上がっているときに、こちら側では、失望のあまりいくつもの政治グループへの分裂が起き、それぞれがエコロジーを要求するという状況になった。このときから、政治的エコロジーは暗黒期に入り、市民は私たちに背を向けたのだった。

この時期、とくに一九九五年の大統領選以降、分散が自滅につながることを思い知らされた緑の党は、社会正義と環境保護、そして民主主義の要求を融合させたいと望む進歩的エコロジストを再結集する意志を確認した。本来、自立的なエコロジーは既成左翼政党と連合する勇気をもたねばならないと考える人びとの結集である。これには時間がかかったが、この結集はすでに確立している。

事実、緑の党が国民議会と政府に進出した翌年には、党員が倍増し、その後も増加を続けている。他のエコロジスト政党からの移籍者がすでに数十万人いるほか、再び団結し、責任を担ったこの政治的エコロジーに、それまで求めてきた政治変革のベクトルを見い出しているのである。

制度内部と現場におけるプレゼンス

緑の党はしだいに制度のなかへ進出していったが、私たちはみずからが生まれ、力を得た「現場」を忘れたのではなかった。頂上だけでなく草の根でも、戦闘的な闘争や市民運動は現場の力関係を打ち立てていく上で不可欠のものだ。このように見ると、一九八一年の政権交代[訳注(5)]と、権力に就いた社会党の社会変革の失敗の分析から、私たちは重要な教訓を学んだといえる。それは、すべてを制度から期待すれば、必ず事なかれ主義を生むことになるという教訓だ。

ラルザック[訳注(6)]とプロゴフ[訳注(7)]を継承する者として、緑の党は環境を守る運動(反原発、ソンポール・トンネル反対[訳注(8)]、ロワール河汚染反対、ライン‐ローヌ両河連絡運河など)、社会正義を拡大する運動(週三二時間制への労働時間短縮、ジュペ計画反対[訳注(9)]、社会同化最低所得の一八〜二五歳への適用など[訳注(10)]）、民主主義を拡大する運動（パスクヮ－ドブレ法反対[訳注(11)]、滞在許可をもたない移民の保護、男女比の平等化、ドラッグの合法化、フランスおよび世界における人類の権利など）に、努力を惜しまなかった。

緑の党は、「権力」の座に進出してからも、分別臭くなるようなことはなかった。緑の党が提示した政策や要求をあきらめることはない。たとえ政府に反対することになっても、みずからの考えを主張し続けたのだっ

訳注

(5) 一九八一年の政権交代：一九八一年五月にミッテラン社会党党首が大統領選に勝つとともに、同六月の総選挙で社共左翼連合が地滑り的な勝利をおさめ、左翼政権が誕生したことを指す。

(6) ラルザック：軍事演習地の拡張が計画されていた中央山塊の農業地域で、一九七〇年代から農民や反戦グループが現地にコミューンをつくり反対運動を展開。多数の反戦平和・エコロジー活動家が参加し、「フランスの三里塚」的存在となった。

(7) プロゴフ：一九七〇年代に原発建設予定地に指定された、ブルターニュ地方の臨海村。住民の反対に対して、ジスカール－デスタン政権は大量の機動隊を投入して暴力で弾圧。自治体首長、地方議員などを巻き込んだ広範な反原発運動に発展し、運動の象徴的存在になった。一九八一年、大統領に就任したミッテランは同計画を中止した。

(8) ソンポール・トンネル反対：ピレネー山脈を横切ってスペインと結ぶ高速道路の建設にともなって計画されたトンネル。ピレネー山脈固有のクマなど豊かな自然を破壊する計画として、ヨーロッパ全土で反対運動が起きている。

(9) ジュペ計画：ジョスパン政府の前のジュペ政府が外国人労働者の排斥をもくろんで実施しようとした一連の政策。

(10) 社会同化最低所得：長期失業者が、家庭崩壊やホームレス化などで社会復帰が困難になり、社会から排除されるのを防止するために支給される最低所得（一九八八年制定）。自助能力のない貧者を公権力が「救済」する一種の生活保護と見られることが多いが、生産性が極度に高まった現代産業社会にあって、市民が有償労働のあるなしに関わらず当然もつ「所得権」と捉え、基本的人権のひとつと見る考え方が拡がりつつある。

(11) パスクヮ－ドブレ法：外国人排斥をもくろんだ移民管理法。外国人のフランス入国・滞在のルールを定めるというよりも、在留外国人の取り締まりと違反者の処罰を主目的とし、法の運用のさいに、許可証を発行する警視庁の裁量権を大幅に認めているほか、警視庁の裁量の適法性をめぐって外国人側に異議申し立ての手段がほとんどない。

た。

そのおそらくもっともよく知られた例は、滞在許可証をもたない移民への支援活動だろう。許可証をもたない移民に許可証を発行するという政府の通達を聞いて警察署に出頭し、正式な申請を提出した移民たちに対して、警察が些細な口実で威圧的に許可証の発行を拒否したことを緑の党は受け容れなかった。許可なし移民たちは、抗議のハンガーストライキを次々に決行してその絶望を表現した。これは、フランス社会への同化を求める断固たる意志を示すものだった。問題は今日も何も解決されていない。許可証を望む許可なし移民への許可証発行は、今なお大きな課題だ。

この闘いは典型的な例だが、氷山の一角にすぎない。大気や水質の改善、居住権、週三五時間労働法の実施、ＰＡＣＳ[訳注12]（市民連帯契約）、遺伝子組み換え作物反対、ゴミ焼却反対、高速道路建設反対、「南」の諸国との公正な協力などに力を尽くしている。

……そして権力の内部でも言論の自由を

実際の役割は、大臣、議員、そして運動の間で分担されている。これらは各々、完全な言論の自由を確保し、緑の党の立場を表明しなければならないが、私は事実上、政府の一体性に縛られている。

こうした役割分担のもつリスクは、私たちの前に早い時期から立ち現れてきた。そのひとつは、政府はみずからの声を聞いてもらい、つねにより多くのことを要求するために、みずからさまざまな抗議に身を曝すことになるということである。もうひとつは、それぞれの発言が「二枚舌」と受け取られることになりかねないことである。私たちは、現場の活動の中で、徐々に私たちなりのルールを作り出してきた。

事実、緑の党は、政府参加のもうひとつの倫理を打ち出すという使命を担っている。ジャン‐ピエール・シュヴェヌマン[訳注13]の言う「大臣は黙るか辞めるかのいずれかしかない」という言葉は、私たちの考え方にそぐわないものであり、とくに「複数の多数派」のなかでは適用できない。複数であるということは対話が必要ということであり、対話には率直に発言する義務がともなうのである。

閣僚の大多数が異なる意見を持つなかで、さまざまな局面で、私が滞在許可証のない移民の状況に対する懸念を表明し、反原発の信念を確認し、遺伝子組み換え作物の拡散への留保を表明し、さらには最低社会所得の引き上げを求める失業者や低賃金不安定労働者への連帯を発言してきたのも、このためだった。私はそのたびに、黙っているよりも政府と複数の多数派のためになっており、またこの多数派に対する緑の党の貢献をより価値のあるものにしていると感じてきたと言うことができる。

権力に参加したことから教訓を得る

そうは言っても、連立に参加するということは、必然的に他の政党との一体性が前提となるのであり、とくに中心的な勢力でない者は様ざまな妥協を強いられる。このことは、今この時期に痛感している困難な教訓のひとつである。揺るぎない信念をもち、真実は別のところにあると感じていても、やむをえず過渡的な措置に甘んじる――さらに前進する機会を待ちながら――ことを強いられるのである。

なぜなら、こうした妥協は、さまざまな社会勢力、あるいは広くは社会そのものの抵抗や保守性の結果であることが多いからだ。その場合には、緑の党の仕事は、私たちの提案を広め、新たな味方を見つけ、敵対する相手を説得することによって、しだいに「文化的多数派」を形成していくことになる。また場合によっては、

訳注

(12) PACS：従来夫婦間にしか認められていなかった相続や財産分与などの権利を、共同生活者など同居者の間でも広く認める法律。もともとは同性愛カップルのひとりがエイズなどで死んださいに、残された人にそれまでの住居の居住継続や遺産相続などの権利を認めようというのが目的だったが、同時に、同棲している異性カップルや共同生活している老人などの権利を認めることにもなるため、次第に社会的な拡がりを見せている。

(13) ジャン‐ピエール・シュヴェヌマン：元社会党の有力政治家のひとりで、閣僚を歴任。現在はみずから結成した独自政党「市民運動」の党首をつとめると同時に、ジョスパン政府の内務大臣に就任している。

私たちの提案をさらに磨き、現実に適用可能な構想に変えていくことを優先しなければならない場合もある。

私たちの提案を深め、新たな同盟を結ぶ

緑の党は、環境保護についての正しい直感、社会正義、参加型民主主義、国際連帯という、いくつかの深い確信を芯として形成された政党である。だが、行く手には具体化の段階へ置き直し、私たちの交渉相手が受け容れることができ、世論に理解され、私たちの望む長期的な変化へと誘導できる形にしなければならない領域が数多くある。

世論はいまだに、緑の党を「環境の政党」と見ていることが多い。これからの私たちの仕事は、私たちが公共政策全体を把握する能力をもった「全般」政党であり、私たちの対立勢力が私たちに押しつけた領域に閉じこもる個別利害勢力ではないことを、私たちがこれから証明して行くことだ。

それは日々の仕事であり、本書もその一環である。「政治的エコロジー総決起集会」はそのもうひとつの証明だ。これは緑の党がイニシアチブを取ってできたものであり、私たちよりも先にベルギーの同朋であるエコロ党が組織したモデルにもとづいてできたものだ。[訳注(14)]この総決起集会を、私たちの政策を深め、新たなパートナーと新たな味方を見い出し、また同時に私たちの「敵対者」に立ち向かうための機会にしなければならない。

私たちは、達成したいと望む目標を定める必要があるが、同時に、たとえば大気汚染についてはPTA、遺伝子組み換え作物については消費者、鉄道擁護については鉄道員や利用者といったように、目標達成のために私たちが連合したいと考える様ざまな団体（市民団体、労働組合、政党など）、あるいは目標達成のために行う他の社会勢力との妥協――崇高な意味での――も見定めておく必要がある。

だが、それだけに止まっているわけにはいかない。私たちの目標については一切妥協しないとしても、社会が段階的にしか変わって行かない以上、今日までに得られた正統性と信頼にもとづいて、私たちの目標が自分たちの短期的利害を損なうと勘違いしている様ざまな社会勢力との対話を開いていかなければならない。いく

つか例を挙げれば、持続的農業建設のためには農業生産者と、生態的に持続可能な狩猟に向かうためには狩猟家と、社会福祉権や労働条件、環境保護と結びついた交通を優先するためには長距離トラックの運転手と、新エネルギーの促進と雇用維持を両立させる脱原発の戦略を立てるためにはエネルギー産業労組との対話が必要だ。こうした代償を支払って初めて、私たちはいまよりもエコロジー的な社会を作り上げていくための次の一歩を踏み出すことができるのである。

全地球的使命を担った運動としての緑の党

最後に、緑の党の未来を開いていくための最良の担保は、全地球的運動に参加することであることを強調して締めくくりとしたい。イタリア緑の党、フィンランド緑の党が政権に参加し、オランダ緑の党、ベルギー緑の党が高得票を勝ちとり、さらにアフリカやブラジル、東欧などで緑の党が誕生し、根付きつつあるほか、最近ではドイツ緑の党が躍進し、新政権に参加することになった。

四半世紀に満たない間に一斉に起きたこの躍進は、政治的エコロジーがヨーロッパをはじめとする多くの国で政治の地図を根底から塗り替え、遠く未来につながる根源的運動であることの証左といえる。

緑の党が担う使命は環境の領域にとどまるものではなく、逆に政治の領域全体を包括するものだということはすでに明らかであり、本書はそのことをあらためて示すものである。

一九九九年春

ドミニック・ヴワネ

訳注

⒁エコロ党：ベルギーのフランス語圏の緑の党で、一九八〇年に結党。地域圏レベルでは、二〇〇〇年現在ワロン地域圏で九五議席中一四議席、ブリュッセル地域圏で七五議席中一四議席を保有。中央では、オランダ語圏の緑の党である「アガレフ党」（フランドル地域圏で一一八議席中一二議席保有）と共同で下院一五〇議席中一〇議席、上院七一議席中五議席をもっている。

第一部　新状況：政権に就いたエコロジー

死ぬのがいやなヤツに生きる値打ちはねえ！
狩猟反対。ブランダンに一票を

地方では

市民が地方政治の中心に――ノール‐パ‐ド‐カレ地域圏の経験

一九九二年三月三一日午前二時、ノール‐パ‐ド‐カレ地域圏議会の議長選は二度にわたる投票でも決着がつかなかったことから、緑の党の候補マリ‐クリスチーヌ・ブランダンが議長に選出される結果となった。これは誰にとっても驚きだった。たしかにノール‐パ‐ド‐カレ地域圏の緑の党は、ダンケルクやリールなどの大都市でわずかに議員活動の経験を持っていて、その存在と活動は他の市会議員たちからも、時には共感とともに、また時には反感とともに一目置かれるようになっていた。だが、このように大きな地域圏で、しかも得票率がわずか六・五%しかなかったエコロジスト運動が議長の座を獲得しようとは、誰も想像だにしていなかった。[訳注(1)]

苦労の絶えない議会運営

緑の党議員たちは、任期の初ぱなから様ざまな問題に直面することになったが、問題の張本人のなかには彼らの相棒もいた。無意味な沿岸高速道路「A16号線」建設計画に社会党のジャン‐ルイ・ビアンコ運輸大臣が公益宣言[訳注(2)]に署名するという痛い目[訳注(3)]を見た緑の党は、その後相棒の社会党に対して書面による政策協定に調印するよう要求し、実現させた。これは本当の意味で政策契約といえるもので、その内容も非常にエコロジー的色彩の強いものだった。

だが、不満も出始めた。緑の党のなかで、地域圏議会の仕事——議員や公務担当——に就いて細ごました雑用や政治の鍔迫り合いに目が回るほど忙しい者と、事情が飲み込めないまま振り回されて何をしたらいいのか分からなくなってしまった者との間に「溝」ができてしまった。

議員を出して何の意味があるのか？という疑問も出てきた。地域圏議会の事務局のおかげで緑の党の仕事がやりやすくなったわけでもなかった。「馴染み」の議員たちと一〇年来仲良くやってきた事務員たちにとって、緑の党の進出は良くて「未知との遭遇」、悪くすれば不法占拠者の居座りと映ったのだった。権力を使って何をするのか？——こう問い返すことが右の疑問に対する私たちの答えだった。

地域圏に新しい民主主義

緑の党は「地方主義者」である。これは「ナショナリストの縮小版」という意味ではなく、身近な問題、地域化、参加を重視するということである。

地域圏の運営を任される最初のエコロジストとなったノール - パ - ド - カレ地域圏の緑の党は、地方分権がもつ、あるいはその制度的枠組みがもつ窮屈さを発見することになった。さらに、単独多数ではなく、相対多数[訳注(4)]の下で、しかも社会党との政治運営協定の枠のなかで施政して行かなければならないというハンデも重なった。

公共政策の中心に市民を置くことが私たちの決意の主軸だった。まず最初に市民に対して表明したことは、私たちの信条がエコロジーとバランス主義、公共の利益、地域的平等に根ざしていることだった。地方自治体によく見られる補助金をバラまくだけの「窓口政治」は一九九二年の地方選挙で緑の党が批判の対象にした問題であり、これを抑え、もっと全体的・横断的で効率の高いやり方に改める作業を始めた。まだ部分的にしか改善されていないが、この方向を続け、拡げて行かねばならない。

人材管理の面でも、緑の党の志や課題の大きさに見合うレベルに達していなかった。新しい政権と現場の技

術職員との間で気心が知れるようになると、職員の間にある様ざまな身分の正規化と新しい部局の設置計画と

訳注

(1)～誰も想像だにしていなかった：フランスでは、戦後、過度の中央集権の緩和と、細分化されすぎた市町村の弊害解消を目的として、広域行政圏である地域圏（現在フランス国内に二二ある）の権限強化がはかられた。とくに一九八〇年代には、地域圏議会の直接投票制、直接課税権、圏内経済活動への介入権、地域整備計画権などが順次導入・拡大され、地方行政の中核を成すようになった。中央政府が任命する地域圏知事がおもにその地域圏で行われる国の政策の執行を管理するのに対して、地域圏議会議長は、議会の長であると同時に、議会の決議事項を執行する行政の責任者でもあり、圏の資産管理、財政（収入と支出）の決定権をもつなど、その影響力は大きい。

ノール‐パ‐ド‐カレ地域圏は伝統的に左翼が強い地域だが、一九九二年三月の地域圏議会選では左翼・保守とも既成政党が大幅に支持を失う一方、エコロジストと極右政党（ＦＮ）が票を延ばし、政界再編が生じた（ただし、緑の党は予想得票率一五％にたいして六・五％と振るわなかった）。多数派形成のためには、従来の社共連合（一一三議席中四二議席）に加えて、「エコロジー世代（ＧＥ）」（六議席）と緑の党（八議席）の取り込みが不可欠となり、キャスティングボートを握る少数派の緑の党が、ぎりぎりの駆け引きの末に、議長ポストと高速道路計画のモラトリアムなどいくつかのエコロジー的政策と引き換えに、社会党の呼びかける「進歩の多数派」に参加することで決着した（この決着には、他の地域圏および他の選挙での緑の党‐社会党の協力をめぐる取り引きなど、他の要素も複雑に絡んでいる）。

(2)公益宣言（公益調査）：民間の法人組織が公益的な性格をもつ施設を建設するさいに、デクレ（政令）による公益性の認定を受け、行政機関から特別の便宜と援助を受けるために行われるのが公益調査で、その結果にもとづいて所轄大臣が認可＝公益宣言の是非を決める。おもに特殊法人が道路、発電所などの建設するさいに行われる。

(3)署名するという痛い目：同高速道路の建設モラトリアムは、ノール‐パ‐ド‐カレ地域圏議会での左翼‐エコロジスト連合形成の条件のひとつとして社会党中央執行部も了解していたもので（前訳注参照）、緑の党のブランダン新議長はその約束を背景にビアンコ運輸大臣とモラトリアムの折衝を続けたが、業界と族議員の圧力でビアンコ大臣は結局、公益宣言（建設工事の認可）を出してしまった。

(4)相対多数：社共エコロジスト連合は、議席数の合計が一一三議席中五六議席で過半数に届いていなかったが、保守政党が極右政党の「国民戦線（ＦＮ）」（一五議席）との連合に踏み切れなかったために施政権を獲得した。

いうふたつの改革を平行して始めた。この取り組みもまだ一部しか実現していない。

これに対して、制度的な援助を要望していた市民団体と制度との間の関係を緊密にするという面では、市民からの要望の民主的な取り扱いや意思決定をめぐる情報公開、市民との協議など様ざまな新しい取り組みでかなり改善された。とはいえ、行政と同じ目的意識をもっている市民団体に業務を委託するさいの契約の形態や、地域圏の財政措置と行った選択の間の適合性を確認するための評価を、市民団体の自律性を損なわない形で行う方法を開発する必要がある。

一九九二年以降、地域圏政治をめぐる論議のなかに市民の声が戻ってきている。様ざまな問題について異なる立場から一般市民が参加する討論会が、圏内各地でいくつも行われるようになった。

環境面では修復、予防、回復

緑の党は、その信念から、まず過去の被害の修復に取りかかった。

自然資源の保全について、緑の党の任期中の基本方針は修復、予防、回復の三つだった。これは具体的には自然の生物種を保護し、それを網目状に分布させ、動植物の生息空間を復元し、流水や空気、土壌をできるかぎり浄化し、自然についての教育を促進するということであり、環境保全への配慮を建築や都市計画、交通から経済活動まであらゆる地域圏政治に盛り込むということである。

いくつかの業界ロビーの反対はあったものの、新体制は地域圏議会の承認を得、続いてこれに固有の財源が与えられた。現在、地域圏議会には環境・エネルギー・廃棄物局が置かれており、二五人の職員と独自の予算（一九九七年で一億一五〇〇万フラン）が付いている。また、専門分野で活動している地域圏内のすべての市民団体を集めた「環境フォーラム」が毎年行なわれており、政策の基本方針をめぐる議論を行っている（ときには政策を変更させることもある）。

エネルギーについては、緑の党の基本目標は消費の抑制である。この分野ですべての政策を実行することはできないとしても、三〇〇〇世帯の電力を供給できる九基の風力発電機がダンケルクに建設されたほか、地域圏内の公立病院のすべてと教育施設の一部へのコージェネ（熱電併給）システム導入、木質エネルギー利用施設の建設、バイオガスの生産開始などが実施された。さらに、「高度環境共生（ＨＱＥ）」建築[訳注(5)]の建設、家庭ゴミの分別収集の拡大も進められている。

農業については、一九九二年まで圏の農業を支配していた農業会議所に協調的な立場をとる農業団体を問題にした。この分野では地域圏議会内で小さな力しかなかった緑の党だが、意見聴取や交渉を行うさいに組合や市民団体も加えることや、生産物別補助金の上限設定、農業生産者としての正規の条件を充たしていない若者の農業就労への助成、有機農業への支援、統合的病害虫対策技術[訳注(6)]の奨励など、緑の党の考えにもとづく政策のいくつかを前進させることができた。だが、国がこの方向に進んでいないため、有機農業に転換する生産者の数は依然目標を下回っている。

就任早々、高速道路（Ａ16号線）問題が持ち上がったこともあって、緑の党は運輸の分野でも新たな政策の礎を築いた。一九九二年には運輸予算の八五％が道路に注ぎ込まれていた。高速Ａ１号支線のモラトリアムが決まった直後、地域圏は鉄道輸送を最優先課題とすることを明確に決め、地域圏高速輸送（ＴＥＲ）の整備、駅の増改築、鉄道車両の更新などを進めている。高速鉄道の考え方は支持されたが、莫大な費用を要するため、その実現はヨーロッパ全体の戦略のなかで行うほかない。ノール‐パ‐ド‐カレ地域圏は、マルチモーダル方

訳注

(5)「高度環境共生（ＨＱＥ）」建築：建物のライフサイクルを通して環境負荷の低減をはかる努力目標。民間のＨＱＥ協会が作成しているもので、ＩＳＯ１４０００の建築版ともいえる。建材の製造→輸送→建設工事→建物の使用→解体→廃棄の各段階で、有害物質やエネルギー消費、廃棄物、騒音、景観など建物内外への影響を対象としている。

(6)統合的病害虫対策技術：病害虫に対して農薬の使用を極力避け、天敵の利用や多品種栽培、通気や排水の調節、剪定など人体や環境への害が少ない方法で被害を抑える技術。

式[訳注(7)]の実現に向けた計画を開始した（ドゥルジュ市）。ここでは河川輸送も取り入れられ、セーヌ川とノール運河を結ぶ計画が着手された。こうした政策により、一九九二年から九六年の間に道路予算は五〇％以上削減された。

一九九二年に、緑の党は地域圏における地域開発——そして公共政策全体の方向も——の土台を「郷《くに》」（一一一頁「地域圏」の章参照）に置くべきだと考えるようになった。そこで地域圏議会の執行部は一九九六年、ノール-パ-ド-カレ地域で様ざまな問題がもっとも重層している元炭鉱地域で調査兼対策事業を始めることにし、「炭鉱地域常設会議」がスタートした。この会議の作業は住民や市民運動、技術者、地方政治家にも門戸が開かれた。作業の成果は一九九八年一二月一五日の国土整備省庁横断委員会（ＣＩＡＤＴ）の決定にも活かされている。

ノール-パ-ド-カレ地域圏はまた、海岸地域のより持続的な発展を促進するとともに、臨海都市との政策契約締結にも力を入れた。一九九四年以降は、農村地域の価値を再認識させる事業を始め、地域の当事者が自分たちの将来をみずから決めることを奨励する「農村開発契約」の締結を進めている。

職業教育と研究は未来への投資

高校不足を早急に解消したいという意思は圏議会にも強くあったが、一九九二年まではっきり言って必ずしも公共の利益にもとづいて新設する高校の場所を選んでいたわけではなかった。一九九二〜九八年の任期期間中、ノール-パ-ド-カレ地域圏は圏内の高校二〇〇校を対象にメンテナンスや修繕、安全対策、あるいは建て替えなどで年間約八億フランの工事を圏内の企業に委託してきた。とくにカレ高校では「高度環境共生（ＨＱＥ）」基準の校舎が建設された（一九九八年竣工）。

その他の緑の党の取り組みとしては、いわゆる「低職業資格者」を優先対象とする「職業訓練」政策の拡充がある。しかし、国の事業との兼ね合いをどうするかや、訓練の対象としてどのような組織や団体を選ぶかといった政策の運用の面で予想以上に曖昧な部分が多かった。緑の党は誰もが納得するような一貫性のある「運用指針」を提示できたわけではないが、受修者委員会の新設やより有利な職への転職の拡大、就職からほど遠かった若者の受修者数の顕著な増加と就職率の上昇、低資格者優先の遵守など、いくつかの前進を見ることができた。

研究活動については、生物／保健、農業食料、生産科学技術、通信科学技術、環境、輸送、社会のなかでの人間の七分野に重点を置いた。地域圏のイニシアチブにより、各テーマ別の計画は五年間、目標別契約は三年間の期間で行われた。

初の試み——雇用のための地域圏大会

地域圏には「経済対策」を取る一般的な権限は与えられているが、財政面では大きな介入能力がない。しかし、ほとんどの地域圏が企業への様ざまな助成をすることで「経済政策」を行っているという幻想をもってきた。

一九九二年以降、緑の党はこうした経済対策が地域圏の雇用状況に合っていないことを主張してきた。そこで、地域圏は労働者の闘いを支援するようにし、連帯的な経済を進めている活動団体と協力関係を結んだ。

さらに、一九九三年末、マリ‐クリスチーヌ・ブランダン議長は社会のなかで労働が占める位置と様ざまな形の経済活動について考える共同の議論の場を開くことを発表した。慎重論や障害、反対意見を乗り越えて「雇用と労働のための地域圏大会」が一九九四年五月から始まった。広範な層から参加者を集め、様ざまなテーマを討議する分科会は各地で年末までフル回転し、一九九五年初めに開かれた総括市民集会には一五〇〇人

訳注

(7)マルチモーダル方式＝多元的輸送機関方式：道路、鉄道、運河など様ざまな輸送機関を需要に合わせて有機的に組み合わせることで輸送の効率化と環境負荷の低減をはかる方式。

が集まった。大会中の議論から、労働時間の整備と短縮、社会的に有用な新しい形態の経済活動の促進、新しい職業資格の認定、地域の事情に合った雇用・労働対策のための憲章、失業者を社会の一員として認めることの五つの基本政策が打ち出された。

次に、大会の結論を実行に移すための固有の予算が確保された。だが、大会で得られたものは期待したほど地域圏の各機関の機能や政策に浸透していない。大会という大きなイベントと平行して、地域圏は人間優先型の経済活動への支援を増強するとともに、一九九七年の「連帯信用公庫」[訳注(8)]新設のために決定的な役割を果たした。この新しいタイプの銀行は、雇用創出効果のある公共の利益に適った起業に対して公的資金を活用するものである。

都市政策の分野では、圏議会は住民のイニシアチブによる市民の連帯活動への支援を選択し、市民の情報手段の強化、市民団体が互いに議論したり発表し合う場所への助成、地域興し活動への援助の三つの目標を立てた。

同じ考えにもとづく緑の党のもうひとつの目標は、文化と芸術表現の解放だった。しかし、文化委任委員会の委員長ポストが社会党の副議長に回ってしまったことと、文化委員長にボルロー会派（野党）の代表が就任したために、この目標は大きな障害に直面することになった。

文化政策の最初の草案は、部門ごとの作業グループと、異なる立場からの市民討論にもとづいて作成した。文化政策の全体を見ると、地域的に偏りがあること、そして国の施策が手薄になってきていることが分かる。助成枠はすべて公表され、希望者には概説書が送られる。この「第一段階」の次にはユニークな活動が行われる。「ノール-パ-ド-カレの文化とその展望」というテーマについて何カ月も討論が続くのだ。この議論の目的は、関係機関、当事者、その他のパートナーの三者が集まって新しい報告書をまとめることにある。一九九五年から九六年にかけて、芸術家や俳優、政策決定者、知識人などのべ五〇〇人以上が圏内の各地で一日掛かりで行われる討論会に参加した。

ノール‐パ‐ド‐カレの市民は緑の党の議長任期中、エコロジスト議員が人間の権利を尊重し、一人ひとり

訳注

(8)「連帯信用公庫」：一般の金融機関から信用不十分として融資を受けられない人（とくに女性や失業者）による起業を援助するために設けられた公庫。融資を希望する起業家が仲間の起業家とグループをつくることで各メンバーの信用不足を補い合うもので、融資の返済責任をグループ全体で負う形や、先に融資を受けたメンバーの返済金が順次つぎのメンバーの融資金になる形などがある。

義務としての第三世界連帯

マリ‐クリスチーヌ・ブランダンは議長就任直後に、対外援助活動は副議長に委任せず、委員会を新設してみずから直接運営すると発表した。計画契約[訳注(1)]では、ノール‐パ‐ド‐カレ地域圏は5年間に援助予算を1000万フラン計上できることになっている。一方、地域圏議会本会議で対外援助が議題に取り上げられ、その後マリのアルファ・ウマール・コナレ大統領が地域圏を公式訪問したことで、援助活動に本腰が入れられることになった。

これまでに、マリのカイユ地域、セネガルの河川地域、ベトナムのフエ県およびダナン県、ベラルーシのモギレフ地域（チェルノブイリ原発事故の放射能汚染地域）、そしてポーランド南部の3県と協力協定の調印が行われている。中国の天津市との協力関係は断絶したわけではなかったが、中国の明らかな人権侵害が原因で途絶えたままになっている。「国際協力連帯」予算は、1991年の100万フランを皮切りに任期中は毎年増額され、1997年には2600万フランに達した。この予算は80％が援助先の地域プロジェクトに使われており、調査や旅費の経費は20％に過ぎない。これは多くの自治体と異なる点である。対外協力資金の大部分はNGO活動への助成に充てられている。NGOは地域圏議会でどのような作業が進められているかについて情報を得ているほか、すべての公式使節の受け入れにも参加している。1997年に、地域圏は圏内の市町村に対しても、協定を結んでいる外国地域のなかにある市町村への援助活動を行うよう奨励した。

(1)地方分権化措置の一環として経済開発、国土整備、交通など、従来国が中心に行ってきた政策を一部地域圏に移転するために、数年ごとに国と地域圏の間で協議した役割分担を画定する契約で、「国‐地域圏計画契約」とも呼ばれる。

の人格と尊厳を大切にすることを身をもって知ったはずだ。
暴力や抑圧、経済的あるいは性的な搾取、子供への迫害、性差別や社会的差別、人種差別、外国人の排斥、人間の権利の否認、貧しい人々への蔑視、住居の剥奪等々、緑の党は、できるとき、あるいは有効であると分かったときには、常にこうした不正義を告発するために発言してきた。

その後……

六年にわたる変革への努力と豊富な成功例によって示されたのは、「エコロジストもなかなかやるじゃないか」ということだ。だが、未来のために築いたこれらの強固な基盤にもかかわらず、またマスコミをフルに活用した選挙戦にもかかわらず、一九九八年三月一五日の地域圏議会選挙で、エコロジストの得票はダウンした。得票率はノール県で八・八%、パ‐ド‐カレ県で七・六%と振るわず、議席数も一一三議席中九議席に減少した。

言うまでもなくこれらの数字は、彼らの期待と比べても、またノール‐パ‐ド‐カレの緑の党がこれまでに成し遂げてきたことと比べても少なすぎるものだった。このため議長ポストを「手放す」という辛い選択を強いられたが、代わりにふたつの「大きな」委任委員会を獲得した。ひとつは地域整備・持続的発展・環境の部門であり、もうひとつは国際連帯・市民権・社会改革の部門である。これらの部門は、政治的エコロジーの闘いの最前線を横断的にカバーするものでもある。だが、一九九八年の失望とともに心配されるのは、こうした政策は成果が表に出にくいため、二〇〇四年に行われる次の地域圏議会選でどの程度票に結びつくかという点だ。

マリ‐クリスチーヌ・ブランダンには、これらふたつの委任委員会の副委員長ポスト以外にも、新設された副議長ポストの第一号として就任させるという申し出もあった。これは部門別の副委員長ポストよりも象徴的意味合いの強いものだが、緑の党はエコロジスト会派の会長であるブランダンが自由に発言できることの方を選択し、交渉によって引き替えにもうひとつの要職である地域圏エネルギー局の局長ポストを獲得した。ノール・パ・ド・カレの緑の党の選択は、少なくとも政治の明瞭さを堅持することに貢献したと言える。他の地域圏では議員たちが極右政党の国民戦線（ＦＮ）の人質に取られたのに対して、ノール・パ・ド・カレの議員の行動は裏のない、民主的なものになった。訳注(9)この問題では、緑の党は一九九二年と九六年の二度にわたって国民戦線の排除を試みて失敗したが、三度目の試みがようやく実を結んだ。高校運営協議会の地域圏議会代表委員のなかに国民戦線の議員がひとりもいなくなったのである。

訳注

(9)民主的なものになった：国民戦線（ＦＮ）の躍進に対して、多くの地域圏では保守政党がＦＮとの協力の可能性をちらつかせることによって、ＦＮの要職就任を何としても阻止しようとする左翼・エコロジストに譲歩を迫る戦術を取った。ブランダンへの副議長ポストの誘いにもＦＮをめぐる裏取り引きが絡んでいたが、緑の党がみずからの影響力を犠牲にしてこの誘いを拒否し、曇りのない姿勢を貫いたことで、議会内でのこうした裏取り引きの横行が抑制されることになった。

公務兼任反対　ブランダンに投票を
「権力が嫌いな人間を、誰が信頼するもんか」

国民議会では

議事堂に新風

一九九七年六月一二日、総選挙後の特別国会初日、ブルボン宮[訳注(1)]は、史上初のエコロジスト議員を迎えた。エコロジストがフランス政治の舞台に登場してから二〇年あまり、かなりの得票を得てきたが（一九九三年の総選挙で七・八％）、小選挙区制のために国レベルで代表を送る道が閉ざされていた。しかし、一九九七年三月と四月に、緑の党は総会で、当時一九九八年に予定されていた総選挙に向けた交渉の相手としてきた社会党との選挙協定を採択した。これは、エコロジストが既成左翼政党と国レベルで締結した協定としては初めてのものだ。三〇の選挙区で社会党が対立候補を出さないこと、代わりに七〇選挙区でエコロジスト候補の擁立を行わないこと、それ以外の選挙区ではそれぞれの候補が出馬することが決まり、エコロジストに国会への門戸が開かれることになったのだった。

解散によって、この協定は予定を繰り上げて履行されることになった。[訳注(2)]一九九七年六月一日、総選挙の第二回投票[訳注(3)]が行われた夜、国会議事堂でエコロジストを代表するという画期的な任務は、アンドレ・アシエリ（アルプ - マリチム県）、マリ - エレーヌ・オーベール（ユール - エ - ロワール県）、イヴ・コシェ（ヴァル - ドワーズ県）、

訳注

(1)ブルボン宮：フランス国民議会＝国会のある建物

(2)解散：シラク大統領は国会の任期満了を待たず、一九九七年五月に国会を解散した。

ギイ・アスコエ（ノール県）、ノエル・マメール（ジロンド県）、ジャン‐マリ・マルシャン（メーヌ‐エ‐ロワール県）の六人に託されることになった（実際にはドミニック・ヴヮネを入れて七人当選したが、ヴヮネは大臣として入閣した）。とはいえ、これは国会議員定数の一〇〇分の一にすぎない。

社共緑の三党間の取り決めにしたがって、緑の党は、「左翼急進党」[訳注(4)]、「市民運動」[訳注(5)]、とともに「急進・市民・緑」（ＲＣＶ）と呼ばれる「便宜上の」会派をつくり、緑の党のギイ・アスコエが幅会長を務めている。この会派をつなぐ唯一の絆とは、それぞれの議員が予算案に賛成し、動議に反対することで、複数の多数派への帰属を表明することだけである。それ以外については、各党は自由にみずからの信ずるところにもとづいて立場を取ることができる。イヴ・コシェについては、国会副議長として壇上にのぼることになった。

政治の道具を発見する

緑の党議員が他の政党の議員とちがう点は、仕事の速さや手続き、介入やイニシアチブ、国会運営が可能な範囲といった様ざまなことがら、要するにみずからの役割のなかで位置を築き、可能な領域を画定することを、「先輩たち」を手本にするのではなく、現場で実地に学んで行くほかなかったことである。任期開始当初の数カ月は緑の党の運動内部やその周辺で起きた変化の影響を受けこともあったが、六人の議員とその側近の間の協力関係は、しだいに強まっていった。

緑の党議員は、根本的な問題をめぐっては、各人のスタイルや性格を超えた互換性をもっているため、いつでも互いに入れ替わることができる。緑の党議員は、国会審議の当初から多くのことを学ぶことになった。まず、議事堂のなかで交渉が行われることは皆無であり、国会審議の前にあらかじめ根回しが行われること。委員会で交渉が行われることもまれにあるが、その場合でも大筋は「大会派」（現在は社会党）によって、たいていは各省の廊下で繰り広げられる摺り合わせで決まってしまっている。議員の名誉にかけて言うが、こうした一連の流れの相当上流で仲間に加えられていない限り、良くても自分が役立たずに思え、悪くすれば人間として、あるいは議員として、自分が馬鹿にされているように思えてくるはずだ！　これに対する態度は様ざまだ。緑の党議員の意見が連合相手の政党と食い違っているときは、公の論争は事態を悪くするばかりで、完全に自分の主張に凝り固まってしまうことになった。たとえば、外国人の入国・滞在についての論争がそうだ。国籍に関する法律（ギグー法）は、従来の左翼対保守の対立軸を浮き上がらせていたが、緑の党議員は移民を排斥するパスクワ‐ドブレ法[訳注(6)]の撤廃を要求していた。ところが、あいにくパスクワ‐ドブレ法は左翼政府がつくったシュヴェヌマン法にも受け継がれていたため、緑の党は孤立してしまったのだ。これは、緑の党議員が政府の法案に反対票を投じた数少ないケースのひとつだった。

中心政党の効率の良さは恐るべきものがあり、大きな挫折といえば、唯一、欧州議会の選挙制度改訂法案があっただけだ。社会党の利益擁護だけをねらったものであることがあまりにも露骨だったために他の与党が反乱に結集したことから、不採択になるリスクを前に廃案を余儀なくされたのだった。

コミュニケーションの可能性

議会権力は弱体とはいえ、フランス政治の「日程表」は今も議会のリズム中心に動いている。緑の党議員は様ざまな問題で発言しており、彼らが違いを明確にすることが目障りなだけに、その反響はいっそう大きなも

訳注

(3)総選挙の第二回投票：フランスでは各党がそれぞれの候補を擁立して第一回投票を行い、そこで過半数を得た候補がない場合には、上位二候補の間で第二回の決選投票が行われる。このときに、中小政党の票がどう動くかが当選者を決める鍵になる。

(4)左翼急進党：ほとんどの選挙で社会党と共闘している。中道左派。

(5)市民運動：元社会党左派で、厚生相、内務相などを歴任したジャン‐ピエール・シュヴェヌマンが創立した政党。国家主義的傾向の強いジャコバン主義の立場を取る。

(6)パスクワ‐ドブレ法：「序」一九頁の訳注⑾参照

のになっている。ブルボン宮には、長い歴史のなかで染みついた言葉のエスカレーションの伝統があり、この伝統に屈してみずから「羽目を外してしまう」こともままあるのである。

人の間違いのおかげで、思いがけず緑の党議員がうまく意見を述べるチャンスを得たことも少なくない。たとえば、フランス民主主義連合（UDF）が狩猟に関する法案を提出したさいの論争のなかで、緑の党議員はあらゆる議会手続きを使って緑の勢力の声を表明することができた。この論争を通じて、緑の党の議員は数の上では負けても、マスコミ受けの良さや考え方の面で勝つ論争もあることを確認したのだった。たとえ闘い――バーチャルな闘い？――には負けたとしても、緑の党が論争の中心に躍り出たことは間違いないのだ。

また、緑の党議員の多くは、議会の建物のなかで市民集会を組織したり、こうした集会に参加し、政府の決定にも影響を与えている。たとえば、一九九八年四月にイヴ・コシェ議員が国民議会で行ったシンポジウムは、多国間投資協定（MAI）に反対する市民運動の一翼を担うものだった（七五頁「グローバル化」の章参照）。

地域定着の困難

最初の年は、地域への定着の年でもある。大政党の恵まれた議員なら、自分の党の地方議員のネットワークをもっていたり、公務兼任をいいことに市町村役場を使ってどんな急の技術的要求にも答えられるし、すでに出来上がっている名簿を使ってあらゆる団体と連絡を取ることもできる。緑の党の議員たちはまったく事情が違っていた。

だが、彼らはしだいに自分の職務をうまく活かし、自分の選挙区で人の輪を広げ、市民との出会い方を磨くことを学んでいった。

機能の分担に向かって

運動、議員、大臣という各レベルで活動を整合させ、それぞれのレベルでの取り組みを生かし、同時に緑の党の民主主義の原則を満たすような関係をこれらのレベルの間につくり出していくことも必要だった。議員たちは、少しずつ大臣の仕事と連携するようになった。

緑の党とのやり取りに何のトラブルもなかったといえば嘘になるだろう。それぞれの役割や活動の仕方、日程などの違いから、相対立するロジックが生ずることも場合によってはやむを得ない。とくに新しい状況からトラブルが生じた。だが、国会議員たちは緑の党活動メンバーのネットワークや党の各部局から意見を聞いたり、連合して活動している。いつもそうとは限らない、充分ではないという意見もあろうが、主な分野では機能している。

運動の決定機関の会合を議員が欠席することも往々にしてあるが、議員の多くが以前は緑の党の活動の中心だっただけに、その不在がいっそう目立っている。これは議員の予定というものが直前になって変更になることがしょっちゅうあるためでもあるが、とくにひとつの選挙区の日程をこなそうとすれば一日、あるいは二日、三日を割かねばならないという必要からも来ている。

第五共和制の鎧を打ち破る

皮肉にも、公務兼任の制限に関する国会審議から、第五共和制の状況の下での国民議会の位置をめぐる論争が再燃することになった。「フルタイムの国会議員だけになってもかまわないが、その場合、国会議員の役割をもっと強化することが条件だ」というのがそのロジックだ。介入権限、調査、評価、公共政策の監視、法案提出など、わが若き議員たちは、議会をその首枷から解放し、行政に対する新たな権利と自由の回復を勝ち取る闘いを続けている（一六四頁「市民権」の章参照）。

予算審議も同じだ。予算は収入と支出に分かれるが、これらはさらに二八の項目に分かれていて、各省の間では予算の移転が禁じられている。各項目の中での新たな支出については、唯一政府だけが対応する収入の見込みなしに新たな支出を設ける決定を行うことができるとする憲法第四〇条の名の下に一切禁じられている。

結果、昼夜を問わぬ果てしない議論の末に、ほんの微々たる予算の変更が行われるのである。

本当の立法府は行政府

現実には、行政府が全権を掌握している。行政府には法律の発議権がある。議会が提出する案文である法律提案はめったに日程に組み込まれることはない（政府が提出する案文には法律草案という用語が充てられている）。議会に与えられている「時間の穴」は、一カ月にわずか一日であり、これを議会の各会派の比重に応じて配分することになっている。このため、緑の党などでつくっている「急進・市民・緑」（ＲＣＶ）のような会派の出る幕はほとんどなく、緑派を構成する最小グループの持ち分はさらに小さくなる。いずれの場合にも、審判は行政府である。幻想はもてないのだ。

ジョスパン政府はまだましな方で、法律草案の修正を禁じる「議決停止」（第四四条）という伝家の宝刀や、とくに政府の信任を問う（第四九条第三項）、つまり法案をそのままの文言で採択するか、政府を辞職させるかというもうひとつの「原子爆弾」を（本書の執筆時点では）、まだ与党に対して使わずにいる。

より根本的なのは、今日、フランス議会がもっている介入手段とチェック手段が、政府が依って立つ国の行政に比べてあまりにも小さいことだ。いずれにしても、大多数の委員会委員長の席を握っている支配的な政党の議員は、政府の邪魔になるようなことは一切したがらない。議会の各局は、業界ロビーに縛られていることが多く、政府が進めている政策を綿密に検討するというその使命の遂行は、はなはだ不十分に終わっている。

同じように、議会には常設委員会が六つあるが――これに対して、大きな省にはこの三〜四倍の委員会がある――、各委員会に一〇〇名近い委員がいることになる。このような状態でどうやって突っ込んだまともな作業ができるというのだろうか？　委員会の権限の範囲は、第五共和制の初期、一九五八年に決められた。だが、それ以降、遺伝子工学や生物倫理、核、介入権、情報社会といった、持続的発展に深くかかわる様ざまな問題が出現している。こんな狭い時代遅れの領域に押し込められたままで、どうやって対応できるというのだろうか？

実は、こうした憲法規約は議会の口封じをねらってつくられたものだ。その仕上げをするのが内規だ。だが、それ以上に、国会議員自身の慣れと諦め（これには公務兼任も手を貸している）が、こうした事情を助長してきた。こうした規約を変えるとともに、より広く、議会の地位を取りもどす運動を開始しなければならない。政府が検討のために提出した元の文書ではなく、委員会から出てくる文書を全体で審議し（委員会の仕事を本来の修正案の提出機能に戻す）、予算に対する裁量の幅を広げるなど、たくさんの改革を緊急に始める必要がある。

輝かしい成功をおさめた活動

第五共和制の大いなる幻想とは、権力は政治家の手中にあると信じていることだ。実際には、権力は細分化された技術官僚《テクノクラート》の手中にある。議会では、機構がすべて大臣官房に握られているという感じが蔓延している。共通方針を適用する段階で残されている修正の余地はほとんどなく、他の方針によって厳しく限定されている。こうして、伝統となった習慣によって、議会が出す発議はすべて行政から邪魔扱いされる。いわば国会議員は兵隊のようなもので、将校（大臣）や将軍（首相）に気をつけをして服従しなければならないのである。

こうしたフランス政治の惰性と闘うために、「小」会派の国会議員は、小会派だからこそまだ残っている特権を使って、進むべき進歩の道や、それぞれの政策で採られている戦略の欠陥を明らかにすることができる。したがって、こうした議員が「制度いじめ」を展開して、多数のロジックや行政の支配に対立する自由空間を切り開いていく必要があるのである。

法律草案と修正

われわれは、次のようなふたつの目的に沿って文書を提出することが有効であると考えた。

●一般的に、緑の党の思想の中核をそのまま法律の形で表現した法案を提出する。たとえば、イヴ・コシェ議員は一九九七年秋に労働時間短縮に関する完全な法案を提案した。これは、左翼政党や緑の党の党員である労働査察官の協力で作成されたものだ。

●議論になりそうな時期にその問題についてのわれわれの見方を明確にする。たとえば地域圏議会選挙に関するものや、社会党議員の出席少数による一九九八年一〇月九日の失敗以後のPACS（市民連帯契約[訳注(7)]）などがその例だ。あるいは、週三五時間制について「オーブリー法」をめぐる一九九八年三月の審議のさいに「コシェ修正案」が採用され、実労働時間の定義が労働法に導入されたが、これはサラリーマンにとって非常に大きな保障となるものである。失業者の社会的排除と闘う法律の制定に深く関わってきたジャン‐ミシェル・マルシャン議員は、たとえば関係機関に失業者組織の代表を送り込むことについて、部分的な成果を勝ち取っている。予算審議のさいに、緑の党議員は環境税や、富裕税、トービン税（七五頁「グローバル化」の章参照）についても修正案を提出した。また、一九九八年七月には、マリ‐エレーヌ・オーベールとジャン‐ミシェル・マルシャン両議員は、農業方針法案[訳注(8)]をめぐって、国の助成条件をより良いものにするとともに、農村地域の情報公開と民主主義を改善する修正を試みた。

さらに、法案を提出しただけで、政治的というよりも条件反射的にその問題に関わる他の議員の利害が噴出することもある。たとえば、アンドレ・アシエリ議員の発議で緑の党がアルメニア大量虐殺の認知に関する法案（法律提案）を提出したときには、すぐさま社会党会派も急いで同じ法案を提出し、自分たちの「時間の穴」を使って議事日程に乗せ、政治的な利益を引き出したのだった。重要なのは、どの党の法案が通ったかではなく認知が行われたという事実なのだ。

議会調査委員会

調査を行うことによって、評価の手続きを開始することができる。議会審議の初日から、われわれはラ・アーグ再処理工場の問題[訳注(9)]に関するやり直し調査委員会の設置要求を提出した。これは、後に議会科学技術選択評価局、正確にはその社会党局長に対する報告書の委託という形に置き換えられた。

同じ考え方から、「エルフをアフリカでのさばらせるな」連合との協力で、ノエル・マメール議員はアフリカにおけるフランス石油企業の活動と、フランスの対外政策に対するこうした企業の影響に関する調査委員会の設置を要求した。業界ロビーからの圧力のなかで、緑の党は外交委員会のなかでマリ‐エレーヌ・オーベールを団長とする調査団の派遣をもぎ取った。

社会党会派が躊躇するなかで、アンドレ・アシエリの発案と左翼急進派の支援により、緑の党議員はＤＰＳ（極右政党である国民戦線の私設警察）に関する調査委員会の設置を勝ち取った。

議会調査団

議員が首相や、単に大臣の要請で職務を委託されることもある。この職務の性格は千差万別で、議員たちに対してある政策の評価に参加するよう要請するものもあれば、「やるべきこと」についての報告書を要請するもの、あるいは、中にはただ議員を目立たせるためだけのものもある。たとえば、ギイ・アスコエは、「雇用、領土、持続的発展」と題する報告書を提出したし、アンドレ・アシエリは環境に関連する健康上のリスクに関

訳注

(7)市民連帯契約：この日、国民議会でＰＡＣＳ法案の採決が行われ、与党の賛成多数で可決されるはずだったが、社共の議員がこれを忘れて議事を欠席し、その場に居合わせた野党の反対多数で否決されてしまった（ただし、同法案はわずかな修正後に再提出され、一九九九年一一月に無事成立した）。
(8)方針法：フランスの「方針法（loi dírective）」は日本の「基本法」にあたる。
(9)ラ・アーグ再処理工場の問題：ラ・アーグ再処理工場から半径一〇キロ以内に住む二四歳以下の青少年の間で、白血病発生率が通常の二・八倍にのぼっており、妊婦や幼児が海岸に行った頻度との間に相関が見られるとする疫学調査が一九九五年に「英国医学ジャーナル（ＢＭＪ）」誌に発表された。その後政府委員会が「そのような事実はない」との調査報告を発表したが、国民の疑念は消えず、公正な調査を求める声が高まった。

する報告書（二二八頁「健康」の章参照）を作成している。

緑の運動、とくに緑の党の個別問題委員会との連携が、これら国会議員たちの様ざまな活動を「補強」したこともあった。こうした連携は、できるだけ多くの活動領域に広げるべきである。

自由、チェック機能、将来への展望、様ざまな問題の近代的処理——緑の党議員が今後取り組んでいく活動の場はまだまだたくさんある。

ひと言でいえば、これまでの経験は密度が高く、課題も多い。だが、この経験は始まったばかりなのだ！

政府では

緑派が初めて政府に！

一九九七年七月六日、フランス緑の党は、フランスで初めて大臣の責を担うことになった。ドミニック・ヴワネが国土整備・環境大臣に就任したのだ。

第一歩

どの分野の大臣を選ぶかということから、そもそも交渉の対象となった。緑の党が環境大臣だけにとどまるのは問題外だった。ふたつの大臣ポストが無理だったため、ドミニック・ヴワネの権限を拡大することが必要になり、国土整備に拡大されることになった。これは「グローバルに考える」ことに結びつくため、エコロジストにとってとくに関心の高い領域だった。省の名称の順番にも配慮し、「国土整備」の部分をマスコミの解説者が無視しないように「環境」の前に置くことにした。

ジャン－クロード・ゴーダン（前国土整備大臣）、コリーヌ・ルパージュ（前環境大臣）とドミニック・ヴワネとの間の公務引き継ぎは、われわれが必ずしも予期していなかった象徴的な「快挙」がドミニック・ヴワネを第一線に押し出す機会となった。着任したばかりのこの新大臣は、公務引き継ぎと同時に、高速炉スーパーフエニックスの廃炉とライン－ローヌ運河計画の中止という、緑の党にとって重要なふたつの選挙公約を確認する発表を行った。この発表によって、彼女はこれらふたつの公約を後戻りできないものにするとともに、これらをエコロジストの既定事項として認めたのだった。

その数日後、首相もこれらの決定を施政方針演説のなかで確認した。また、首相はこの機会に、国土整備開発指針法（LOADT）の改正、公益手続きの改革、原子力をめぐる透明性、環境税など、その後のマスコミをにぎわすヴァネ大臣の大きな仕事をいくつも発表した。

この間、新大臣の任命に固有の「儀礼」をふたつ緊急にやってしまう必要があった。そのひとつは政府内の各閣僚の権限を明確にする職権政令（デクレ）の交渉だ。環境大臣の従来の権限を越えて国土整備大臣を兼任したことで、この政令はドミニック・ヴァネが産業閣外相とともに原子力の安全性を共同管轄することを明確に確認する機会となった。この点は、後に大きな意味を持つことがわかった。この共同管轄のおかげで、安全性や透明性、規則の遵守に関する原子力産業の怠慢をいくつも明るみに出すことができた。その結果、今日では、問題にすべきなのは環境省の原子力安全性監督権ではなく、産業省の監督権の方だと言い切れるほどになった。事実、産業省は当事者であると同時に判事でもあり、監督する側であると同時に監督される側でもあるわけで、明らかに安全性の保証にならないばかりか、立地についてもまさに「原子力だけは特例」を地で行っている。

二番目の「儀礼」は大臣官房の構成だった。緑の党はこの面でほとんど経験がなかったため作業は複雑を極めたが、巧みな人選に帰着した。三分の一を緑の党とし（副官房長にピエール・ラダンヌ（以後環境・省エネ庁＝ADEME総裁）、政治補佐官にドニ・ボーパン（以後運動スポークスマン）、国土整備補佐官にアラン・リスト（以後イル-ド-フランス地域圏議会副議長）、広報担当にサビヌ・ジビエ、自然担当にジャン-ピエール・ラファン、地域市民団体担当にジャン-ジャック・ポルシェ）、三分の一を技術補佐官（廃棄物、農業、雇用、インフラなど多岐にわたる分野の各担当）、さらに三分の一を各分野にまたがる横断的補佐官（大臣官房の機能に関する経験によって選任）とした。

官房内部にまで持ち込まれたこの多文化性、あるいは「複数の多数派」性は、ドミニック・ヴァネの強みになっている。彼女は、運動の立場を寸分違わず擁護するが、現実を把握できない「緑の要塞」をつくることを避け、他の省や中央行政、地方分権行政、被選者、業界人、そしてもちろん市民団体や緑の党も含め、ひとりの大臣の前に現われるあらゆるタイプの交渉相手と対話を開くための手段をみずからに与えたのだった。なぜなら、見習い期間中の最初の大きな壁は、立ち向かう相手のこの多様性だったからだ。なかでも行政やその規則、その慣例、そのピラミッド型の機能の仕方（これは緑の党の伝統と反対）、縦割の組織など、それまで緑の党とほとんど縁がなく、どちらかというと不信感をもっていた相手を把握することに苦労させられた。

一方、この多文化性から補佐官みんなが多くのものを得ていることは、彼ら自身が口をそろえて言っている通りだ。具体的な問題に直面することで、お互いが抱いていた偏見はすぐに活発な協力に変わり、様ざまな立場からアプローチが行われることで、矛盾が生まれるよりも互いに補い合うことにつながることの方がはるかに多く、常に現実にもっとも適した解決を見いだすことができた。

大臣権限の限界

しかし、対話の「困難」は緑の党の「伝統的な敵」だけが原因ではなく、伝統的パートナーの側からもやってきた。市民団体や緑のグループは、緑の大臣の誕生という降って湧いたチャンスをのがすまいと、省宛てに見たこともないような数の手紙を送りつけてきたのだった。省に届く手紙の数は毎日三倍ずつ増えていき、限りある処理能力をたちまち超えてしまった。あらゆる地域の運動（ゴミ焼却工場、高速道路、ゴミ投棄場、工業的養豚場、都市計画など）が、ひとつの運動につき二、三通ずつ手紙を送ってきたのだ。

「説明前」の最初の失望は、当初の期待（根拠のあるものも、ないものも）の大きさと同じだけ大きかった。応じきれない要望があまりにも多いことをまず最初に確認させられることになった。要望の多くは、すでにすべての認可が出ていて計画が相当進んでしまっているため、ヴワネ大臣には法的に介入の権限が全くないものだった。また、省や国の機関の管轄ではなく、地方分権公共サービス（地域圏環境局＝ＤＩＲＥＮ、地域圏産業・環境研究局＝ＤＲＩＲＥ、県庁など）や地方自治体の管轄のものも多く、いかに大臣のオーラをもってしても、知事や地域圏議員、市町村会議員たちをエコロジストに変身させることはできない相談だった。各大臣間の権限の分担もドミニック・ヴヮネに期待された介入を不可能にした。バイパス道路建設の最終決定は、誰が何といおうと運輸省になってしまうのであり、環境省でもなく、またその名称が抱かせる幻影とは裏腹に国土整備省でもないのである。さらに、究極的な困難は行政そのものから来ている。昨日の敵、あの「まるく納める」のを邪魔するエコロジストが省のトップに就いたが、少なくとも最初のうちは規定も指示も変更されないままだったため、書類の技術的処理には熟練している事務官たちも何をしたらいいのか分からなくなってしまったのだった。

このため、ドミニック・ヴヮネの仕事の多くは、こうした様ざまな当惑に対して裁量の幅を広げてやることに費やされることになった。

いくつかの大改革が軌道に

行政手続きが相当進んでしまってから市民団体の要求が省に持ち込まれるという第一の問題認識は、実は公共事業と市民団体の参加というもっと大きな問題から来ている。ひとつの計画についてすでにほとんどの決定が済んでしまってから、初めて住民に知らされることがあまりにも多いのだ。このため、公益調査[訳注(1)]（インフラ、特定危険施設など）も実施に向けて高揚した雰囲気のなかで行われるため、対立する立場から議論を深めたり、合意の道を探ろうという動きはほとんどないまま、最後は訴訟の頻発のなかで屯挫してしまっているのが実状だ。

このため、ドミニック・ヴヮネは、市民団体、あるいは広く市民社会の当事者が計画手続きのできる限り上流で、意思決定や環境影響調査の技術的な枠組みに対してではなく、計画そのものの有効性に対して介入できるように公益性手続きを抜本的に見直した。この作業は、独立の専門家調査の能力を認め、これを市民団体の武器にする重要な法律となって結実するはずである。意思決定の民主化までには至らなかったとはいえ、一九九八年にヴェルドン公園を横切る超高圧送電線の建設計画をめぐって丸一年をかけて行われた市民討論の典型ともいえる議論では、妥当性のあるいくつかの対案が提示され、この問題について切り開くべき方向性を示す実物大の経験となった。

介入の要請が省の管轄ではなく、国の公共サービスを分担する地方分権機関や地方自治体の管轄であるという第二の問題認識。この例としてもっとも特徴的なものは、過剰なゴミ焼却施設計画である。廃棄物管理に関する一九九二年法が非常に偏向した形で適用されたために、われわれが省に入ったときにはフランス中にゴミ焼却施設の計画が立ち上がってしまっていた。ゴミ埋立一辺倒だったものがゴミ焼却一辺倒に転換したことが、フランスを脅威に陥れていた。ところが、個別の焼却施設計画は各県の廃棄物管理計画と連動していて、地方議員の支持により地方レベルで採択されたものが多いため、環境大臣がこれらを一方的に止めることはできなかった。

一年をかけて各県の計画を詳細に検討し、地方の関係機関（市町村役場、議員など）とも話し合った結果、廃棄物処理政策を全面的に見直す必要のあることが明らかになった。このため、ドミニック・ヴワネは全ての県の知事宛てに忘れてならないいくつかの基本原則の上に政策を組み直すよう通達を出した。その原則とは、廃棄物の発生源での削減、分別処理と再生資源の有効利用（とくにリサイクル）優先、稼働中の全ゴミ焼却施設における基準達成（とくにダイオキシンの排出抑制）である。

同じ方法（話し合い、省の新しい政策の枠組みを定めた文書の作成）は、大気汚染防止、汚染水・汚染土壌対策、農業による硝酸塩汚染など、公共政策が実状に合っていない他の多くのケースでも用いられた。行政は巨大な客船のように急に進路を変えるのが難しいため（これは生態系も同じだ）、こうした新しい方針の効果が表れてく

訳注

(1)公益調査：「地方では」二九頁の訳注(2)参照。

るのは何年も経った後になるだろう。しかし、だからこそしっかりとした舵取りが必要なのだ。

三つ目の問題認識は、他の省に権限の優先権がある懸案への介入の要請だ。一方の国土整備ともう一方の環境には、多元的なアプローチが必要で、行政組織や省の区切り方と合わないことが多いという共通点がある。ドミニック・ヴワネやその官房が複数の省にまたがる作業で多忙をきわめるのもこのためだ。

たとえば、都市の大気汚染対策、旅客に対する公共交通や貨物に対する鉄道輸送の優先については運輸省と重なる。ちなみに、この輸送の分野ほど国土整備政策と環境政策との関連をよく示している分野はないだろう。国土整備開発指針法（LOADT、後に持続的国土整備開発指針法＝LOADDT）の制定や、それに続く新国‐地域圏計画契約の交渉は、エコロジー的な運輸政策推進の主要な道具となっている。それをきっかけに、新たなインフラを建設する代わりに既存のインフラの利用改善と鉄道を優先した新しいマルチモーダル（多元的輸送機関）方式がようやく実施に移される見込みになっている。

同じように、集約的畜産地域における水の硝酸塩汚染対策（とくにブルターニュ地方）など、様ざまな問題について農業省との間にいくつもの橋が渡された。ただ、忘れてならないのは、必然的に関係が緊張に満ちたものにならざるを得ない省もあるということだ。たとえば産業省は、担当大臣の促進する政策が様ざまな面（ディーゼルの擁護や原子力の推進など）で環境に対する関心の対極にある。

象徴的勝利か、根本的改革か？　それともその両方か？

すでに見たように、政府への入閣とともにエコロジーにとって象徴的な勝利がいくつも得られた。環境面だけを取ってみても、スーパーフェニックスの廃炉、大型船舶用ライン‐ローヌ運河計画の中止、高速道路Ａ58号線計画の中止、高速道路Ａ51号線計画の無期限延期など、めざましい前進があった。たまりかねた土建業界ロビーは、大金をかけて「マダム・ストップ」を非難する広告キャンペーンを張った。これに対してドミニック・ヴワネは一九九七年七月の『ル・モンド』紙で反論し、コンクリートのインフラを次つぎに建設するよりも、環境保護と両立する政策を行った方がいかに多くの雇用を創出できるかを論証した。

とはいえ、派手な一発をいくつ連発しても政策にはならない。大気や水や土壌の質を改善するためには、息の長い努力をカメラのライトの当たらないところで地道に続ける必要がある。大気汚染を例に取れば、「グリーンドロップ」[訳注(2)]やナンバー規制は世間でも騒がれ、世論の意識を高める重要な道具になった。しかし、これらが大気の質に及ぼす影響はほとんどゼロに等しい。実効性の点では真の都市移動計画（ＰＤＵ）を実施して、車の占める位置を小さくする政策の方がはるかに大きい。だが、こうした政策は、メッセージとしては少しキツい感じがするのでマスコミ受けしないのだ。

シンボル的なものもなくてはならないものだ。これによって、活動家や市民の動員を維持し、問題の焦点と解決の道をわかりやすく提示できるようになる。そのことで、根源的な変化のために常に欠くことのできない文化的多数派を形成し、土建業者や自動車業界、原子力産業など、様ざまな毛色の保守主義に対して有利な力関係を継続的に維持することができるのである。

したがって、緑の党の大臣が求めねばならないものは、シンボル的なものと根源的な改革との間のバランスを取ることである。だが、緑の党では行政や制度のものの考え方が薄弱で、多少なりとも規範から外れる発案は芽のうちに刈り取ってしまうことに長けた官僚制度に対して伝統的に不信の念が強いだけに、このバランスの維持は非常に難しい。

省の内部で緑の党の行動が最も大きな矛盾に行き当たる原因とは、ひとつの問題（たとえば廃棄物管理）に対して、緑の党が全体的な観点から原因の最も根源にさかのぼって対策を取ろうとする（発生源で廃棄物の量を減らす）のに対して、とくに県レベルでの国の機関の慣行は、問題の流れの最も下流で、複雑を極めるフランス

訳注

(2)「グリーンドロップ」：ドミニック・ヴォネ大臣が就任直後に行った施策のひとつで、大気汚染が一定レベルを超えたさいに、排ガスの少ないクリーンカーの認証を示す緑色の円いシールをフロントガラスに張った車だけに都市部への乗り入れを許可する車の乗り入れ規制。

の制度と多数の規制に合った技術的な解決（ゴミ焼却場の建設許可）を見つけようとすることである。

これらのふたつの要求を折り合わせる——つまり、一方で長期的・全体的な問題に対して明確な見通しを持ちつづけ、もう一方では具体的・日常的な解決策（これは必然的に不完全なものになる）を見いだし、最も一貫性のある形で制度的、経済的、技術的な措置を取ることで今現にある必要に応える——ことがもっとも難しい課題なのであり、緑の党が提案する政策を実行して行く上で解決しなければならない難題なのである。

統一とは闘争だ！

すでに見た大きな改革現場（交通、廃棄物、農業、水など）では明確な政策路線が採用され、関係各省との調整がすでに行われているが、分野によっては他の大臣との忌憚ない仲間内のつき合いでというよりも力と力のぶつかり合いが続いているものもある。

その最たるものはおそらく原子力だろう。政府のなかで反原発を唱える大臣はひとりしかいないのである。ヴォネ大臣がこの立場を取るのはイデオロギー的な教条主義からではなく（原子力ロビーでさえすでにこうした非難をしなくなっている）、技術的・経済的な議論と公共サービスの捉え方にもとづいている。

この反原発路線は政府の路線とは異なっている。緑の党はそれを承知の上で反原発路線を取っているのだが、慎重さを忘れてはいない。

選挙前に緑の党と社会党との間で協定を交わしたのもそのためだった。この「緑の党‐社会党協定」は、連合政党の間で紛争が起きた場合にそなえる「最初の防衛ライン」である。原子力の場合には、ここで決められた戦略によって各政党は当初の立場を再確認することができる。協定では、原子力代替エネルギーを促進することでエネルギー源を多様化してエネルギー政策の選択肢を大幅に広げ、二〇〇五年にエネルギー計画法を採決するになっている。この基本方針にもとづいて、省エネや再生可能エネルギーの研究開発への予算が一九九九年に大幅に増額されている。

しかし、原子力をめぐっては小競り合いが絶えない。ドミニック・ヴォネは数多くの前進を勝ち取ったが（スーパーフェニックスの廃炉、カルネ原発の中止、原子力情報開示法案、エネルギー多様化予算、核物質輸送管理の強化、放射能の海洋投棄を禁止するOSPAR協定の調印、核廃棄物管理の可逆性確保）、原子力ロビーの力は依然強く、諦める様子は見えない。フェニックス炉の運転再開[訳注(3)]、そしてとくに政府の廃棄物の地下埋設「実験場」の建設決定[訳注(4)]は、このことをはっきり示した。この問題での今後の力関係は、市民団体や緑の党がどこまで運動に力を入れるかに多くがかかっている。

数ある困難な闘いのなかで、遺伝子組み替え作物（GMO）の問題に触れないわけにはいかない。この問題は、基本的に科学崇拝の文化をもつ政府のなかでエコロジストの大臣であることの困難を象徴的に示している（二三四頁「科学」の章参照）。非常に不利な力関係のなかで、ドミニック・ヴォネは生物監視活動の実施、大衆的議論の開始、意思決定機関の民主化、トウモロコシ以外の種に対するモラトリアム、耐抗生物質遺伝子の禁止など、重要な前進を勝ち取った。しかし、唯一世論が取り上げたのはノヴァルティス社[訳注(5)]が開発した遺伝子組み換えトウモロコシの栽培を許可したことだけだった。この決定が危険な前例となり、それに緑の党の大臣がお墨付きを与えたように見えたために、世論の批判はいっそう強いものになった。ここでも、司法判断や世論

訳注

(3)フェニックス炉の運転再開：ガール県マルクールにある高速増殖原型炉（電気出力二三・三万kW）。一九七四年運開。出力異常などのトラブルや老朽化で廃炉が検討されていたが、ジョスパン政府はスーパーフェニックス炉の廃炉と引き替えに実験炉としてフェニックス炉の運転を再開することを決めた。

(4)「実験場」の建設決定：ジョスパン政府は、中高レベル・長寿命放射性廃棄物の大深度埋設実験場を、以前から候補に挙がっていたムーズ県ビュールに建設することを決定した。この「実験場」が実質的に最終処分場にされるのではないかとの心配や、大深度埋設への批判から、エコロジストの強い反対運動が拡がっている。

(5)ノヴァルティス社：業界史上最大の合併といわれたチバガイギー社とサンドス社の合併で設立された巨大バイオ企業。

の圧力で力関係が有利に転じれば、決定を検討し直すことができるはずだ。

政府内部で軋轢を生んでいるもうひとつの問題は、フランス最悪の時代錯誤の典型たる、あの狩猟問題だ。ヨーロッパ法に反して渡り鳥の狩猟を一部許可する一九九八年七月三日法への投票を求めてパリをデモする一五万人の狩猟家たちを前に、ヨーロッパ建設に強く賛同する政党も含め、どの政党も――もちろん緑の党は別だが――選挙のためにこぞってデモの末尾にならんだのだった。欧州議会選挙が終われば、ヨーロッパ司法機関によってフランスの違反に対して重い罰金が課せられるようになるはずであり、環境保護と自然の恵みを享受する他の人びとの権利の尊重に沿った狩猟規制に賛同する広範な世論の支持があるならば、われわれの正論が勝つ可能性はある。フランス人の八三%（しかも狩猟家の七九%）が繁殖期の狩猟に反対しているという世論調査の結果は、その意味で心強いかぎりだ（二五八頁「狩猟」の章参照）。

闘いはまだ始まったばかり

この章で見たように、最高レベルの権力に参加することは、緑の党に新たな問題を投げかけているが、それは同時に国家に対する疑問を投げかけるものでもある。この孤独な闘いのなかで、緑の党は一定の得点を得たが、対する相手は巨大だ。勝利の日、すなわち国家のロジックが持続的発展のロジックに従属する日は、現場での闘いという緑の党の昔からの連合軍に根ざした奇襲戦法を実践していくことによって初めて見えてくるのである。

紳士的な保革共棲
「大統領、何か反対意見はありますか――どうせ誰も聞きませんけど」

緑の党欧州連合

緑の超国家政党に向かって

緑の党が多数の国々で政治の舞台に登場して以来、各国の緑の党が結集し、それぞれが参加できる協同の枠組みを作る必要は常に言われてきた。一九八四年に、ベルギー、オランダ、ルクセンブルグ、イギリス、フランス、ドイツ、スウェーデン、スイスの各緑の党が「緑の党ヨーロッパ協議会」を設立し、これが母体となって一九九三年に「緑の党欧州連合」が生まれた。

ダブリンからツビリシまで、ヘルシンキからリスボンまで——公正で持続的なヨーロッパをめざす活動を開始

ヨーロッパ緑の党は現在、ヨーロッパ二八カ国の三〇政党を擁している。アイルランドからグルジア共和国まで、マルタ島からノルウェーまで、この連合によってすべての政党が互いに意思疎通ができるようになっている。緑のヨーロッパ政策を整合させるとともに、小政党を支援してヨーロッパの緑の運動全体を強めていくことがその役割だ。

緑の党欧州連合、およびその加盟政党がもっている目的とは、今よりもエコロジー的で社会的に公正なヨーロッパを実現する力を強化することである。その内容は、環境を保全する経済の持続的発展の促進、汚染税の導入、環境関連産業での雇用機会の拡大、ヨーロッパにおける紛争予防概念と非暴力の確立、そして中・東欧の移行期における新たな民主主義の支援である。

緑の党欧州連合の関心領域は、欧州連合（ＥＵ）や西欧の枠を大きく越えている。西側諸国では、浪費を減らし、富のより良い再分配を行うことが優先課題になる。環境が荒廃し、産業や社会のインフラを再興しなければならない東の諸国では、別の優先課題が議論されている。恒常的な「東西対話」の仕組みは、その名のとおり、両地域の政党間の協力関係を強化することにその使命がある。

緑の党連合は、緑の思想の発展と共通戦略の調整のために地域で行動することを優先しており、地中海、黒海、バルト海などいくつものネットワークが平行して存在している。

こうした地域的文脈のなかで、緑の党欧州連合は緑の小政党を全面的に支援している。これは、ヨーロッパの緑の運動全体を強化していく上で不可欠である。

一六カ国の議会と五カ国の政府に進出

ヨーロッパで最初に国会入りを果たしたのは、一九七九年のスイス緑の党である。そして一九九九年現在、国会に議員を送り込んでいる緑の党は、一六カ国（アイルランド、イタリア、ウクライナ、オランダ、オーストリア、グルジア、スウェーデン、スイス、スロバキア、ドイツ、フィンランド、フランス、ブルガリア、ベルギー、ポルトガル、ルクセンブルグ）にのぼっており、欧州議会も含めると一七議会に代表をもっていることになる。

欧州議会の緑の党議員二八名は、緑の党会派に所属している。欧州議会の緑の党連合と緑の党会派は、共同行動を展開している。

最初に政権参加を経験したのは、一九九〇年のリトアニア緑の党であり、これに続いて、スロバキアで初めて行われた自由選挙の結果スロバキア緑の党が政権入りした。現在は、イタリア、グルジア、ドイツ、フィンランド、フランスの各政府に緑の党が参加している。この間、単に環境政策だけでなく、外交や保健、国土整備といった分野でも緑の党に政策を委託するという、根本的な考え方の転換が生じた。

こうした状況の変化とともに、ヨーロッパの緑の運動も「高速モード」に移行することになった。今後は、反体制と政策提言の次元と、国を管理運営していくアプローチとを区別しなければならなくなったのである。政権政党になることは、非常に大きな挑戦なのだ。

緑の党欧州連合は、今日の重要政策課題に関する緑の政策のアウトラインを作成する。これまでの例を挙げれば、一九九九年の欧州議会選挙で共通選挙宣言を作成したのをはじめ、各国の緑の党リーダーと閣僚が定期的に集まり、その時の課題や共通の懸案について意見交換を行っている。

緑の党連合の関心はヨーロッパの問題に止まるものではない。政治的比重の高まりとともに、緑の党は地球を守り、かつそれをとくに南北関係のバランス回復のなかで達成していくという世界的責任を委託されているのである。

アフリカの緑の党や、砂漠化や有害廃棄物、ロメ協定[訳注(1)]の改正などの問題と取り組んでいるNGOと、合同のシンポジウムも行われた。アフリカに進出したエルフ社の行為に対する反対運動など、ヨーロッパとアフリカの両大陸で平行した運動も行われている。

緑の党欧州連合は、地球規模の運動にも参加し、活発な役割を果たすことで、各国の緑の党間の世界レベルでのつながりを強化している。

なかでも、エネルギー分野では共通の運動や戦略が実施されている。合い言葉は、脱原発と温暖化ガスの排出削減だ。温暖化ガスの排出削減については、京都会議（COP3）に向けた緑の党世界宣言が起草され、二〇〇〇年に二〇%削減という目的を掲げている。ブエノスアイレス会議（COP4）でも、全大陸の緑の党および関係NGOによる会議が開かれている。

今後、「世界共同宣言」といったものを行うことで、様ざまな結接点や緑の党の優先課題を明確に打ち出すことができるだろう。

一九九二年にリオで行われた「第一回緑の党地球大会」に続いて、二〇〇一年には全大陸の緑の党の連合体である「世界緑の党」が創設されることになっている。

訳注

(1)ロメ協定：ＥＵ（旧ＥＣ）諸国が、旧植民地などアフリカ・カリブ海・太平洋（ＡＰＣ）諸国と通商、工業協力、資金・技術援助に関して定めた協定で、ＡＰＣ諸国からＥＵ向けの輸出は農産物など一部を除いて関税を全廃し、輸出所得補償や資金援助などを行うもの。一九七六年発効の第一次協定（トーゴ共和国の首都ロメで締結）以後五年ごとに改訂、九〇年には期間を一〇年に延長した第四次協定が結ばれ、二〇〇一年に改訂作業が行われる。

第二部　町から地球までの永続的発展

持続可能な発展

地球をあなたが譲り受けたままの状態で次世代に！

最大の生態的破局とは、中国国民全員が原付バイクを買うことである——冗談だろうって？　だが、このジョークには根拠がある。もし中国が私たちと同じような消費モデルを取るようになれば、温暖化ガスの排出量は七〇％も上昇することになる。西側世界の生活様式を地球の住民全体に普及させることが不可能なことは、今日、明らかだ。これを問い直すということは、北の諸国では私たちの生活様式を変えねばならないということであり、南と東の諸国では革新的な発展の戦略を生み出していかねばならないということだ。

誰もが受け容れられる長期的に持続可能な発展に向けて

「持続可能な発展（Sustainable Development）」は、一九九二年にリオで行われた国連環境開発会議（ＵＮＣＥＤ、「地球環境サミット」の名で知られる）を準備した「ブルントランド報告」によって、一九八七年以降普及した言葉だ。

この発展様式は、誰もが受け容れることができ、長期的に持続可能な発展でなければならず、現在の必要に答え、なおかつ将来世代に危険や損失を与えないものでなければならない。

持続可能な発展は、環境保護と発展の権利の間にある不可分の連関を確立するものである。

この発展様式は、経済の面で、地球の資源を合理的に分配・利用するものでなければならない。社会的な面では、生活水準の格差縮小をめざすものでなければならない。エコロジーの面では生態系資源の価値を重視し、再生できないような資源利用を制限するとともに、廃棄物の生産を制限し、そのリサイクルを徹底させるものでなければならない。文化の面では、地域の特性に応じた多様な近代化の道をもたらすものでなければならない。

危険な兆候

気候変動に関する政府間パネル（IPCC《原注(1)》）は1996年の最新報告で、今後の温暖化ガスとエアロゾルの排出予測、およびその気候への影響についていくつかのシナリオを示している。

広範な科学者の議論の結果引き出されるＩＰＣＣの結論は、未来が取りうる現実的な可能性としてますます重みを増しており、今では最も強く温暖化対策に反対している勢力（とくに石油・石炭業界）も受け容れざるをえなくなっている。

地球の平均気温は、過去１世紀の間に0.5℃上昇している。排出予測のシナリオにかかわらず、気温は現在から2100年までの間に1.5～3.5℃上昇することになる。この温暖化は、地球上で均一に起きるのではなく、その影響は熱帯地域でもっとも深刻になると考えられている（旱魃《かんばつ》、暴風雨など）。

こうした気候変動は、生態系に深甚な影響を与え、多くの生態系は急速な変化に適応することができず、人間の健康にも悪影響をもたらすことになる。

平均気温が2℃上昇すると、海面が平均50センチ上昇し、多くの島嶼諸国や人口の周密なデルタ地帯（バングラデシュ、オランダなど）が水没することになる。

1996年の報告書は、気候温暖化における人間の責任を認めており、慎重の原則にもとづいた予防と適応の行動を取るよう勧告している。

(1)1988年に国連環境開発会議（ＵＮＣＥＤ）が設立し、世界各国から数千人の科学者が参加している機関で、気候変動に関する情報の調査、気候変動がもたらす社会・経済的影響の総括的評価、対策の策定の三つの任務を託されている。

リオの自覚(一九九二年)

リオ会議では、一五〇カ国以上が「環境と発展に関する宣言」、いわゆる「地球憲章」に調印した。調印国はこれによって、持続的発展モデルを実現することによってのみ、私たちの地球がいつか破壊に至らないような未来が可能になることを認めたことになる。これらの国はここで、公共財(大気、生物多様性)というものが存在するのであり、それは物理的に限られていること、その利用を野放しにしておけば、非常に短い期間に(四〇年)地球とそこに住む人びとへの脅威がますます深刻になることを認めたのである。

温暖化の問題は、持続的発展が提起している文化的、政治的、そして経済的問題のほとんどを含んでおり、それを詳細に検証することによって、どのような利害対立や勢力があり、私たちの考え方を前進させるためにどのような政治戦略を提示すべきかがより良く理解できる。

温暖化——自然現象が脅威になるとき

自然にできたり人間活動から発生する大気中の各種ガス(炭酸ガス、メタン、窒素酸化物、フロン・代替フロンなど)は、太陽から来る光線は透過させるが、地表から上がってくる熱は捕捉する性質を持っている。温室効果と呼ばれるこの現象は、生命のためになくてはならない現象だが、これらのガスの濃度が高くなりすぎると、私たちの生存条件を大きく攪乱しかねないような地球の温暖化を引き起こすことになる。もっとも新しい氷河期と現在の平均気温の差が五℃にすぎないことを考えれば、この現象の重大さがわかるだろう。

リオ以後——議定書合意までの長い道

一九九二年、リオで採択された「気候変動に関する枠組み条約(UNFCCC)」により、CO_2の排出量を一九九〇年レベルまで削減する目標が設定されたが、強制力も達成期日もないものだった。以後、何度も締約国会議（COP）が開かれ、条約の細則を決める草案づくりが行われている。
●COP1＝一九九五年、ベルリンで開催。先進国が規制措置を強化する必要を認めるとともに、途上国は温暖化ガス排出削減の強制をともなう規制措置を取らなくてもよいことを確認。
●COP2＝一九九六年、ジュネーブで開催。気候変動に関する政府間パネル（IPCC）第二報告を確認し、法的拘束力をともなう削減目標の設定をアピールした。
●COP3＝一九九七年、京都で開催。排出削減割り当て、対象となるガス、柔軟化のメカニズム、削減政策、対策などについて決定。

京都議定書

一九九七年の京都会議は、一五九カ国の代表と多数のNGOオブザーバーが参加して開かれた。採択された議定書では、次のような取り決めが行われている。
●工業国三八カ国は、二〇〇八～二〇一二年に、温暖化ガスを一九九〇年の排出量に対して平均で五・二％削減するものとし、国または国の集合体ごとに削減割り当てを行う（EU八％、アメリカ七％、日本六％など。EUは自己割り当て分をさらに加盟各国に割り当てる）。
●大気中のCO_2を吸収する森林面積の増減を総削減量に算入する。
●政策による強制や規制によらずに排出削減を可能にする柔軟化メカニズムの原理として「共同実施」を行うことが決まった。これは、ふたつの国が協力して共同で削減を行い、汚染する権利を交換するもので、工業国が互いに排出割り当てを交換し合い、排出権取引の市場を形成するものだ。このメカニズムにより、国内で対策を取る代わりに外国から汚染権を買い取ることが可能になる。

このメカニズムは当初、排出規制を遵守しない国に対する罰金を財源とする「クリーン」な開発援助基金としてブラジルが提唱したものだが、しだいに、今よりも汚染の少ない開発計画を実施するために工業国が途上国向けに行う資金援助に形を変えてきている。
●この議定書は、批准した国の排出量の合計が温暖化ガス排出総量の五五％以上に達した段階で発効する。

玉虫色の結果

今から二〇〇八～二〇一二年までの間に全体で五・二％削減するという目標は、非常に不十分なものであり（実際には少なくとも三〇％の削減が必要）、このまま行けばＩＰＣＣが提出した最悪のシナリオをたどることになる。また、削減量の測定・監視を行うための信頼できる機関の設置もまだで、削減割り当てを遵守しない国に対する制裁も何ら予定されていない。

この会議のなかでは、次のような三つの利益国家集団が出現した。

●大産業ロビーが支持するアメリカ主導のグループは、エコロジー危機を効率的に解決できるのに市場の力しかないとする。気候リスクの予防も、究極的には新たな形の商取引と西側技術の売り込み先を拡大する好機ととらえる。今後、途上国が温暖化ガスの大排出源になることを理由に、強制力をともなう排出規制が途上国にも設定されない限り、議定書を批准しないとしている（米上院の採決）。
●途上国一三八カ国（インド、中国を含む）のグループは、平等の原則を強調している。資源を過剰に搾取し、途上国を低開発の状態に止めることによって富を築いてきたのは西側諸国なのだから、歴史的に西側諸国に責任があるのであり、西側諸国がみずから排出量を減らし、「クリーン」開発メカニズムの実施により途上国への技術移転を行うべきだとする。このため、このグループは排出削減の規制措置を拒否している。
●欧州連合（ＥＵ）は京都会議で、東欧諸国と連合し、財政政策と「域内での」エネルギー効率改善政策によって、温暖化ガス排出の一五％削減を提案した。ＥＵは、みずから排出削減の原動力となることをめざし、途上国の要求の大部分を支持した。

ヨーロッパは、アメリカから排出量削減（七％）の約束を取り付けることができたが、市場原理にもとづく汚染権取引を受け容れざるを得なかった。

ブエノスアイレスで一九九八年に行われたCOP4では、京都議定書が発効できることになっていた。だが、アメリカ、EU、途上国の三者が対立を続け、結局、何も結果が得られないまま二週間の会期を終えた。それぞれが自分の立場を譲らず、最終決議文は、その後の会議で議論すべき議題を列記しただけというありさまだった。

ブエノスアイレス以後──対立の確認と目に見える変化

アメリカが主導するグループが取った立場では、実際の排出削減量を監視することが非常に困難になる。工業国は、現在の生活様式を捨てなくてもよくなり、持続的発展のために不可欠な文化の変革をみずから実行することなく、工業国の生活様式を世界中に拡大し続けることが可能になるのである。しかし、一部（大産業グループや都市部）で、未来市場を確保するためという理由からではあるが、今のうちからより効率のいい技術の方向に進むことが利益につながると見る動きも出はじめている。

途上国の方も、みずからに排出削減を強制する約束は一切拒否する姿勢を崩していない。議論のなかで、インドのアニール・アガワル訳注(1)の主張が注目された。それは、もし地球上のすべての国が人口に比例した排出権の割り当てを受けた上で、未使用の権利を取り引きできるのであれば、排出権取引市場が公平で効率的なものになり得るという議論も納得できるというものだ。

訳注

(1)アニール・アガワル：Anil Agarwal＝世界的に知られるインドの環境市民活動家。世界の飢餓と貧困の問題について国際世論を喚起し、一九七九年に国連食糧農業機関からボエルマ賞を受けた。一九八〇年にインドで最初の環境NGOのひとつ科学環境センター（CSE）を設立し、八二年にインドの環境破壊が国民に与えている被害の実態を掘り起こした「インド環境報告」を出版。インド国民に大きなショックを与え、その後の環境市民運動拡大のきっかけとなった。国連環境計画（UNEP）など国際組織でも重要な役割を演じている。

京都会議後にEU諸国は一九九八年六月に集まり、EUの削減義務八%を加盟一五カ国の間でどのように分担するかを議論し、対一九九〇年排出量で、ドイツ二一%削減、イギリス一二・五%削減、フランス〇%、スペイン一五%増加などが決まった。

フランスが〇%でよいとされた理由は、原子力発電と石油ショック期に行われた省エネで国民一人当たりの排出量が低い（アメリカの四分の一）ためだ。だが、この議論は、気候変動対策をめぐってフランスがEUのなかで取ってきた立場を弱めることになる。フランスがみずから他の国に提唱してきた削減義務を免れることになるだけでなく、フランスが脱原発の意思を追求できない立場に立たされることになるからだ。フランスがすべきなのは、逆に、どのような国でも具体的な排出削減対策を実行することが可能であることを示すことなのだ。

しかも、こうした対策の多くは「後悔しない」対策、つまり環境を保護し、しかも雇用創出につながるという副次効果、「二重の配当」をもたらしてくれる対策なのである。

このように、大きな利害グループの間には意見の不一致があるわけだが、これらの利害を摺り合わせる場は用意されているのであり、様ざまな提言が出され、状況は動きつつある。この動きにできる限り私たちの立場を反映させなければならない。

緑の党の政策提案

●経済面だけでなく、社会や環境の面も含め、発展の質を評価できる指標を開発し、国内総生産（GDP）や国民総生産（GNP）に代わるものとして普及させる。
●今後の国際会議で、義務をともなう目標の強制、独立の監視機関の設置、違反国への罰則、「クリーン開発メカニズム」の財源確保を議論する。
●途上国の現状に即した「クリーン」な技術の移転と、環境の収奪がもっとも少ない発展モデルを優先する南北間の国際協力を行う。
●フランスで温暖化ガスの排出量を二〇〇五年までに一〇%削減し（WWFによる部門別詳細提言）、温暖化を悪化させることなく脱原発を開始する。
●CO_2排出およびエネルギー消費に対しEUレベルで課税を行い、もっとも汚染の少ない行動様式を強力に促進する。
●意思に反する仕方なしの移動を減らし、モーダルシフト（とくに自動車から鉄道への）を優遇するとともに、燃料消費とCO_2排出を削減する技術開発を促進する。
●地方では、市町村および地域レベルでアジェンダ21（一九九二年のリオ・サミットで推奨された二一世紀の地域計画）を実施する。

2005年までに10%削減

INESTENE（欧州エネルギー環境戦略評価研究所）がWWF（世界野生生物基金）フランス支部のキャンペーン用に行った委託調査は、フランスで2005年までにCO_2排出を10%、7600万炭素トン削減することができるとしている。そのためのおもな手段として、次のものが挙げられている。
●エネルギー消費の効率がもっとも高い工程や機器、輸送手段を促進する財政措置
●機器の省エネ基準の策定、乗り物の馬力の制限、住宅の断熱、リサイクル素材の採用などの規制措置
●再生可能エネルギー産業への直接補助

また、同研究所が緑の党の委託で作成したエネルギー・シナリオは、温暖化ガスの排出削減を行いながら、同時に脱原発を開始することは可能であり、しかも、エネルギーの使用を合理化し、浪費を削減した場合には、従来の経済成長の枠内でもそれが可能であることを示している（「エネルギー」の章＝243頁参照）。

地球は温暖化している！
「もっと早く温暖化してくれ！」
ハラへった　寒い

グローバル化

傲慢と袋小路の狭間に立つ世界の主人＝人間

「グローバル化」という言葉は誤解を招きやすい言葉だ。確かにそのなかには、様ざまな部分（大陸、国、地域）が、バランスの取れた関係（経済や文化、社会の面で）のネットワークを相互に編み出していく総体として世界を捉えることができるようになった、という意味も含まれている。これはグローバル化を良いものとして、エコロジー的に見る見方だ。ところが、現実はまったく違う。フランソワ・シェネ[原注(1)]も指摘しているように、グローバル化とは、経済的取引のグローバル化がもたらした、利殖的性格の強い蓄積体制なのだ。意外にも、まさにこのグローバル化のメカニズムのなかでこそ、工業やサービスの多国籍企業、超国家銀行、巨大個人年金基金、財投会社などによる金融の集中化と資本の産業集中が起きているのである。

ひと言でいえば、グローバル化しているのは貿易ではなく資本なのであり、それが生産資本の形だけでなく、金融資本の形でも行われるようになってきたということだ。この過程は、三つの要因によって促進されている。ひとつは、ＧＡＴＴ（関税および貿易に関する一般協定）および一九九四年にマラケシュで締結された協定でこれを引き継いだＷＴＯ（世界貿易機関）であり、もうひとつは超国家大企業による投資活動。そして、一九七三年

原注

(1) フランソワ・シェネ：François Chesnais, «Mondialisation du capital et régime d'accumulation à dominante financière», in «Misère de la mondialisation», revue Agone, nº 16, 1996.

のアメリカの固定相場制放棄によるブレトンウッズ体制の崩壊以来、級数的に急増している金融投機である。

民衆でもなく、市民でもなく、「買うために生まれてきた」消費者あるのみ

世界市場とは、共通の構想を何ももたない共同体をつくり出すものだ。世界市場のなかでは、空間は地球規模の広がりをもった、多様なものとしてではなく、凝縮し、画一化したものとして捉えられる。グローバル化とは、富を平等に分配するものではなく、資本の蓄積地域と依存地域との間の格差を拡大するものだ。グローバル化とは、利潤は私有化するが、コストは地球化するものだ。自由貿易とは、消費者の欲望に応えるためのものと言いながら、その実、消費者の嗜好を地球規模で画一化するものなのである。

グローバル化の正体は、空港やナイキの広告、株価指数を見れば分かるだろう。グローバル化は、金融や商業の業績という唯一の基準に政治や社会、文化を服従させることを目論むのであり、その基準はWTOとOECD（経済協力開発機構）の内部で行われる不透明な交渉で決まってしまう。こうした交渉の議長をつとめるのは、経済超大国（アメリカ、ヨーロッパ、日本）からの代表専門家であり、「南」の国は服従するほかないのである。

世界の総広告支出は年間四兆三五〇〇億ドルに達している。これは、世界の最貧国の総年間所得の五倍以上にあたる。広告とは、人間の想像力や社会変革への願いを押しのけ、画像やメッセージをばらまくことで商品への欲望を掻き立てるものなのである。

多国籍企業の企み、MAI

国家の後ろで暗躍しているのは、ジェネラル・モーターズ、タイム‐ワーナー、エクソン、ATT、IBM、モンサント、ネッスル、フィリップス、シーメンス、ダイムラー‐ベンツ、スエズ‐リヨネズ、三菱など、多くは北米に本拠をもつ大多国籍企業だ。こうした企業の思惑は、多国間投資協定（MAI）の交渉のさいに白

日の下に曝されることになった。MAI交渉は、一九九五年にOECDの手厚い保護の下で開始されたが、フランスは市民の激しい反対で一九九八年に脱退している。あらゆるタイプの投資（企業、資本参加、債券、知的所有権、不動産）に適用されることになるMAIは、次のような四つの原則を土台としている。

●調印国はすべて、国の政治当局が行った決定がもたらす差別によって被害を受ける可能性のあるあらゆる外国投資家に対して損害賠償を支払う義務を負う。週三五時間労働制への移行、タバコ広告の禁止などは損害賠償の対象になりうることになる。

●投資家は、たとえその投資が予定にすぎず、まだ実際に行われていない場合にも、公権力に対する違反裁決を受けることができる。

●協定からの脱退を望むすべての締約国は、加盟後五年を経て初めてこれを行うことができ、協定はその間効力を持ちつづける。

●交渉により例外制を設けることができる。EUは、共同体の優先と文化的例外の原則の維持を要求している。

要するに、国家やヨーロッパ、国際社会の公法を

国際連帯の手本を示した反MAI運動

「グローバル化監視の会（のちに「MAI反対フランス協議会」に発展）」は、カナダのNGO「パブリック・シティズンズ」と協力して、1997年11月からフランスの政治責任者に対して、MAI（多国間投資協定）案が、民主主義や社会運動、環境保護運動がこれまでに獲得してきた成果に及ぼす危険について警告してきた。GATT協定時代から文化を保護する措置に例外を設けることを主張してきた映画人や作詞作曲家（ドラマ作詞作曲家協会＝SACD、映画製作者協会＝SRFなど）も、MAIの情報には通じていた。1998年4月、ヴァル＝ドワーズ県選出の緑の党国会議員イヴ・コシェは、国民議会でみずから発起人となってMAIに関するシンポジウムを開催、議会や市民に警告を発した。ジャック・ラリト共産党上院議員も活発に動いた。カトリーヌ・ラルミエール・欧州議会議員によるMAI報告には、こうした批判が取り入れられた。1998年10月、政府はフランスがMAI交渉から脱退すると発表した。

これは、市民とNGO、政治家が、市民権や民主主義を犯す条約案に対して有効な対案を提示することができた初めてのケースとなった。

世界共通の私法で置き換えることがＭＡＩの狙いなのだ。公の領域にこれほど大がかりな干渉をもくろんだ国際条約はこれまでない。

間大西洋経済協定（ＴＥＰ）案が、超自由主義で知られた欧州委員会委員のレオン・ブリッタン[訳注(1)]によって、ジャック・サンテール[訳注(2)]とビル・クリントン米大統領を相手に協議された。これは、ヨーロッパと北米の間で財貨、投資、サービスの自由貿易ゾーンをつくり出そうとするものだ。一九九八年春にフランスが反対して拒否権を行使したが、ＥＵはその年秋にＴＥＰ制定法案を採択した。アメリカがとくに通信と視聴覚メディアの分野で交渉相手よりも進んでいるため、アメリカの自由化政策の圧力はより強力なものになった。こうした条約によって、多国籍企業はその利益追求に法的根拠を得ることができる。だが同時に、フランスでＭＡＩが拒否されたことは、世論が決して騙されないことを示したと言える。

金融自由化メリットのウソ

一九七三年の国際金融取引は、一日に一〇〇～二〇〇億ドルの間を上下していたが、一九九五年には一二六〇億ドル（世界の貿易額の七〇倍）[原注(2)]にのぼっている。実体経済と金融取引の間のこの乖離は、固定相場制が放棄された結果である。一九八〇年代初めは、一九六八～七八年の大規模な社会運動の停滞に乗じて、サッチャー政権やレーガン政権が市場の支配を強要した政治上の転換点でもあった。利殖的性格の強い金融資本の震源であるアメリカが、ＩＭＦやＷＴＯのなかで商業と金融のルールを好き勝手に決めているというのが実態なのだ。

金融投機のピークは、おそらくまだこれからだろうが、アメリカの投機ファンド（ヘッジファンド）である長期資本管理会社（ＬＴＣＭ）の一九九八年九月の劇的な破綻は、このシステムの脆さをさらけ出した。ＦＲＢ（アメリカ連邦準備銀行。欧州中央銀行に相当）は、一二以上の民間銀行などの金融機関に対して、ＬＴＣＭの負債穴埋めのために（二〇〇〇億ドルのポートフォリオに[訳注(3)]対して）四八億ドルにのぼる資金援助の要請を余儀なくされたのだった。このタイプの基金のご多分にもれず、ＬＴＣＭもその資本の何倍もの金額を貸し付けることができる。アジアとロシアの金融市場と通貨の崩壊によって、ＬＴＣＭの信用担保能力が急落し、これらの国でＬＴＣＭに依存して契約していた投資が焦げ付いてしまったのだった。

こうした長期投機ファンドは、ごく限られた数の出資者によって構成され（通常五〇〇万ドル以上の投資が要求されるため、小投資家には入れない一種の投資家クラブのようなものといえる）、二〇〇〇～三〇〇〇億ドルの資金を保有するに至っている（五年前には四〇億ドル）。一般に、こうした投機ファンドには、次のようなメリットがあるとされてきた。

●自由な資本移動によって、貯蓄が「新興諸国」の生産的な投資に流入する。
●競争によって、借り手にとってだけでなく貯蓄者にとっても、今よりも効率の高い、したがってより儲かるシステムが生まれる。
●デリバティブ（派生商品）のような新たな金融手段によって、企業が金融リスクを効率的に管理できる。
●長期の成績が、より多くの投資と成長をもたらす。
●金融市場によって、国家が経済の規律を保ち、「健全化する」よう誘導される。

原注
(2)世界の貿易額の七〇倍：これは平均値であって、激しい投機が行われる時期には、これをはるかに超える取引が行われる。一九九二年九月には、投機の結果、ポンドが欧州通貨制度からの脱退を余儀なくされている。参考：John Eatwell, in *International Financial Liberalization: the Impact on World Development*, UNDP, New York, 1996.

訳注
(1)レオン・ブリッタン：Sir Leon Brittan（一九三九～）。英国の保守党政治家。内相を経て貿易産業相をつとめていたが、一九八六年にウェストランドゲートで情報漏洩などの工作を行ったことが明るみに出て辞任。一九八八年にＥＣ委員会委員に就任。
(2)ジャック・サンテール：Jacques Santer（一九三七～）。ルクセンブルクの政治家。一九七四年からキリスト教社会党党首、一九八四年から首相を務めた。
(3)ポートフォリオ：金融機関が保有する各種有価証券の総額。

だが、こうした賛成論には、非常に多くの疑問がある。
●今日、新興工業国（東南アジア諸国）向けの投資熱は非常に冷めやすいことがわかっている。
●金融資産の拡大は、金利の低下をもたらさなかった。
●デリバティブ市場の爆発的拡大は、金融市場の構造的崩壊（パニック経済）を促す可能性がある。
●これまでのところ、金融規制緩和によっても工業国の経済危機と失業を押しとどめることはできていない。
●「健全な」経済とは何かという基準は、いまだに明確にされていない。高金利とマーストリヒト条約[訳注(4)]への収束がもたらす社会的コストは、すでにあらためて証明するまでもないところまで来ている。

つまり、世界を統率しているのは誰なのか、「世界会社」の様ざまな代弁者たちなのか、それとも市民とその代表なのかという問題なのだ。

緑の党の政策提案

金融市場を規制し、あらゆる金融取引に課税する

●次のような税を新設する。
・通貨市場への投機的取引に対する「トービン税[原注(3)]」（この税を提案したノーベル賞経済学者の名前にちなんだ呼称）。〇・〇五％という非常に低い税率に設定しても、年一兆ドル近い税収が得られる。このほか、次のようなものも可能だ。
・対外直接投資への課税（対外直接投資税）。
・もうひとつの合算課税として、世界の総利益を各国ごとの売上げで比例配分したものに課税する、連結利益への課税（連結利益税[原注(4)]）。
・通貨だけでなく、株式や債券、オプション、デリバティブなど、あらゆる国際金融取引に対する一律課税[原注(5)]。
こうした税の大部分は、大きな金融取引所のある工業国が徴収することになる。

この税収を格差是正や貧しい国での教育、公衆衛生の改善、食糧安全保障、持続的発展などの活動を行なっている国際機関の活動資金として、さらに、場合によっては、拠出年金調達を恒常化の資金源として還元する。金融制度のなかでも年金基金は利殖による年金資金の調達を可能にするものであり、拠出年金制度が体現している世代間の連帯の精神に反することになる。

フローと為替を管理し、税金天国を廃止する

●ブレトン・ウッズ体制を改良した形の金融制度を設立する。

・G8や世銀ではなく、「国連加盟国の経済的権利ならびに義務に関する憲章」（一九七四年）および国連自体の本来の原則を再認識する。

・WTO、IMF、世銀などの国際機関を、市民に対する責任を取らせることによって民主化するとともに、NGOに市民権を与える。

透明性確保を義務化し、民主的議論を拡大する

原注

(3)トービン税：この税は、フランスでは「市民援助のための金融取引課税を求める会」（ATTAC, 9bis, rue de Valence, 75005 Paris. Tél: 01 43 36 30 54. e-mail: attac@attac.org. Web site: http://attac.org）が推進している。

(4)連結利益税：Howard M. Wachtel, «Trois taxes globales pour maîtriser la spéculation», *Le Monde diplomatique*, octobre 1998を参照。

(5)国際金融取引に対する一律課税：Susan George, «Pour la refonte du système financier international», *Le Monde diplomatique*, janvier 1999を参照。

訳注

(4)マーストリヒト条約：EU統合の礎石となる通貨統合の具体的方法として、日程を定めた条約で、マネタリスト的性格が強い。一九九二年二月調印。

「持ち株社員が、会社を助けるために、自分で自分の解雇を要求してくれたらシメたもんだが」
「イッヒッヒ」

●金融組織の動きに関わる情報へのアクセス権を議会にもたせる。ＩＭＦの経済政策に関する国会審議を毎年行う。
●ＷＴＯの内部交渉を議会が詳細に把握する。国民議会と上院に多国間機関と多国間条約への常設代表団を創設する。
●投機活動に対する課税の実施をＩＭＦ加盟の条件とする。

「投機に課税するってことは、投機を認めてしまうことにならない？」
「たしかに。公害企業に汚染税をかけるのと同じだね。汚染する権利を認めることになっちゃう…」
「トービン税って、ちょっとヤバいんじゃない？」

国際関係

世界の混迷を打開するのは連帯

一九八〇年代末から九〇年代初めにかけて、ラテン・アメリカやアフリカ（とくにあの恥ずべき制度アパルトヘイトの末期）、そして東ヨーロッパでは、専制政治が次つぎに打倒されて行くかに見えた。近東では、話し合いによる解決の糸口も見えはじめていた。

だが今日、この期待は完全に裏切られた。人権と平和を危機に陥れる党派的地域主義や宗教的教条主義、民族純化妄想、ファシズム、ナショナリズムが台頭している。アフリカ、中東、アジア、果てはヨーロッパと、世界各地で、民族間紛争、そして民族内紛争が再燃している。

ベルリンの壁崩壊後、その延長上に生まれた、今よりも自由で連帯にみちた世界が実現するという大いなる希望は、いまだ遠い。勝ち誇る市場からは、市場イデオローグたちが繰り返し言いくるめるような民主主義がひとりでに生まれるはずもない。永遠の経済成長（GDP、交易、利潤、所有財の量、通貨の流通量などの成長）の上に築かれた発展モデルでは、攻撃性や競争、あらゆる公共サービス政策の見直し、支配と搾取、人間と自然に対する暴力の跋扈《ばっこ》が国際関係を推進する力とされるのである。

紛争の根源を解消する

国際関係は、自分のモデルを世界中に押しつけようとするアメリカ合州国の影響力によって、頭越しに決められている。アメリカの覇権を断ち切り、平和や安全保障をめぐる現状を、欧州大陸と地中海（たとえば近東）についてと同様に世界全体の長期的見通しについても変えていくためには、世界のルールを見直し、新しい普遍的社会契約を打ち立てる必要がある。

緑の党は、軍備政策と軍事介入部隊を創設（九三頁「平和」の章参照）することでは平和を確保できないと考える。それは、湾岸戦争がおもにイラクの一般市民を攻撃し、この地域の専制、とくに他ならぬサダム・フセインの暴政をいっそう増強することになってしまったことを見てもわかる。

その前にしなければならないのは、紛争の予防だ。そのためにはまず、全体主義国の中の民主主義の芽生えと民主化運動を支持する必要がある。しかし何よりも必要なのは、少数民族の権利を尊重し、とくに南北間協力などをめぐって、経済や社会、環境の面で全体的な行動を取ることにより、根源にある戦争の原因を解消する政治を行うことだ。

地球規模のアパルトヘイト

東西の対立が消滅した今、真の敵対関係が白日の下に曝されることになった。「北」の諸国でかくも称揚されている資本主義的発展モデルは、毎年、世界の紛争による死者をすべて合わせた数よりも多くの死者を「南」の諸国で出している。このモデルは、軍事や政治、経済、文化、宗教による支配によって強要されたものだ。それは、自国の政府や多くの南の諸国の指導者に支えられたひとにぎりの大企業が、南の資源を略奪することで成り立っているのである。

世界人口の二〇％が住む「先進」国が、エネルギーの八〇％を消費している。こうした消費モデルが世界の人口全体に拡がれば、地球はもたなくなってしまう。

にもかかわらず、国際貿易協定の原則から、南の諸国の大多数は自由主義的発展モデルを採ることを迫られ、否応なく国際競争の渦中に追い込まれている。だが、その競争とは、Ｆ１レーシングカーに駆け足で対抗するようなものだ（七五頁「グローバル化」の章参照）。また、「先進」国が第三世界の債務を今後帳消しにしていくことを拒否しているために、南の諸国はやみくもな輸出戦略を強いられ、自然資源の食いつぶしをいっそう早め、地球温暖化を加速している。特定の戦略資源へのアクセス（近東の水や湾岸地域の石油）をめぐって、大規模な紛争さえ勃発しかねない状況だ。

あるいは、ずば抜けた競争力をもつ北の諸国（とくにアメリカとフランス）の農業の影響で、何千万人もの農民が都市に流れ込み、極度に不公正な土地所有構造のために、「土地なし」農民はあらゆる生産手段を奪われてしまっている。今や、農業食品産業《アグリビジネス》の大企業は、種苗の特許を申請するようになった。このため、自分の種苗を自給している零細生産者が訴えられることにもなりかねない（二七七頁「農業」の章参照）。また、南の諸国は自国の漁業海域も自由にできなくなりつつある（二六三頁「海」の章参照）。

エコ発展をめざして

地球の富を地球の住民全体に再配分し、自然資源へのアクセスを平等にし、弱者（とくに子供と女性）の恥知らずな搾取を終わらせない限り、この悪循環からぬけ出すことは不可能だ。北の市民に課せられた課題とは、産業資本主義の誕生以来、地球の黄金ベルト地帯に住む者と南の棄民のあいだで深まる一方だった亀裂を埋めて行くことのできる、節度ある発展へ意識的に方向転換することなのだ。

その中で優先しなければならないことのひとつは、食糧安全保障だ。これを確保するためには、地方、国、「地域」（国連の亜大陸の意味での）のあらゆるレベルで生産の自立性を獲得することが必要になる。それは、自由貿易と国際通商は美徳であるという国際経済機関（WTO、IMF、世銀、OECDなど）の信念とは逆に、生産の過剰な特化をやめて、関税による保護を認めるということだ。フランスと欧州連合（EU）はまた、みずからの権利を主張し、みずから選択した地理的地域との協力協定を確立するとともに、相手国の発展レベルに応じて差異化した通商政策（ロメ協定[訳注(1)]、ハバナ憲章[訳注(2)]支持など）の権利を擁護しなければならない。

また、備蓄能力を確保することで原料や一次産品価格の維持、相場安定化をはかり、貿易収支を均衡させ、先進国市場の乱高下から南の諸国を護る必要もある。

目標を見定めた援助と協力

今日のＥＵは、南北協力をないがしろにしている。援助予算も少なく、欧州議会のチェック機能も届かない形になっている。いわゆる開発政策も名ばかりだ。債務の重圧と、構造調整政策の締めつけのなかで、南の諸国は逆向きの「発展」を遂げつつあるのである。与える量を増やすよりも、取りあげる量を減らす方がまだましなのだ。ＥＵが持続可能な発展に向けた政策を提唱できるとすれば、それは、拡大している自由主義的方向とは逆に、パートナーシップに基づいてみずからの戦略を明確にし、その手段を磨くことによってなのだ。この方向は、国際通貨制度を統治するルールをつくり直し、最貧国の債務を帳消しにすることで、よりいっそう効果を発揮するだろう。ＥＵに対しては、緑の党はロメ協定[訳注(1)]をもっと深化すべきだという主張を行っている。援助や金融取引の増大にともなって、非政府市民団体（ＮＧＯ）や、人間の解放、自然環境の尊重を推進する運動を支えて行くことも必要になる。独裁権力に対する財政的圧力や禁輸は、こうした措置が民主的な反対

訳注

(1)ロメ協定：（六三頁の訳注(1)参照。）途上国援助を基本とするロメ協定の当初の精神は、新自由主義の流れのなかで現実には実行されにくくなっており、ヨーロッパ諸国がＷＴＯの設立を決めたマラケッシュ協定を批准してからは、こうした通商優遇策を見直す動きが強まっている。

(2)ハバナ憲章：正式名は国際貿易機構憲章。関税政策、完全雇用政策、商品協定に関する政策などの基準となる原則を規定し、さらには国際貿易機構（ＩＴＯ）設立のため、一九四七〜四八年にハバナで開催された国連貿易雇用会議で採択された。先進国で完全雇用を図るとともに、途上国の経済発展を促進するための援助・資本移動を奨励するという、比較的先進国民衆や途上国に配慮した形での世界経済の発展をめざすものだった。だが、その内容があまりに途上国の権利を擁護し、先進国企業の利害に反していたために米上院の批准が得られず、結局未発効に終わった。

表明と協調して取られるならば、正当化できるものである。

フランスの対外政治を道徳化する

右であれ左であれ、フランス政府は、ことあるごとに民主主義や「人権」を口にしながら、世界中の独裁者のもとへ馳せ参じ、わが国の産業のために巨大な潜在市場の扉を開こうとしてきた。アフリカでは植民地解放後の独裁者然り、アラブ世界では湾岸地域の石油君主制然り、あるいは中国も然りである。なかでも、ミッテラン前大統領とバラデュール政府がルワンダ殺戮の張本人に対して一貫して行った武装化と支援は、その戦慄すべき具体例のひとつだ。フランスの対アフリカ政策には、新植民地主義の影が色濃い。

アフリカに関しては、フランスの闇組織や地下組織のネットワークをすべて解体し、民主主義とエコロジーの面で問題がないことが明らかな場合にのみ援助を行うよう条件づけを行うとともに、非民主国向けをはじめとする武器輸出をやめなければならない。フランスの国内制度の面では、対外政策に関する国会審議を復活させるべきだ（一六四頁「市民権」と三九頁「国民議会では」の章参照）。軍事面では、アフリカの特定諸国と結んでいる防衛協定を再交渉し、介入義務を漸次撤廃していくことが必要だ。

さらに、フランスは、南ヨーロッパ諸国とともに、北ヨーロッパと地中海世界との架け橋になるべきである。地中海安全保障協力会議[訳注(3)]が共同安全保障や、紛争解決手段としての調停、経済協力、人権尊重、環境安全保障（公害、漁業などをめぐる）を奨励するようにするために、ヨーロッパがそのなかで果

改良の余地のある道具としての国連

国連機関は、それ自身を民主化できて初めて、共通安全保障の要となることができる。同じように、国際経済機関（WTO、IMF、世銀、OECDなど）も、最富国の支配を脱する必要がある。貿易や金融取引が社会福祉法規や環境法規を尊重するよう政策を見直すとともに、平価の安定、税金天国の廃止、銀行管理における慎重ルールの確立を図る必要がある。緑の党は、世界レベルで投機的な資金の流れを、とくに投機を抑制するための「トービン税」（75頁「グローバル化」の章参照）によって規制することに賛成している。

たすべき役割はますます重要になるだろう（二六三頁「海」の章参照）。

違いから豊かさを生み出す

扇動政治家の手によって掻き立てられる国家意識は、排外主義や人種差別を生んでしまうことが多い。とはいえ、緑の党は、世界中の文化を均質化し、地球上の人間をすべて同じ顔をした「消費人間《ホモ・コンスーメリス》」にしてしまうことも拒否する。民族は、その文化的アイデンティティーと伝統が人権の尊重と環境面の拘束とに適合できる限り、それらを認められる権利をもつ。被支配民族に対して自立権を認めなければならない。また、少数民族の権利を広範に認めることも望まれる。

中東平和への危ういプロセスのなかで、フランスは地中海の隣人としての使命を徒に放棄してしまい、アメリカの介入を許してしまった。フランスとEUがしなければならないのは、国連決議が尊重されるようあらゆる手を尽くし、とくに地中海地域全体とヨーロッパの都市や地域が直に、対等なパートナーとして接触する政策を推進することで、この地域との協力協定を増強することだ。

大企業の多国籍組織に対抗して、国境を越えた連帯のネットワークが生まれつつあり、国際舞台で声を挙げはじめている（たとえば、最近のカウンター・サミットや、一九七二年のストックホルム会議以来行われているNGOの同時開催パラレル会議）。人間の権利や少数民族・少数文化の権利、女性解放、もっとも恵まれない人びとのための発展、環境、生態系保護などに尽力する多国籍市民社会が、まだ分散し、ささやかながらも、いま出現しようとしているのである。

訳注

(3) 地中海安全保障協力会議：列国議会同盟（ＩＰＵ）が一九九二年から数年おきに行なっている地中海地域諸国の会議。これまでに一九九二年（スペイン・マラガ）、一九九五年（マルタ）、二〇〇〇年（フランス・マルセイユ）の三回の会議が開かれ、恒常的な対話の制度をつくり、地中海地域の共栄と安全保障のために政治、経済、文化、人権などの協力関係を強化していく方針が採択されている。

緑の党の政策提案

●南の諸国の債務を帳消しにする（ただし、独裁制の補強につながる場合を除く）。

●国際機関（国際労働機関（ＩＬＯ）、国連持続可能な開発委員会など）によって、労働者や自然の過剰な搾取の状況を監視する。

●国際経済機関における議論や交渉プロセスの透明性を確保し、社会規範や環境規範から南が排除されることのないようにする。

●環境税や社会税を導入して、こうした過剰な搾取から生じている競争力の格差を縮小する。また、その税収は、第三世界の持続可能な発展への援助資金として用いる。

●資本の流通に対していわゆるトービン税を課し、その税収を貧困国の経済・社会発展基金に充当する。

●基本産品だけでなく、加工製品についても南の諸国のヨーロッパ市場へのアクセスを優遇する。また、南の諸国がみずからの市場を保護する権利を認める。

●開発援助をＧＤＰの一％程度に増やすとともに、援助提供国からの財・サービスの買い取り義務（ひも付き援助）を全面禁止する。

●開発援助を、地理的には「最低開発諸国」に、また社会的にはもっとも恵まれない人びとに再配分する。

●食糧安全保障を目的とする計画を優先する。国際法に、みずから固有の種苗をつくる権利を明記する。

●農産物と原料の世界市場を安定化する。

●調整備蓄制度を導入し、一次産品と工業製品の交換比率を改善する。

●とくに南の諸国で、国内市場、とくに農業市場を維持するための関税権の行使を認める。

●とくに工業と農業の分野では当事国の生産者同士が交渉して輸出入割当てを決めるようにするとともに、各国の経済的自律性と国民の食糧自給をめざす事業に資金を提供する真の途上国援助を行う。

●北と南両方の合同研究グループによる公共基金に関する国際研究計画を体系的に行う。

●国際機関を民主化する。

・国連改革＝安全保障理事会常任理事国の席を、もっとも人口の多い国々（インド、ブラジル、日本など）と大規模統合地域（ヨーロッパ、アフリカなど）にも与える。「超大国」の拒否権を撤廃する。豊かな国による財政支配を排し、司法機関の「超大国」依存を解消する。

・ＩＭＦ、世銀、ＷＴＯを、国際貿易と国際金融の民主的な国際機関に置き換える。この新機関は、「持続可能な」発展（公正な貿易、地方や地域の自立や参加に配慮したプロジェクトへの資金提供など）に役立てることを任務とし、国連総会が作成する政治指針に服従させる。

・国際機関へのＮＧＯの参加を拡大する。

●開発援助関連の政策を議会（欧州議会と国別議会）がコントロールできるようにし、その決定過程に関係する社会団体（市民団体、労働組合など）を参加させる。

●重大な人権侵害を受けた被害者に対する支援を義務化する。

●少数民族に関する国際法を整備する。

戦争なんて、単純なもんだよ！

平和

私の安全保障は他人の安全保障

共産主義の失墜と冷戦の終結は、一九八九年以来、旧来の概念をうち破るような歴史的な大問題を提起した。この問題への答えはまだ出せないままだ。共産主義ブロックの崩壊は、西側モデルの正統性を裏付けるどころか、西側モデルには世界の緊張を調整する能力がないことを白日の下に曝したのだった。

「雪解け」期以降、核ミサイルの削減（一九七二年と一九七九年の戦略兵器制限交渉＝ＳＡＬＴ協定）、核弾頭の上限制限（戦略兵器削減交渉＝ＳＴＡＲＴ）、通常兵器の削減（一九九〇年ヨーロッパ通常兵器削減交渉＝ＥＣＦ条約）、核実験の禁止（一九九六年）、核拡散防止条約（一九九五年）、生物化学兵器の禁止（一九九七年）等々と、人類は軍縮の面で目覚ましい躍進を遂げてきた。

しかし、兵器の拡散と地域紛争の増加は楽観を許さない。二一世紀初頭には、核爆弾を製造できるだけの技術をもつ国は約三〇カ国にのぼるという予測もある。「豊かな国がいいと判断したり、必要と考えているものは、われわれにとっても同じ」というわけだ。ボスニア、東チモール、アルバニア、北アイルランド、スーダン、チェチェン、ペルー等々、地球上至るところで地域レベルの紛争が大地を血に染めている。

東西ブロックの消滅の結果、人類の中に豊かな世界と、もっとも人口が多く貧しい部分という、新たな区割りが出現しているにもかかわらず、先進国の指導者たちは、旧態依然たる区分にしがみついたままだ。サダム・フセインのイラクに対して、石油供給の安全を守るために討伐部隊を派遣したのもその一例だ。

フランスの戦略家たちは、鉄のカーテンの代わりに地中海が現れたと考え、イスラムを新たな敵と見なしている。だが、この新たな前線に対して、以前の「赤い」敵に対すると同じ武器を提案することは彼らにとっても難しくなっている。

緑の党の提案は、フランスが国防予算を年間一〇%ずつ削減して行き、国防支出の対GDP比を少なくともヨーロッパの隣国に近い値、つまり三・五〜二%まで落とすというものだ。節減した予算は、教育や保健など社会的に有益な部門に回すことができる。

長期的には、緑の党は、防衛概念を国家と軍備から切り離すことを提案する。

防衛概念を国家から切り離す

あらゆる国、あらゆる集団が、いたるところで「みずからの防衛」を求めている。だが、侵略者はどこにいるのだろう？　敵とは常に相手側である。軍事部門への投資を正当化するために、国家や集団への愛着が過大評価される。みずからを理想化するあまり、安易に相手を悪魔に仕立て上げ、一触即発の状況に至ってしまうのである。

たとえばフランスは、軍隊による征服と植民地の拡大がもたらした過去の「栄光」へのノスタルジーを暖め、原子力や核兵器、国連安保理理事国の地位と拒否権、帝国のきらびやかさ、アフリカへの影響力など、あらゆる権力の象徴に執着している。自分を実際よりも大きく見せようとしているという点では、フランスは毛を逆立てる猫と変わるところがないのだ！

緑の党は、防衛しなければならないのは国土ではなく、自由や民主主義、連帯といった価値であると考える。防衛しなければならないのは同国人だけではなく、国籍や民族、あるいは宗教の如何に拘わらず、人間なのだ。

共同安全保障という概念は、「私の安全を決めるのは相手である」という考え方が土台になっている。この地球に住む人間は、現実には、技術や人口、環境、経済など、様ざまな面でますます相互依存を強めているのである。

また、緑の党は、中期的には国防に使われている貨財（人員、予算、軍事）の大半を、紛争予防と平和の維持・回復を任務とし、それを行うために国際警察力をもつ超国家な機関へ移行するよう主張している。より長期的に見れば、国の軍隊も消滅することになるだろう。

移転する貨財の一部は、その誕生以来調停（ナミビア、カンボジア、南アフリカ、アンゴラ、モザンビーク、ハイチなど）と植民地解放や軍縮世論喚起の任を務めてきた国連にまわすことができる。ただし、国連は、アメリ

軍事産業の転換
——軍備のあとには生命がある！

フランス政治は、軍縮の利益を蓄えておくことを毛嫌いしてきたが、それは軍縮によって世界第3位を誇る武器輸出産業が損をするからでもある。

だが、武器輸出は様ざまな面から見て弁護の余地がない。それは、多くの場合独裁を補強することになるため、道義的に認められない。また、地球上に軍備を蓄積していくことは、敵対関係をいっそう深めることから、政治的にも外交的にも認められない。また、こうした武器は、いつか私たちにも向けられかねないため、軍事的にも認められない。軍備の質をめぐる果てしない競争を煽り、ますます精緻で高価な武器を要求させるため、産業的にも認められない。しかも、武器を売った相手国が支払い不能に陥った場合、輸出を保証している国の機関であるCOFACE[訳注(1)]を通してそのツケを払わされるのは、私たち納税者なのだ！

武器産業と軍事研究は、環境（廃棄物処理、大気浄化など）や再生可能エネルギーのような、社会の役に立つ用途へと、漸次転換して行かなければならない（270頁「廃棄物」、243頁「エネルギー」、66頁「持続可能な発展」の各章を参照）。この転換は、関連労働者や地域関係者との協議のもとに、地域の新たな発展を考え、役に立つ新しい生産の鉱脈を掘り起こしながら進める必要がある。

(1)フランス対外貿易保険公社。輸出先の外国顧客が代金支払不能になったさいに、損害を受けたフランス企業に保険金を支払う機関。

力のような強力な国家による支配からみずからを解放し、国家を持たない民衆や、市民社会を代表するNGOにも開かれた存在になる必要がある。

移転する貨財の残りは、歴史的あるいは文化的つながりをもった大陸または亜大陸レベルの機関が、その地域の危機管理を行うために使うことができる。たとえばヨーロッパでは、紛争の予防や平和の維持・回復の役割を欧州安保協力機構（OSCE）に戻すべきである。OSCEは、ヨーロッパ諸国（これにアメリカとカナダが加わっている）全体が集まってできた組織で、とくに各国の少数民族（スロバキアとルーマニアに住む少数派ハンガリー人、バルト海沿岸諸国やソ連分裂の結果できた国々のロシア語を話す少数派）問題など、多数の危機で調停者として無視できない役割を演じてきた。緑の党は、これによって北大西洋条約機構（NATO）をOSCEに従属させることを提案している。

軍事ブロックはすでにその存在価値を失っ

平和教育

非暴力の効果は、市民に対して非暴力トレーニングを行ったり、学校で教えることによって大きくなる。だが、現在は逆に、軍事プロパガンダが学校を席巻している。社会党政府の下で、エルニュ - サヴァリ合意と、シュヴェヌマン - ジョスパン合意[訳注(1)]によって、軍と国民教育の間の協力関係が築かれた。また、軍は高等教育（理工科学校、高等航空学校など）でも強い影響力を持っている。

必要なのは、逆に、意識や振る舞いを軍隊から切り離すことだ。学校教育は、教育に平和や非暴力、紛争の予防、調停を取り込む必要がある。市民が小学校の低学年から、個人の間や社会、政治の紛争に対処できる能力を学ぶようにするのである。

いわゆる「近代的」実験教育（フレネ学校、能動教育方式訓練センター＝CEMEAなど）の経験が役立つかもしれない（157頁「教育」の章参照）。しかし、困難なことの多い紛争を、暴力を使わずに処理し、ともかくも私たち人間の間の違いを生き、それを愛する習慣が身につくのは、とくに日常の実践のなかでなのだ。

(1)いずれもミッテラン政権期の左翼政府の国防相と教育相の間の合意。

ているのであり、当面、フランスはそこから脱退すべきである。

攻撃的な姿勢を、防衛的な姿勢に変えなければならない。防衛的な姿勢では、相手が自分の領土から出ない限り、相手に対して不安を与えることはまったくあり得ない。手段としては軍事的手段を取るとしても、組織化された非暴力市民防衛によって、その効果は最大限に高まる。「受け容れられないような破壊を加えると相手を威嚇することによってではなく、私たちの防衛手段が相手のあらゆる侵略の試みを挫折させることができることを相手に納得させることによって、抑止を行うのである」原注(1)。

反対に、一九六〇年以降フランスの核軍備論の土台になってきた「強者に弱者が対抗する」ための威嚇は、罪のない数千万の市民を人質に取るという論理にもとづいている。緑の党は、フランスの核兵器全廃を主張する。

紛争の予防を増強する

三〇年ほど前から、さまざまな地域で紛争の予防と解決が実を結んできた（アルメニア、バルト海諸国、サルバドル、グァテマラ、スリランカ、ハイチ、チアパス、南アフリカなど）。文民による介入には、予防的外交、平和回復・維持、監視など様ざまな形があり得る。

紛争予防を増強するためには、国連や地域組織の資金を増やし、特定の条件と理由のもとで国の内政に介入する権利を確立する必要がある。

文民介入派遣団を支援する研修情報体制を促進・組織化するために、「平和民役管理委員会」が設置され、緑の党をはじめ、様ざまな平和・非暴力運動が参加している。フランスでは、兵役制度の改革によって兵役が

原注

(1)「受け容れられないような……抑止を行うのである。」：Jean-Marie Muller, *Lexique de la non-violence*, Alternatives non violentes, 1988.

志願制になり、とくにその中に平和民役が含まれるようになった。

歴代政府の防衛政策にはコンセンサスが確立していると言われてきたが、現実には、このいわゆるコンセンサスが、過去何十年にもわたって、軍産複合体からの強力な圧力とドゴール主義的国防観による議論の不在を隠蔽してきたのだった。

最近では、これとまったく同じ議論が、「南」からの脅威をことさら膨れ上がらせているが、紛争の形態、したがって紛争の解決の形態がこれまでとは根本的に違ってきていることは、すでに誰の眼にも明らかになっている。

今日、フランスをはじめ豊かな国は、軍事予算の大幅削減と、経済や環境、民主主義の面での連帯を強めることによって、平和や分かち合い、そして希望のメッセージを世界に向けて送り出す絶好の機会を手にしているのである。

緑の党の政策提案

●軍事予算（一九九七年予算の実績では、予算項目の第二位）を、最低年一〇％ずつ減らすことによって、大幅に削減する。

●フランスの核兵器を全廃する（新計画の廃止、核実験シミュレーションの中止）。

●国および欧州連合の軍事支出を国連と欧州安保協力機構（ＯＳＣＥ）に漸次移行する。これらの機関に、国際警察隊と文民介入隊を設置する。

●海外県・海外領土およびアフリカのフランス駐留軍を永久に撤退させ、これらの地域の持続可能な発展に対する借款を行う。

●国会が武器輸出を厳しく管理し、ＣＯＦＡＣＥ保証を中止する。

インテリジェント爆弾の悲劇
パイロットはバカ

ヨーロッパ

ヨーロッパ民主革命のために

統合ヨーロッパ——現実となったこの壮大なユートピアは、単に金融業者や商品の要求だけに服従する財やサービス、資本の巨大市場に還元してしまうにはもったいないユートピアである。緑の党は、自由なヨーロッパを実現するか、それとも一国の中に閉じこもるかという、間違った二者択一の議論を拒否する。私たちはヨーロッパの建設に積極的に賛成するが、そのヨーロッパは民主主義と、社会保障政策、環境、そして文化のヨーロッパでなければならないと考える。

からめ取られた権力

これまで行われてきたヨーロッパの建設は、民主主義ではなく、啓蒙専制政治から出てきたものだ。ヨーロッパは「上から」建設されたのであり、人びとの熱意とはほとんど無関係に、ひと握りの政治家と、高級官僚（いわゆる「ブリュッセル・テクノクラート」。彼らが各国政府の委任の下に仕事をしていることは、大概忘れられてしまっている）の意向の結晶なのである。

欧州議会は、法案提出権をもっていない。意思決定を行うのは、各国政府に従属する欧州理事会であり、その決定が各種の代表機関によって本当の意味でチェックされることはない。さらに、欧州中央銀行（ＥＣＢ）が政治から独立することになった[訳注(1)]ため、経済の動きに対する国家の統制力はいっそう弱まった。

しかも、多くの領域で意思決定過程が全会一致と拒否権にもとづいているため、ヨーロッパ統合（対外政策、防衛、社会保障の整合化など）がストップしてしまうことが多い、市民がヨーロッパのレベルで真の主権を奪われているという、ふたつの大きな問題を生んでいる。

つまり、ヨーロッパには民主革命が必要ということだ。それは、意思決定過程を現在の全会一致ではなく、有資格国の多数決にもとづいて行うようにすることだ。ヨーロッパ統合の停滞から早急に抜け出すためには、簡単な規則をひとつ作るだけで済む。変革に向けてのこの第一歩を行った後は、政治機関の民主化と権限強化によってヨーロッパの様ざまな機関を民主化し、それぞれの権限の範囲を画定し直す必要がある。このふたつの進歩を平行して進めない限り、市民の不信感はますます強まり、ヨーロッパの建設という思想そのものが行き詰まってしまうことになるだろう。

ヨーロッパ憲法

権力を新たに配分し直すという作業は、単なる条約の枠のなかだけでできるものではない。本当の意味での「ヨーロッパ憲法」を作っていく必要がある。緑の党は、欧州議会が憲法制定議会総会の開催手続きに着手するよう要請している。この総会は、単なる政治的代表者だけの総会を超えた、ヨーロッパ市民全員が参加できる場でなければならない。このような計画に対して真に市民の賛同を得るためには、政界を超えた市民社会そのもの（市民のサークル、労働組合、NGOなど）が、自分のものとしてこの作業をはじめることが前提になるからだ。この「ヨーロッパ憲法」制定のさいには、当然、加盟各国で国民投票を行う必要がある。

訳注

(1)欧州中央銀行（ECB）が政治から独立することになった：欧州通貨統合の道筋を定めたマーストリヒト条約では、「（欧州中央銀行は）欧州連合（EU）のいかなる組織、政府からも指示を受けない」と明記されている。

真の権限を議会へ移行する

欧州議会の権限を大幅に増強する必要がある。立法のイニシアチブは、直接普通投票によって選出されるこの欧州議会が持たねばならない。また、とくにEUの各種基金の用途や加盟国内における指令訳注(2)の適用などについて議会が調査委員会を設置できるようにすることで、議会の監督権を拡大する必要がある。また、欧州議会が欧州中央銀行総裁に対して尋問権をもつ必要がある。

緑の党は、ヨーロッパ市民の代表としての議員議会のほかに、国あるいは地域（連邦制をとる国について）と、国を持たない民族（北欧諸国の原住民、ジプシーなど）を代表する上院を併設するよう主張している。欧州上院の議員定数は、欧州議会よりも少数とし、各領土および関係民族ごとに直接選出する。欧州上院は、連邦議会とともに、法案の共同議決権をもつものとする。

欧州委員会は、現在は各国政府が任命する執行機関だが、欧州議会の指名とし、欧州議会の投票議員の単純多数によって委員会および委員個人を譴責《けんせき》できるものとする。さらに、欧州憲法裁判所を設置し、権力の各レベル間で権限紛争が起きた場合の裁定を行う。

ヨーロッパ連邦制の選択

だが、決定的な課題は、やはり各機関の連邦主義にある。ヨーロッパレベルの市民権にもとづく連邦国家という形をとることで、ヨーロッパは、そこに住む市民や世界の人びとから見たときに今日のヨーロッパに欠けている信用を獲得することができる。構成国の政治的歴史、言語の多様性、そしてその大きさの点で、ヨーロッパは他のどの連合体にも見られないユニークな存在であり、模倣すべき既存のモデルは存在しない。ヨーロッパは、これまでまったく例のない民主主義の建設に適合した、新たな連邦制を発明しなければならないのである。

緑の党が求めている民主的連邦国家の基本原理とは、国または地域の政府による介入よりも連邦政府の介入

の方が妥当である場合にのみ連邦政府が介入を行うという、補足原理である。連邦政府のみが権限を持つべき

訳注

(2) EU指令＝directive。EU法の共同体立法のひとつで、達成すべき目的については対象加盟国を拘束するが、実施方法は各国に任されている。

一人ひとりの声を尊重するヨーロッパに

ヨーロッパ全体のレベルで、政策決定の過程に市民の参加を保証する制度を考え、実現しなければならない。まず、既存のメカニズムを、国・地域レベルだけでなく、ヨーロッパレベルで、今よりも、透明で、アクセスしやすい直接的やり方（地方のイニシアチブによる住民投票、地方経済社会評議会の新設など）に拡張する必要がある。多国間で一貫した民主主義を保証するためには、比例代表制に男女比率規定を組み合わせた選挙形態を一般化することがどうしても必要だ（164頁「市民権」の章参照）。

だが、真の討論を行うための公共空間も同時に必要だ。緑の党は、ヨーロッパの現状をヨーロッパ市民に伝える大規模な情報体制を、あらゆる手段（学校、マスコミ、議員、市民団体、労働組合など）を用いて早急に整える必要があると考える。こうした情報活動を通して、たとえばヨーロッパ人を国境を越えて相互に結びつけている深い絆や、毎年加盟各国の国内法に導入されるEU起源の法令の重要さなどを示すことができるだろう。

市民との協議手段を拡大する上で、ヨーロッパ公共空間の創造、あるいはその誕生の促進に役立つと考えられるもののひとつとして、「年次市民会議」のようなものが考えられる。これは、EU政策の大筋を議論するために、欧州議会のイニシアチブで、各国の議員や各界代表を集めた国内議論を行うものだ。ここでの協議で出された提言・意見を、欧州委員会および欧州理事会に提出するのである。実施された政策を常時評価して行くことも、必然的にこのプロセスの一部になる。

他方、こうしたヨーロッパ民主制度の見直しのなかでEUの経済社会委員会と地域委員会が果たす役割とは、一方で経済や社会の当事者の協議を、また他方で地域の当事者の協議を活性化させることである。

領域、その下位レベルのみに行動の根拠を与えるべき領域、そして両者で権限を分かちもつべき領域をどのように定めるかについては、ヨーロッパ憲法で詳細に決めるべきである。たとえば、通貨や外交政策、防衛政策、あるいは境界監視は、連邦政府のみの管轄にすべきなのに対して、国や地域、地方の手に残すべき権限もある。

ヨーロッパ市民権の建設

ヨーロッパ連邦の建設には真のヨーロッパ市民権の存在が前提となる。これは、欧州議会選挙のときの投票権だけにとどまるものではなく、新たな権利の獲得と、それを保証するための制度の強化によって具体化していかなければならないものだ。

緑の党は、すべてのヨーロッパ市民に対する基本的自由権の保障を、平和や環境保護、生活の質、あるいは経済的・社会的進歩とならぶ、ヨーロッパ建設に不可欠の部分にすべきであると考える。また、EUは一九四八年の国連「世界人権・市民権宣言」に調印し、それをこれから制定する憲法の前文に盛り込む必要がある。基本的人権（表現の自由、団結の自由、移動の自由、あらゆる形の差別の禁止など）の他に、居住の権利や所得の権利といった主要な社会権も当然加える必要がある。

男女間の平等、避妊と中絶への自由なアクセス、性の選好にもとづくあらゆる差別の撤廃、心身障害者や老人などハンデを持つ人への配慮などが新しい方向での目標となるのであり、とくにヨーロッパのもっとも進んだ法制度を参考にする必要がある。

緑の党はまた、移動の自由を限定的・警察的に定めようとするシェンゲン協定[訳注(3)]の改正を求めている。ヨーロッパ共同体は、人間が自由に移動できる空間にすべきである（一九一頁「移民」の章参照）。

ヨーロッパ拡大――格差のあるヨーロッパには反対

EUは、連合への加盟を願うすべての民主国家に開かれたものでなければならない。ヨーロッパ連合とそれ以外のヨーロッパが新たな国境で隔てられることを避ける唯一の方法は、汎ヨーロッパ的な方向を取ることである。

ＥＵへの加盟申請を、国の規模や戦略上の重要度、あるいは経済的な地位の如何にかかわらず、すべて同じやり方で取り扱わなければならないのもこのためだ。すでに条約への加盟で行われているように、とくに民主主義の体制や、人権一般あるいは少数派の尊重がこの加盟の前提条件となる。

緑の党は、時間的な期限をつけた移行期間を置く連合条約をＥＵと個々の加盟申請国との間で調印することで、段階的に統合を進めていくことを主張している。また、中・東欧諸国が早急に持続的発展の方向に進むための特別措置に対して、ＥＵが資金提供を行うこともできるだろう。

こうした漸進的統合の期間が終了した段階で、申請国は完全な加盟国となり、ＥＵ加盟にともなうすべての権利と義務を果たすことになる。緑の党は、それぞれの国が好き勝手にＥＵに参加する領域と参加しない領域を選ぶ「セルフサービス食堂式」のヨーロッパには反対である。連邦制ヨーロッパに向かうための制度改革があらゆるヨーロッパ拡大の前提になるのであり、ヨーロッパを現在の困難から脱却させる手段となるのである。

緊急課題――社会保障のヨーロッパ

緑の党は、社会保障のヨーロッパを建設することは、市民権や、あらゆる人への社会保障、社会所得、発議権を保障するための新しい概念を生み出す絶好の機会だと考えている。

訳注

(3)シェンゲン協定：一九八五年にルクセンブルクのシェンゲン村でＥＵ七カ国が結んだ協定で、相互に国境でのパスポートやＩＤカードの提示なしに人間の通過を認めるもの。しかし、協定国以外のＥＵ在住外国人には協定国間を移動する際に、入国時または入国後の申告が義務づけられているほか、観光客についても、途上国と東欧諸国を中心に一〇〇カ国以上にビザ取得を義務づけているなど、移民労働者に対する締めつけは逆に強化された面もある。一九九七年のアムステルダム条約に組み込まれた。

しかし、「収束基準」[訳注(4)]と「安定協定」[訳注(5)]を通して、ヨーロッパ諸国政府は、本来優先すべき社会支出を削減する緊縮政策を強いられている。超国家的主権の道具であるユーロの発足は、ヨーロッパ全体の経済政策を実現するきっかけになるはずのものだった。だが、現実はそうならなかった。民主的機関から独立した中央銀行が発行する単一通貨によって、各国家はその経済権力のほとんどを一握りの大蔵卿の手に委ねてしまうことになってしまったのだ。

緑の党は、EU設立の基本法規を見直し、競争、成長、自由貿易という基本概念を協力、エコ開発、平等な交易の概念に置き換えるよう求めている。また、欧州議会の参加による「安定・成長協定」の抜本的見直し、構造基金[訳注(6)]政策の強化、EUが域内地域格差の縮小のために介入し、積極的な政策を実施するための予算確保も行うべきである。

社会や環境、文化に貢献する市民セクター

雇用に関しては、大陸レベルの方が国レベル

いちばん良いところで整合させる

資本と製品の移動の全面自由化によって、企業は経営条件が最良と思われる場所に立地することを求められるようになる。これはまさに、賃下げや社会保障の既得権に対する恫喝となるものであり、環境の荒廃を招くものである。このようなタイプの野蛮な調整を避けるためには、社会保障や税制、さらに賃金や最低生活保障の法制を高いところに合わせて整合させる必要がある。

同じように、資本への課税は低いところに合わせて平準化すべきではなく、逆に富の平等な分かち合いに貢献するような課税でなければならない。これには、言うまでもなく大陸内部でも税金天国を廃止させることも含まれる。そのためには、2つの移行を組織する必要がある。

- 税制の比重を労働から資本および非再生可能資源に移行させる。
- 税制の比重を環境に配慮した製品やサービスから環境を破壊するものに移行させる。

整合化の作業は労働権にも関係している。既存の指令を、労働者の権利を強化し、違反した場合の直接制裁を確立する方向ですべて見直す必要がある。労働組合や経営者組合などの代表団体をすべて強化しなければならない。

よりも意欲的な政策を行うのに適している。緑の党は、次の二つの方向を提案する。
●所得および富の再分配を組み合わせた大幅な労働時間短縮（一四四頁「雇用」の章参照）。
●大規模な環境事業（都市整備、住宅、エネルギー、鉄道）と、社会や文化、環境に寄与する市民セクターの活動に対する助成による雇用創出。

市場によって直接充足される必要だけが活動や富の源泉なのではない。いくつか例を挙げれば、児童の学習援助、課外活動による児童の覚醒、託児所、保育所、在宅老人介護、緑地の手入れ、ゴミの分別・リサイクルなども、同じように活動と富の源泉なのである。そのためには公共・民間双方の資金、ボランティアおよび有

訳注

(4) 収束基準：マーストリヒト条約およびその付属文書（protocol）が、EUが単一通貨へ移行するためには、加盟各国の経済状況がある程度収束していることを条件とするため、マーストリヒト条約でその判断基準として規定された四つの基準。①インフレ率＝最もインフレ率の低い最大三カ国（二カ国でもよいが四カ国以上ではだめ）の平均から一・五％以内であること。②財政＝年間財政赤字額の対GDP比率が三％以内であり、かつ政府債務残高の対GDP比率が六〇％以内であること。③為替＝過去二年間、著しい困難を経験することなく縮小変動幅内にとどまり、とくに他の域内通貨に対し平価切下げを行わなかったこと。④金利＝長期国債の利回りがインフレが最も安定している最大三カ国の長期国債の平均利回りから二％以内にあること。この基準を守るべく、各国政府は厳しい財政緊縮を強いられ、経済の冷え込み、失業の急増など、様ざまな軋轢が生じた。

(5) 安定協定：ユーロの価値を安定させるため、通貨統合参加国の財政赤字に上限を設ける協定。財政赤字が国内総生産（GDP）の三％を超えた場合には、欧州中央銀行に一定額の無利息預金の積立を義務づける制裁措置が設けられている。

(6) 構造基金：EU内には国や地域に大きな経済格差が存在するほか、「収束基準」などによる緊縮財政で各国が地域経済への支援を削減していることから、地域間の不均衡が拡大している。これを是正するために、現在、欧州地域開発基金（ERDF）、欧州社会基金（ESF）、欧州農業指導保証基金（FEOGA）、漁業指導財政手段（FIFG）の四つの基金が設けられている。

給職員、法律・税制上の新しい地位が必要になる。

さらに、公共サービス（保健、教育、都市政策、農村や犯罪多発地区の公共サービスすべて）も、雇用創出の要素になるだろう。

環境保護で未来を守る

汚染対策では、ヨーロッパは世界の範とならなければならない。温暖化ガスの排出については、京都会議後の国際公約である八％を大幅に超える削減目標を立て、「汚染権」（六六頁「持続可能な発展」の章参照）のような消極的な解釈よりも強制力の強い手段でこれを実行すべきである。地球温暖化を引き起こしている主要な原因そのものに対して行動を起こすことが不可欠なのだ。たとえば輸送部門では、鉄道や海運など公共輸送を発達させると同時に、「トラックとクルマ一辺倒」ではなく、各種輸送モードの複合化を推進する必要がある。また、技術基準の改正によって、道路輸送や航空輸送による有害物質の排出を低減させることもできる。経済・社会的な面では、運輸業者の労働、税制、社会保障にかかわる法制度をヨーロッパレベルで整合させ、在庫管理におけるジャストインタイム方式をやめ、地域の生産と雇用を発展させなければならない。

脱原発政策と、再生可能エネルギー・省エネ促進政策も、ヨーロッパレベルで整合させる必要がある（二四三頁「エネルギー」の章参照）。輸送部門とエネルギー部門におけるこうした政策によって、現在の二〜三倍の雇用創出が見込める。

保健政策を整合させる

歴史的にみて最初のヨーロッパ公共政策である「共通農業政策（CAP）」は、抜本的な改革が必要だが、それはアメリカの要求に屈するためではなく、それが雇用や環境、生産物の質に歪みを生んでいるからだ（二七七頁「農業」の章参照）。同時に、過剰な資源搾取と貧しい国からの収奪を促している共通漁業政策（CFP）

に対して、選択的漁業を奨励しなければならない（二六三頁「海」の章参照）。

また、ヨーロッパレベルで各国の政策を整合させることで、国際貿易や多国籍企業の権力から公衆の健康をより効果的に守ることができる。緑の党はそのために、ヨーロッパ住民の健康について共通の検討を行う「欧州保健監視局」、「欧州リスク評価庁」（二二八頁「健康」の章参照）、「欧州倫理社会防護委員会」という、三つの機関の新設を提案している。

国境なき自然

自然の恵みに国境はない。稀少資源のひとつである水は、工業や農業によって重大な脅威にさらされており、ヨーロッパレベルで思い切った予防政策を取ることで、その再生を保証し、あらゆる地表・地下の汚染を上流で徹底して削減する必要がある。

森林については、林業開発の目的（製材、パルプ、紙など）の適正化、自然に近い形での森林育成の選択、農用林が果たしている役割の重要性の再認識、原生林および農村部の生物多様性保護を優先しなければならない。

さらに、緑の党は、軍事および工業目的の実験に生きている動物を用いることを禁止するとともに、農業家畜の飼育や輸送、屠殺の条件、ならびに動物を用いた「残忍な」遊技を厳しく規制するＥＵ指令を欧州議会が可決するよう提案している。


ヨーロッパの建設は、そこに住む住民のコンセンサスがあって初めてできるものである。マネタリズムの箍《たが》でヨーロッパの統一を目論むのは、ヨーロッパ拒絶ワクチンを人びとに接種するようなものだ。様ざまな違いを尊重し、民主主義を発達させる連邦制ヨーロッパを建設することで、異なる社会と文化の平和的な共存と発展を、私たちの大陸の上で造り出して行くことができるだろう。

ホントにこんな格好しなくちゃなんないの？
だから、マーストリヒト基準をつくったのはオレじゃないんだよ

あなたの地域圏議長の成分を確かめよう
国民戦線30%

地域圏

だれもがインターリージョナル（地域横断）人種になる！

フランスの民主主義はまだ不完全だ。地域圏[訳注(1)]や民族、方言、少数言語、「郷《くに》」は、一九世紀以来の労働運動や、その後のフェミニズム運動のように国家に対抗して何かを獲得するにはまだ至っていない。

今日、地方と国の民主制度の中間にある民主制度として、真の地域圏市民権を新たにつくり出すべき時期に来ている。地域圏は、国家と県の権限移行によって、ひとつの自立した行政体にする必要がある。

国家という統一体は、環境や社会、経済の様ざまな問題を解決するためにはあまりにも制限が多いため、地域圏を基礎にしてヨーロッパを建設することは、現状を上から打開する手段になる。それだけでなく、あまりにも大きすぎて意思決定に市民の参加を引き出すような活力をもてない国家に対して、地域圏のヨーロッパの建設は現状を下から打開する手段にもなるのである（一六四頁「市民権」の章参照）。

そこに住む人びとすべてを包摂するこの新しい市民権は、強固なアイデンティーに根ざしたものでなけ

訳注

(1) 地域圏：＝région。フランス国内に対して用いられた場合には、隣接するいくつかの県（département）が集まって作られた広域行政圏を指す。規模の面から見れば、国＞地域圏＞県＞郡＞市町村の順になるが、たとえば県知事が中央政府の任命制であるなど、中央集権的性格が強く、県以下の行政単位が持つ権限は一般に小さい。しかし、とくにミッテラン政権以降、地方分権化が進められており、地域圏の地方自治体としての権限強化が図られてきている。二九頁の訳注(1)参照。

ればならないだろう。このアイデンティティーは、その地域圏の歴史や文化、地域言語を住民の手に取り戻すことによって確立されるだろう。

今日、新自由主義モデルや、固有文化の破壊、マス化、人間を単なる生産‐消費者に還元してしまおうとする意思が、民族主義やセクト主義の殻への自閉、都市周辺部での非常に政治的・宗教的な群れ現象など、代替的なアイデンティティーの発生を助長している。極右勢力は、この正統ではあるが満たされていない要求を絡め取ろうと目論み、新自由主義の保守勢力は、「ヨーロッパ」の大規模地域間の競争を称揚し、国民国家に根ざす既得社会保障に対抗するためにEUの機構を活用しようとしているのである。

民主的な地域化を建設して行くための土台になる原則としては、次のようなものが挙げられるだろう。

●サブシディアリティー[訳注(2)]：問題が発生しているレベルで意思決定を行う。
●連帯：地域圏間の再分配メカニズムによって、各地域圏が連帯する（だれもが地域横断人種《インターリージョナーレ》になる！）。
●公共サービスの維持：マーストリヒト条約がそうであったように、国家権限の移行が規制緩和や民営化の口実になってはならない（一二〇頁「国土整備」、一〇〇頁「ヨーロッパ」の各章参照）。
●自律性と運命共同体：地域圏は、固有の統一体として、みずからが国家と取り結びたいと考える関係の性格を、民主的なやり方で自由に決めることができる。緑の党は、自決権を基本権のひとつと考える。

したがって、地域圏の領土は、歴史や地理、言語、文化の現状に対応したものでなければならない。技術官僚《テクノクラート》が作り出した領土分割のさいの規模の基準には妥当性がない。このため、緑の党はとくに、サボワ地域圏、バスク地域圏、ロワール・アトランティック県からブルターニュ地方にかけての地域の統合、ヴァンデ県のポワトゥー‐シャラント地域圏への併合、ノルマンジー地方の統一化、オクシタンヌ地方のラング・ドック語圏への統一（アルデッシュ県、ドローム‐デュ‐スュッド県）を提唱している。言うまでもなく、領土の変更はすべて当該地域で議論し、地方住民投票にかけた上で決める。

地域圏は、政治、経済そして文化の各分野における住民参加の空間として考えねばならない。身の丈サイズのEUでは、当事者である市民が、みずからの運命をみずからの手に握りながら、自分たちが起こす活動の影響力を確かめ、それが及ぶ範囲を測ることができるのである。欧州連合の権力だけでなく、国家の権力に対するカウンター権力としての地域圏によって、多様性のもつ価値を高め、画一化と闘うことが可能になるのである。

何年も前から、欧州委員会は、地域圏間の経済格差を是正するために、地域圏経済政策を実施している。この政策は、とくに地域圏に今よりも大きな経済力と政治力を与えるために継続・強化する必要がある。境界隣接地域圏では、ヨーロッパ地域圏の概念を確立するために、とくに力を入れる必要がある。

「ジゴーニュ的市民権」[訳注(3)]とは、町や村から始まって、ヨーロッパのレベルまで至るものである。フランス国家がその主権の一部をヨーロッパ連邦に譲渡することで、市民の賛同を得ることができるだろう。とはいえ、これは国家が放棄した特権が、投票によって選ばれる政府と議会に移行するということだから、ヨーロッパ憲法の採択が急務になる（一〇〇頁「ヨーロッパ」の章参照）。

緑の党は、上院を廃止し、その機能を地域圏議院と二院制の欧州議会に振り分けることを提唱している。フランスがヨーロッパの一員となることによって、フランスは、これまで動脈硬化を起こしていたあらゆる問題で前進することを余儀なくされているのである。

緑の党の政策提案

●国家と県（県は将来廃止する）の権力移行によって地域圏の権力を増強する。権限の移行は、国家と個々の地

訳注

(2)サブシディアリティー：subsidiarity＝最小自治体優先主義。組織の下位レベルや地方組織が効率的に果たしている機能は、中央の支配的組織よりも、それらの下位にある地方組織によりふさわしいとして、最小単位の政治共同体の自律的意思決定権を尊重し、EU委員会など、上位単位による介入を最小限にとどめようとする考え方。

(3)ジゴーニュ：Gigogne＝有名な人形芝居に出てくる子だくさんのおばさん。スカートから大勢の子供が次つぎに出てくる。ここでは入れ子状に重層した市民権の形を指す。

域圏の間で行い、場合によっては個別に交渉する。
●地域の歴史や地理、言語、文化の現状を考慮して、地域圏の管区を決め直す。
●現在の上院を地域圏議院に改組する。
●フランスは「少数国民保護枠組み条約」（欧州理事会一九九五年二月一日）を調印・批准する。

言語

あらゆる言語のルネッサンスのために

数多くの地域言語（海外県・海外領土の言語も含めて）のおかげで、フランスは世界でも有数の豊かな言語資産を持っている。しかし、歴史的にこの資産はよく知られてこなかったし、全国レベルでのコミュニケーションの障害と考えられ、不幸にして抑圧されてきたのだった。ジャコバン[訳注(1)]国家が望んでいたのは、市民の相互理解ではなく、市民の服従だった。何もかも一律にならしてしまうこのブルドーザーのような政策によって、地方言語を話す人たちは自分たちの言葉を話すことに罪悪感さえ持つようになり、子供にその言葉を伝えることもしなくなってしまった。しかし、今日、こうした絶滅寸前の地方言語を学び直そうとする若い世代もいる（ブルターニュ地方のディヴァン学校、バスク地方のイカストラック学校、オクシタニ地方のカランドルタス学校、カタロニア地方のアレルス学校など）。クルド人やチベット人、ベルベル人[訳注(2)]を支援する闘いが示しているよう

訳注

(1)ジャコバン：フランス革命当時の左派の政治団体。一七九一年以来ジロンド派と対立したダントン、マラー、ロベスピエール、サン-ジュストらを領袖とする山岳党が主導権を握り、独裁体制により急進的改革を強行。いわゆる恐怖政治を行なったが、九四年七月のテルミドール（熱月）のクー-デターによって打倒された。

(2)ベルベル人：北アフリカ山地に住むコーカソイド（いわゆる白人）の先住民族。七世紀後半以来アラブ化が進み、現在ではモロッコのアトラス山中やリーフ山地、アルジェリアのカビリー地方を主な居住地とする。アラブ化が進んでいるが、固有の言語、文化を持つ。

に、少数派の言語を守ることが、そのまま民主主義を守ることにつながることも多い。過激急進主義のジャコバン主義者たちは、一方で英語からフランス語を守りながら、他方では一律にフランス語を押しつけ、地方言語を絶滅させるという、自己矛盾を犯しているのである。

他と違っていたり少数派であることを大切にするということは、時代遅れの懐古趣味などではなく、豊かさなのであり、手段を与えてその価値を引き出すべきものなのである。緑の党は、言語の領域における「生物多様性」は何としても守らなければならないと考えており、そのためには、フランス国憲法第二条[訳注(3)]の改正、フランスによる「ヨーロッパ地方言語または少数派言語憲章」[訳注(4)]の調印、必要な財政割当てをともなった「言語振興法」の制定の三点が必要と主張している。

一九九八年七月に首相に提出された地方の言語・文化に関する「ペリー‐ポワイニャン報告」は、わが国の複数言語体制を合法化するために、憲章調印前に憲法の調整を行う必要があるとしている。しかし、首相の委託による憲章と憲法の適合性に関する報告で、法学者のギイ・カルカッソンヌは、憲法改正を避けるために、憲章の全九八項目のうち五二項目だけを抽出するよう提言した。これが通れば、実生活のなかでの地方言語の認知は著しく制限されたものになってしまう。

緑の党やその議員は、これに黙っているわけにはいかなかった。一九九八年八月、緑の党議員は、連名で、現行の憲法第二条を改正して、条文を「共和国の言語はフランス語とする。共和国は地方の言語および文化を認め、その価値を高める」と変更することを提案する改憲草案を提出した。この改憲案では、別の立法によって、アルザス語、バスク語、ブルターニュ語、カタロニア語、コルシカ語、クレオール語（アンティル‐ギアナ語およびレユニオン語）、フラマン語、モーゼル語（フランク語）、オック語、オイル語、フランス‐プロヴァンス語など、関係する言語のリストを定めることにしている。このほか、ポリネシア語、メラネシア語、ギニア諸島の原住民語も加える必要があるだろう。[訳注(5)]

使用区域が確定しない言語は、「ペリー‐ポワイニャン報告」では外国語から派生したものとして無視されてしまっているが、イディッシュ語、訳注(6)ジプシー語など、何世紀も前からフランス領に存在しているものもある。では、どれだけの年月が経てば、ひとつの言語を帰化させるというのだろうか？　これらの言語も少数言語として「憲章」の適用を受けられるようにすべきである。

同様に、たとえばベルベル語やアルメニア語のように何世代も前からフランス市民が話している言語のように、最近の移民により流入した言語をいつまでも外国語と見なすことは不条理かつ危険である。こうした言語の教育を、必ずしもフランス共和国民主主義の価値観を共有していない国家や外国団体に任せておくべきではない。

聾唖《ろうあ》者の手話についても、あらゆるレベルで優遇しなければならない。

また、ヨーロッパにおけるコミュニケーション言語の位置づけの問題も考える必要がある。気を付けないと、英米語がいつの間にか他の言語をすべて排除して一般化してしまう危険がある。ドルがそうであるように、英

訳注

(3)フランス国憲法第二条：憲法第二条は「共和国の言語はフランス語とする」と規定している。

(4)「ヨーロッパ地方言語または少数派言語憲章」：欧州理事会が一九九二年六月に採択した地方言語・少数派言語の保護を目的とする憲章（条約）。ヨーロッパの伝統的方言や少数派言語を歴史的文化資産と位置づけるとともに、公私の場でこうした言語を使用することを、犯すことのできない普遍的権利として認め、加盟国に対してその領土内のすべての地域言語・少数派言語の維持・発展のために遵守すべき九八項目の目標と原則（地理的範囲の尊重、優遇の必要、教育や研究などによる使用の奨励など）を定めている。しかし、各国に調印を奨励するための柔軟化策として、そのうち三五項目以上について実行を公約する国が調印できることになっている。

(5)必要があるだろう：緑の党の努力にもかかわらず、フランス政府は一九九九年五月、九八項目中、三九項目（そのほとんどはフランスの現状のままで満たされており、特段の施策の必要ないもの）のみの実行公約の下に「憲章」の調印を行なった。ちなみにドイツ、イタリア、スペインなど他の隣接のEU主要国は五〇項目前後を公約している。

(6)イディッシュ語：東欧のユダヤ人が話すドイツ語とヘブライ語の混合した方言。

米語とは何よりもまず、政治、経済、文化、軍事のすべてを牛耳るあの恐るべき非ヨーロッパ大国が手にしている武器なのである。われわれは、二つの面での政策を提案する。ひとつは多言語主義の保証と普遍化であり、もうひとつは中立的な一言語を採用し、それを英米語の代わりに用いることである。そのような言語として、エスペラント語がすでにある（囲み参照）。

一九九八年一二月、「世界人権宣言」の五〇周年記念行事が行なわれた。われわれは、言語権は人権の不可分の一部と考える。それぞれの文化は、援助されねばならない。みずからの文化を守ることは、人類全体の財産の一部を維持することなのである。

緑の党の政策提案

●憲法第二条を改正し、「フランス共和国は地方の言語および文化を認め、その価値を高める」の条文を追加する。

●フランスは「ヨーロッパ地方言語または少

●もうひとつは、言語と文化に関して全員の平等を尊重しつつ、現在の多国間コミュニケーション問題に対する現実的かつ実用的な解決を求めること。

ひとつの解決法は、国際コミュニケーション言語として、国のコミュニケーション言語ではなく、その目的のためにつくられ、国の野心を一切含まない中立の言語を用いることだ。そのような言語はすでに存在しており、現に使われている。それは一八八七年にポーランドの医師であり言語学者でもあったＬ・Ｌ・ザメンホフが創り出したinternacia lingvo（国際語）、つまりエスペラント語だ。

エスペラント語には、国民国家の言語に取って代わろうとか、国際関係の唯一の言語になろうという目的はない。だが、エスペラント語の学習が一般的になれば、個人や民族間のコミュニケーションや対話は容易になるはずだ。すでに緑の党は、市区町村議会で党の議員たちに、学校の課外授業やクラブ活動のなかで生徒にエスペラントを学ばせることを優遇するよう推奨している。エスペラント語は簡単で規則的なため、外国語が苦手な生徒でも学んで使えるようになれることから、エリートにしか使えない言語ではない。しかも、その独特の言語的特徴から、エスペラント語を最初に学ぶことは他の外国語の学習の準備学習にもなる。エスペラント語のこの予備学習効果は誰もが認める価値である。

数派言語憲章」（欧州理事会一九九二年一二月二日）を調印・批准する。

●地方言語の促進を行なう法的枠組みをつくる。

●公教育での二言語授業を支援するとともに、地方言語による市民学校を国民教育の公共サービスの枠内で認知する。

●地方言語による報道・メディア（ラジオ、テレビなど）を促進する。

●今よりも平等で現実的かつ差別の少ない新しい言語政策として、初等教育の最終二カ年に国際語であるエスペラント語を学ぶことができるようにする。

国際コミュニケーション言語、エスペラント語

移動する機会や交流が増えてくると、意見を交換したり、よりよく知り合うためのコミュニケーションの欲求が高まってくる。そのときに何語を使えばいいのだろうか？

たとえばEUでは、公式には多言語主義が奨励されている。だが、この建前は現実的ではない。いくつもの言語を充分なレベルまで学ぶことは誰にとってもムリだからだ。スペイン語とドイツ語を勉強したフィンランド人と、フランス語と英語を学んだイタリア人はどうやって話をしたらいいのだろうか？

この建前はまた、偽善的でもある。フランスでは中学生の80%が第一外国語に英語を選択している。事情は他の国でも似たようなもので、たとえばフランス語を学ぶ中学生は減り続けている。

ひとつの言語が他のすべての言語を凌駕してしまうことは、どうしようもない流れなどではまったくない。それは実際には政治的な選択なのだ。英米語は、自由主義という「固定観念」の伝達手段なのである。

この問題に対して、緑の党は勇気をもって新しい道を求める。その道は、一見両立不可能に見える次のような２つの目的に答えるものである。

●ひとつは、少数民族言語を含め、人類の言語資産を尊重し、救い、守ること。

国土整備

見捨てられた地域をなくす

フランスがナチから解放されたとき、ド・ゴールとジャン・モネは、計画経済を「火急の責務」とした。当時の五カ年計画は、生産施設の再建とフランスの近代化をめざすものだった。一九四七年に、地理学者のジャン-フランソワ・グラヴィエの著書『パリとフランスの砂漠』は、中央と地方との地域格差を明るみに出した。一九六三年、政権に復帰したド・ゴールは、国土整備地方開発局（DATAR）を新設。「大いなるデッサン」といわれたこのときの国土整備計画は、全国に八つある「均衡主要都市」（マルセイユ、リヨン、リール、ナント、ボルドー、トゥールーズ、メッス-ナンシー、ストラスブール）を増強し、九つの「ニュータウン」（うち五つがイル・ド・フランス地域[訳注(1)]）を建設するとともに、産業の地方分散をはかる（西部に自動車・電子、南西部に航空など）というものだった。

一九七四年以降、経済成長と人口増加の鈍化とともに国土整備は次第に重要性を失った。もはや工業が雇用の創出源ではなくなっていたほか、第三次産業の地域間移動ははるかに難しく、とくに高度三次産業のほとんどはパリに集中したままだった。

経済のグローバル化も、国土整備という伝統的概念の実体を空洞化させている。多国籍企業にとって、ヨーロッパに工場を建てるという選択は、何よりもまずロジスティックを基準に行われるのであって、国家や地方自治体が行う補助金や各種の免責措置など、事業全体の金額からすれば微々たるものにすぎない助成を考慮して決められることはほとんどないのである。

ボルドー－リヨン間もパリ経由で！

国家は、国土整備権力の一部を失ってしまったため、自動車道路や新幹線など、まだ影響力を失っていない分野に活動の場が集中する。そこでは、経済発展を国土全体に分配するという、戦後の寛仁《かんじん》思想が振る舞われることになる。こうして、一九世紀の鉄道網や道路網と同じように、高速道路網や新幹線網が首都を中心として蜘蛛の巣状に張り巡らされることになり、ボルドーからリヨンまで列車で行くのに、パリ経由で行く方が早い（ただし、料金はこちらの方が高く、またエネルギー消費量も多い）という現状が生まれたのだった。

一方、「僻地孤立化対策」の神話も惨憺たる状態だ。商工会議所や、保守・左翼を問わず地方議員が言っていることを聞いていると、僻村のひとつひとつに新幹線の駅や空港、高速道路のジャンクション、大型船舶用の運河、等々がなければならないことになる。こうした考え方は、一九九五年の国土整備開発に関する「パスクワ法」のなかにもまだ見受けられ、国内のあらゆる地点から五〇キロまたは四五分以内に、高速道路インターチェンジまたは新幹線駅がなければならないとされている。地域間の違いも否定され、消滅すべきものとされる。山岳地や静かな地域はもはやなくなり、いかにその財政的・エコロジー的コストが高かろうと、あらゆる場所が高速交通の動き回る場所にならなければならないとされているのである。

高速道路や新幹線ができたからといって、それだけで経済が発展するわけではないことは、簡単に証明することができる。メーヌ－エ－ロワール県にあるショーレ工業団地は、高い業績を誇り、この地域の失業率は全国平均を下回っているが、ここには高速道路もなく（二〇〇三年開通予定）、新幹線もない。反対に、ノール－パ－ド－カレ地域圏の元炭鉱地帯は、高速道路網が密集し、すべての市に新幹線の停車駅や大型船舶用運河が

訳注

(1)イル・ド・フランス地域：パリ郊外の四県から成る地域。

あり、近くにはリール - レカン空港まである交通の要衝だが、この地域の失業率はいっこうに下がっていない。もうひとつ例を挙げれば、オート - アルプ県は、「陸の孤島」的な位置にあるが、人口は増加しつつあり、失業率も、新幹線や高速道路、大型船舶の通れるローヌ運河などの完備したヴァランス市より低い。

ただし、緑の党は、すべての開発計画を凍結すべきだと考えているのではなく、大金をかけて、しかも環境を破壊しながら建設しようとしている新しいインフラが、本当に役に立つのか、そして本当に採算に合うのかという疑問を、まず最初に吟味しなければならないと考えるのである。

う。現在受け持っているそれ以外の役割は、より上層（「郷《くに》もしくは市区町村共同体）に移行する。

地域圏は、可能な場合には区域を決めなおした上で、いうまでもなく「ヨーロッパ連邦」計画、すなわち緑の党が提唱している「地域圏と民衆連帯のヨーロッパ」構想（111頁「地域圏」、および100頁「ヨーロッパ」の章参照）のなかに統合される。この構想では、いうまでもなく、フランス国内でもユーロ地域圏[訳注(1)]が適用されることになる。バスク地方やカタロニア地方が、ピレネー山脈をはさんだフランス側とスペイン側の間で、文化的、経済的な絆を結び直すのは、至極当然のことなのである。同じことは、フランスのノール - パ - ド - カレ地域とイギリスのケント地域、ベルギーのフランドル、エノー両地域にも言えるし、スイスのアルザス地方とドイツのライン川地方も同様だ。モーゼル渓谷周辺のザール地方、ロレーヌ地方、ルクセンブルグ地方では、これまで緑の党が国境を越えて連携し、この地域のつながりを強めるのに大きな役割を演じてきたが、これを具体化して、ザール - ロール - ルックス・ユーロ地域圏をつくることもできるだろう。さらに、ジュラ地方とアルプス地方にスイス、イタリアの隣接地域を合わせた地域では、国境で分断された現在の形よりも、ひとつの生活共同体としてまとまった方が、はるかにいいのではないだろうか。

(1) eurorégion 現在は国境で区切られているが、元来同じルーツを持つ地域で、ヨーロッパ統合による国境の撤廃により、再びひとまとまりの地域として再画定されるべき地域を、ここでは「ユーロ地域圏」と呼んでいる。

なぜなら、国土開発を「高速で」アクセスできるようにすることとしか見ない「パスクワ主義」的な国土整備観が行き着く先は、幻想でしかあり得ないからだ。アスプ渓谷（一四頁「序」参照）は、その典型的な例だ。「開発計画担当官」が、そこに生きる熊や静けさ、澄んだ空気、野生の風景など、開発によるトラックの往来で失われるこの渓谷の豊かさに配慮したことは一度もなく、「過疎化の進む」渓谷を救うには開発以外にないとされたのだった。

また、このタイプの国土整備は、ジャコバン主義を永続させることになる。影響を受ける住民はもとより、政府さえも軽く見ている高級官僚たちは、地図の上に線を引き、この渓谷は高

大都市圏と地域圏を中心とした再編成を

フランスは、これまで行政区の改革に成功したためしがない。全国に3万6000ある市区町村は、起源をたどれば中世にまでさかのぼり、ジャコバン政府が新設した県は、県庁所在地まで馬で(！)１日以内に行ける範囲ということで決められたものだ。フランスが特異な存在であることは明らかだ。フランスには、フランスをのぞくEU14カ国の市区町村すべてを合計した数に匹敵する市区町村があるだけでなく、行政区の階層でも、他の国が三重なのに対して、フランスは四重にも重なり合っているのである。

緑の党は、この問題で独自の政策をもっている。地域レベルでは、市街地と郷《くに》(面積はほぼ小郡と郡の中間の「生活空間」に合った大きさで、地理的もしくは文化的にまとまりのある地域) が単位となり、中小の市区町村、または大都市の街区《カルチエ》という、近隣民主主義を実践する最初の階層となる。その上に来るのが地域圏で、本土の22地域圏は、まとめて10〜12の大型地域圏とする。ちなみに、地域圏を新設するさいに、ドイツやスペインをモデルにするのではなく、力の弱い地域圏を数多くつくりたがったのも、ジャコバン主義者と「県主義者」たちだった (1998年までは県を選挙区としていた)。

この行政階層再編は、段階的に進め、当然、地元との協議や対話、住民投票などを経て初めて行い得るものである。また、都市部では普通選挙 (またはクジ引き) で選ばれる街区協議会を日常生活の議論や協議の場とすることができるだろうし(164頁「市民権」の章参照)、住民数百人規模の農村部では村議会を存続させ、エコロジストの重視する相互扶助の原則にもとづいた村の運営を行うことができるだろ

速道路や高圧送電線の建設適地、このビート畑は新幹線の新駅やパリの第三空港建設に理想的、などと勝手に決めてしまっているのである。

多様性と必要から出発する

国土のなかの各地にアクセスできることはもちろん必要なことだが、維持しなければならないのは、きめ細かい道路網(これは全体的にはすでに充分整備されている)と鉄道網(残念ながら、今日もなお廃線や廃駅の脅威にさらされている)なのである。このため、緑の党は、「持続可能な発展」にもっともふさわしい交通手段である鉄道を優先しながら、きめ細かい交通網を整備していくという選択を明確に取っている。

全般的な国土整備政策については、今後は従来の考え方を逆転し、各地域の固有性と必要から出発すべきであると考える。ヨーロッパや国の助成金を振り分けるバラまき行政ではなく、下から上へ要求を押し上げていく動きを優遇しなければならない。

そのためには、いくつもの大改革が必要になる。ドミニック・ヴワネ国土整備・環境大臣が一九九九年初めに提出した「持続可能な国土整備開発法案」は、その大筋を最初に示したものである。これは、国土整備大臣が従来の「施設供給行政」から初めて一歩を踏み出し、住民のサービスや交通、教育・研究、文化、保健、情報通信への必要を充分に考慮した上で、共通計画を各地域のスケールに合わせて作成したものだ。基本方針でも、自然地域および農村地域へのサービス計画とエネルギー計画というふたつの基本計画が加えられ、環境の質や長期的なエネルギー資源の管理をも考慮に含めるよう拡大されている。ここには、住民に生活の質や福利をもたらす「アメニティー」と、社会的に有用で環境にも良い雇用を受け入れ、創出していく能力の役割と重要性を認めようという、大きな願いが込められているのである。

さらに進んで、行政上の管轄領域と計画領域をより良く対応させる必要がある。これは、行政各レベルの腰の重さを見れば、いかに大きな事業かがわかるだろう。細かすぎる市区町村区分も、もはや滑稽というほかない。たとえば、首都圏は約一〇〇の市区町村に細分化されており、そのひとつひとつが固有の権限をもち、近隣市区町村との連携などがまったくないまま、バラバラに企業誘致や施設計画の戦略を立てているのが現状だ。市区町村間の競争はムダを生むほか、事業税や高所得者からの住民税が得られる財政的に豊かな市区町村と、ベッドタウン化し、わずかな財政をやりくりして社会保障対策を取らざるを得ない貧しい市区町村との間の格差を拡大している。各種の税制措置が取られるようになり、市区町村連合や都市部の市区町村による調整でこうした機能不全は一部調整されているとはいえ、この不公平は首都圏のすべての地区に見られるものである。

同様の図式は農村部でも見られ、多くの場合何も対策がとられないまま、しだいに活動が衰退していく村と、事業税が集中し、各種施設に資金が出せ、あるいは出さざるを得ない市場町とのあいだで、格差が広がっている。

国土整備に関しては、都市周辺部の問題と同じくらい重大な問題になるおそれがあるにもかかわらず、これまで一度も対策がとられてこなかった問題がある。それは、都市のスプロール化、つまり、宅地や商工業地が連続した市街地を超えて虫食い状に拡大する現象だ。これは、様ざまな点で深刻な問題だ。まず、スプロール化によって、住民が複数のクルマを持たざるをえなくなり、おなじみの公害をまき散らす自家用車を日常的に使うほかなくなることである（一二八頁「都市」、一三五頁「交通」の章参照）。次に、急激な人口の増加で公共サービス（学校、余暇・スポーツ施設など）が必要になって村の生活が乱されるほか、都市管理のコスト（上水、下水処理、ゴミ、エネルギー、通信など）が爆発的に増大するという問題もある。

さらに、二〇世紀初めにアルフレッド・ジャリが[訳注(2)]（ユーモアを込めて）呼んだように、「田舎に都市を造る」ことを繰り返した挙げ句、都市に近い農村が人気のない陰気な町外れのようになってしまったという問題もある。このことは、一九九〇年代に極右政党の支持率が、とくにこうした都市周辺地区で伸びたこととも無関係

訳注

(2)アルフレッド・ジャリ：Alfred Jarry 一八七三～一九〇七。ブラックユーモアで知られるフランスの劇作家・詩人。

ではないだろう。この時期、住民は街から出ていき、さびれる街が後を絶たなかった。この現象が極端に進むと、北米のような「巨帯都市《メガロポリス》」に行き着くことになる。われわれヨーロッパ人から見れば、こんな街は街と呼べるような代物ではない。このため、緑の党は、ヨーロッパ的なコンパクトな街のモデルを提唱する。こうした街こそが、人間味のある住みやすい街を守り、移動に占める自家用車の比率を下げて行くために最良の道だと考える。

公共サービスを維持する

国土整備とは、生活の場がどこにあろうと、誰もが基本的なサービスにアクセスできるようにするものでなければならないものであり、したがって、その事業の一部は、とくに農村部や条件の悪い都市周辺部で公共サービスを維持することを目的とすべきである。インターネットのような技術進歩を取り入れるべきなのは言うまでもないが、それで人がいないことの埋め合わせになるわけではない。行政の窮屈な束縛を断ち切り、戸籍だけでなく、緊急医療、学校のほか、為替や金融口座、あるいは通信なども、誰もがアクセスできるようにする必要がある。たとえば、数百の郵便局や鉄道駅を農村部で復活させたり、都市周辺部に新設し、これらを旅行社やカフェ、新聞スタンドなどを兼業するマルチ・エージェントにすることもできるだろう。

壮大な高速道路建設計画や新幹線計画に比べれば、こうした措置は些細なつまらないものに見えるかもしれないが、緑の党は、こうした措置の方が人と人との絆を強め、生活の場を選ぶ自由を広げるためにはるかに有効であり、したがって社会や環境のバランスを回復するためのより強力な手段であると考える。人や自然に思いやりのある国土をつくることになるのである。

緑の党の政策提案

●鉄道網の拡充。

●公共施設バラまきの論理を超えて、地域の特性と必要から出発する。
●行政区と計画実施区域の一致。
●県の廃止、地域圏の数の削減、「ユーロ地域圏」の開発、「郷《くに》」と市区町村共同体の新設。
●都市周辺部での虫食い的都市化の防止。
●都市郊外と農村部における公共サービスの維持。

都市

都市周辺地域のために市民のエコロジーを

都市周辺部——かつてそこは、人口流入や市街地拡大、そして社会から排除された雑多な人びとを受け入れた土地であり、とくに野心的ではあったが遅きに失したスラム街対策のあとは、集合住宅や移民の同化に起因する新しい社会問題の発生の場だった。今日では、労働者階級を危険階級と相も変わらず混同し続けることから来る社会不安の場であり、島流し、醜い建物、破綻した都市計画、文化的空白といった、あらゆる烙印を押されている都市周辺部。

だが、活気のある、調和した社会では、都市周辺部は特異な場所でも例外でもない。社会に矛盾、亀裂、排斥があるとき、それらが社会生活や文化生活のあらゆる領域で、すべて増幅されるのが都市周辺部だ。その地域全体の社会的融和政策の失敗がもっとも露骨に現れるのが都市周辺部なのだ。したがって、そこに住む人びとの苦しみを減らす対策は、社会全体の問題の解決でもあるわけだ。都市周辺部は、社会関係の行く末を示す場になっているのである。

都市周辺部は、都市社会の違和と不条理を露呈させる、社会の罪悪感を映す鏡になってしまっているが、緑の党は、都市周辺部を希望の担い手と考える。それは、ユートピアや創意発明、人びとの自律の空間となり得るものなのである。

わが国国民のほぼ四人に一人が、こうした低所得層地区に住んでおり、その三分の二が戦後建てられた社会住宅に住んでいる[訳注(1)]。二五歳未満の占める比率が高いため、社会的・文化的同化の問題や、親や家族の伝統的形態の崩壊といった問題が、ほかの地区よりも強く表れることになる。若者の失業率が、全国平均の三倍にのぼっている地区もある。

フランスでは、計画立案者や国土整備担当官は、都市周辺部で腕を磨いたあとに全国的な計画に取りむ習わしになってきたが、その結果は周知の通りである。都市周辺部の急激な拡大は、長い間、大団地の近代性や、土地があって地価の安い都市周辺部に出現する新しい市街地の機能性、あるいは、住宅不足によって正当化されてきた。だが、ここ二〇年ほど、都市周辺地域は三重の疎外に苦しんでいる。

まず、インフラや設備面での差別がある。こうした地区は、交通の不便な地区であったり、地図にさえ載っていない場合もあるし、社会生活や文化生活の中心地から遠く離れている。一方、自動車道路や鉄道、空港など、都市の公害には直に曝されている。

ちぐはぐな都市計画、大型スーパーやショッピングセンターの普及、近隣商店の衰退といったことが、全体として、自動車利用を中心とした隔離構造を形成してきた。飛び地の街区に住む消費者は、大多数の人がマイカーを買うだけの所得がないために移動手段がなく、二重にハンデを負うことになる。空間的に都市サービスから遠く隔てられているだけでなく、車に代わる交通手段もないのである（一三五頁「交通」の章参照）。

これは、都市周辺部が行政不在の状態にあるからだ。公共サービスの不足と偏在が原因なのだ。国家の正統性と効率が直接問われているのである。生活条件の悪化に伴って行政による対策部局が増やされて来たが、当の行政対策部局そのものがまさに混乱状態にあるのだ。たとえば、県議会[訳注(2)]、低家賃住宅連合、寄託局[訳注(3)]の個別計

訳注

(1) 社会住宅：日本の低家賃公団住宅にあたる。

(2) 県議会：県議会は議決機関であると同時に、地域圏議会同様、県議会議長および常設委員会を議会が選出することから、実質的な行政機能ももっている。権限はおもに県有不動産（県道、県営住宅、スポーツ施設など）や、市町村立学校への補助金配分の管理。

画、国・地域圏間の計画契約、家族手当公庫といった公共サービスがそれぞれもっている担当領域と権限の入り乱れ様は、息が詰まるほどだ。その結果、都市政策の専門家やボランティアの担当者たちである「町内の勇士たち」にとって、騒然たる不協和音が日常化しているのである。今日、もはや彼らをほめそやすだけでは不十分であり、彼らの経験を公共サービスの抜本的改革に役立て、都市の新しい現実をよりよく考慮する公共サービスを生み出していかなければならないのである。

どのような市民に対してどのようなサービスを提供するのか？　見捨てられているという意識が支配する地域での「公共サービス」とはどのようなものなのか？　国民教育や治安、保険のような、国の機関が直接行うサービスなのか？　今後、地方公共団体（とくに県議会）が行うことになった社会保障サービスや交通事故対策なのか？　公共サービスという証印は押されていなくても、技能教習や経済的同化のサービスや組織、市民団体の形をとっている一般組織で、公共的なサービスの提供を目的としている団体はたくさんある。必要なのは、あらゆる機会に住民の声を聞くことと、サービスの提供を強化することだ。住民が相談できるきちんとした窓口を見つけられないという苦情は実に多く聞かれる。

さらに、都市周辺地域は、政治的な島流し状態にも苦しんでいる。行政の問題点を表明できないところに民主主義はありえないし、ましてや、ふさわしい行政区域の規範で問題を解決することなど本来的に不可能なのだ。こうした地域は、特殊な「公共対策」を行うべき「問題地区」に指定され、特別な「評価」を行うべき「実験」地区とされる。要するに、都市周辺部は、「付け焼き刃」的な政策態度の言い訳に使われているのだ。こうした政策はもうやめなければならない。

私たちの街は、知恵が足りないのでも、能力が足りないのでもない。だが、何とか「切り抜ける」、つまり仕事を見つけることができた人は、多くの場合「街を出て」しまう。その結果、成功した人を街で見かけることはなくなり、社会はこうした地区を落ちこぼれ、社会同化メカニズムの破綻といった眼でしか見なくなる。

そこから、こうした不公平や差別と感じられる社会秩序につながるものすべてに対する不信と反感が生まれるのである。

若者による暴力の増大は世界共通の現象であり、あらゆる都市社会を悩ませている。だがこれは、個人間の暴力が増大している現状（ただし、私事として表に出ないことが多いが）の一面を示すものにすぎない。暴力は、社会関係を調整するひとつの様式となりつつあるのである。自由市場の概念も、ここでは消費者を競争し合う個人としてアトム化することで、その否定的な側面があらわになる。ここではいかなる異議申し立てもなく、逆に消費社会の価値観への全面的賛同しかないのである。

問題の核心は、まさにここにある。低所得層の多い街区に住む若者に向けて流される唯一の一貫したメッセージは、競争を賛美するナイキや、過剰消費を賞賛するマクドナルドなどのCMしかないのだ。

想像力に富んだ様ざまな市民団体が新たな勢力として登場したが、それによって新らしいタイプの政治参加が発展したわけではない。パルチザン的な連携は、党派的性格を帯びやすく、政治を社会操作の道具と見る見方に陥ることが多い。都市周辺部では政治参加が弱く、投票の棄権率も五〇％を超えることが多い。国民戦線[訳注(4)]への投票率が平均を上回っているが、左翼の有力な支持基盤でもある。

政治に訴えることができなくなるまで低所得層の多い街区を見捨てた政治家の責任は大きい。途方もない空白が生じてしまったのであり、政治論議や代表の選出、交渉などができる条件をもう一度つくり直さなければならない。これは、フランスの政治家が国民各層を満遍なく代表しているのかどうかという、代表性の問題なのである。緑の党は、市民団体や社会活動を行っている人たちの声を、その独立性を尊重しながら聞くことで、低所得層出身の政治活動家を養成し、応援するとともに、都市政策の提言をまとめ、生活環境を守る運動と街

訳注

(3)寄託局：国営銀行の一種で公証人、裁判所嘱託、公共機関の寄託銀行業務や、非課税定期預金の国庫預託、公共低家賃賃貸住宅、地域開発への運用、道路建設基金の原資、公共年金原資の管理などを行う。

(4)国民戦線：フランスの極右政党。

の住民の市民権を守る運動の連合をつくるために行動したいと考えている。

緑の党は、デマゴギー的な反対論とも、また形だけの現実主義とも縁を切り、新たな議論をうち立てる努力をしている。政治的エコロジーの革新能力、日常の問題に耳を傾ける姿勢、新しい願望への気配りによって、緑の党は、こうした地区での政治に再び意味を与えるための切り札と、特別な責任を与えられているのである。

ある意味で、こうした地区は、エネルギーの浪費や様ざまな形の都市公害によって社会的差別や地域差別、文化的差別を蓄積してきたひとつの生産様式の破綻を総括的に示しているといえる。そこで発せられている根源的な要求は、様ざまな制度に関わるものであると同時に、民主主義の地域的定着、都市部の地域整備、さらには都市エコロジーの問題にも関わるものだ。今日、こうした地区に住む人びとが抱えている不満から見れば、環境主義的な議論は聞くに絶えないものに思えるかもしれない。だが、都市周辺部の問題をよく見れば、社会問題とエコロジー問題の接点が社会変革の焦点として大きな意味と重要性をもっていることがわかるはずだ。

緑の党の政策提案

（「雇用」「教育」「市民権」「文化」「交通」「国土整備」「ヨーロッパ」「エネルギー」「持続可能な発展」「ドラッグ」の各章も参照）

都市政策

国土整備、都市整備、街区政策を横につなぐ政策を進める。これは、必然的に省庁横断的な政策になるため、公共交通の開発、騒音・大気汚染対策、社会住宅、公共サービスの地域普及、文化対策、エコロジー的・社会的に有用な市民セクターの支援なども連携して行う必要がある。これには、地域圏をはじめ、各行政レベルとの緊密な協議と協調が前提になる。

市民権

●街区やブロック規模での都市民主主義の条件づくりを目的とした制度改革を行う。市区運営の分権化、市区の連帯と相互依存の現状に対応した政治的議論や決定の新しいレベルを創設する。
●人口数万人規模の市や区では、近隣サービスの運営責任を街区委員会に持たせるべきである。
●ひとつのブロックを形成している市区集団も、直接民主主義を行使できるようにすべきである。
●あらゆる形の市民参加を奨励する。議論の場を設置し、街区の管理や近隣サービスの運営への住民参加を支援する。民主的な市民団体（ＰＴＡ、借家人団体など）を、その独立性を尊重しながら支援する。

治安

都市暴力対策の計画を、個人の責任とともに制度の責任も明確化することによって、真の地域的アプローチで作成する。仲裁の場を新設し、それぞれの機関や公共サービスが現場で連携した行動をとれるようにする。近隣司法の予算を増強する。麻薬に関する一九七〇年法[訳注(5)]を抜本的に改正するとともに、マフィア資金を取締り、様ざまな形の麻薬中毒によるリスクの予防をいっそう強化する。

市民活動

最低保証所得を新設し、市民セクターによる相互援助活動や近隣サービスなど、採算性の論理を超えた活動を発達させる。公共資金は、市民を社会的排除から守るためだけでなく、地域発展の新しい様式に活力を与えるためにも使うべきである。

訳注

(5)麻薬に関する一九七〇年法：二一一頁「ドラッグ」の章訳注(4)参照。

若者

若者に市民としての義務と同時に固有の権利をもたせることによって、若者の社会的地位を新たに設ける。一八歳以上の若者には、自律的所得の保障と適正な社会保障を行う。家族手当制度を、親と別居し始める年齢がますます高くなっている現状に合ったものに改正する。学校での落ちこぼれを防止するために、学校制度や学校の目的、その組織形態、その地域生活とのつながりを根本的に変革する。

交通

公共交通のルネッサンスを

常にもっと遠くへ、もっと速く移動できるようになった結果、先進国住民の繁栄と自由は間違いなく拡大した。だが今日、とどまることを知らない交通量の増加と、それがもたらした交通渋滞、公害、産業の空洞化、主要都市への集中化、公共予算への重圧など、様ざまな結果は、機動性の拡大によってもたらされてきた便益を問い直している。ヨーロッパは、これ以上交通が増えると、利益よりも損失の方が多くなるという、後戻りできない地点を超えてしまったようだ。このため、現実的な交通政策は、単に絶えず増え続ける移動需要に追いつこうとすることに止まっていることはできない。「交通のインフレ・スパイラル」と決別しなければならないのである。

ムダ

今日、様ざまな輸送形態の間での交通の配分が悪いために、膨大なムダや重大な危険、環境への深刻な影響が生じている。これまで促進されてきたのは、人間や社会にとってもっとも危険で、環境にとってもっとも害が多く、家計や公共団体にとってもっともコストの高い交通手段だった。その最たるものは自動車とトラックであり、これが現在、人の移動の八〇％、貨物輸送の八八％を占めている。

私に見向きもせず通り過ぎてしまうあなた………

街や村の社会生活は、自動車の侵略で崩壊している。農村では、公共交通の衰退で過疎化がいっそう進んでいる。技術の進歩にもかかわらず、かえって都市部の市街地が拡大し、住宅、雇用、商業、レジャーなど地区分けが進むほか、住む場所と仕事場が遠いため、移動の距離が長くなり、経路も複雑になっている。たとえばパリ近郊の住民は、首都圏高速鉄道（ＲＥＲ）や都市高速道路のおかげで三〇年前に比べてはるかに高速に移動できるようになったが、移動距離が長くなっているために、毎日の移動に掛かる時間は以前と変わっていないのである。

商品輸送の無秩序な発達によって、トラック運転手の労働条件は著しく悪化している。輸送コストがあまりにも安いために、企業の空洞化や特定地域の特化と集中化が生じ、弱体な地域の脆弱化を招いている。

交通大量殺戮

フランスでは、交通事故が三〇歳未満の死因の第一位を占めており、年間八五〇〇人の死者と二五万人の負傷者（うち五万人は重傷）を出している。ヨーロッパでは、一九五八年以来の死亡者数は合計二〇〇万人、負傷者は延べ四〇〇〇万人にのぼっており、戦争に匹敵する犠牲者を出している。騒音公害や振動公害も、もはや耐え難いレベルまで来ている。現在、幹線道路沿いや空港近くの住民六〇〇万人が、六五デシベル以上の継続的な騒音のなかで暮らしている。大気中に放出される発ガン性の粒子状物質や鉛、カドミウム、光化学スモッグは、市民の健康を害し、森を枯らしている。また、温暖化ガスの三〇％が自動車から出ている（六六頁「持続可能な発展」の章参照）。

市街地の環境は、自動車道路や駐車場の増加、騒音、大気汚染などによって、自然を失っている。自動車用のインフラは、動物の道や小川を断ち切り、農地や自然環境を破壊する。道路交通は、そこから出る燃料やオイルの残滓、融雪剤の塩によって、地下水汚染の主要な原因にもなっている（ドイツは融雪剤を禁止している）。

もうひとつの移動政策に向けて

従来、交通をめぐる意思決定が、長期的な展望がないまま行われることがあまりにも多かった。これまでやってきたのは、つかの間の渋滞緩和を期待して道路を拡張するという「前向きの逃げ」か、路面電車の方がはるかに適した地方都市に地下鉄を建設したり、交通量が増える見込みもないのに高速道路や新幹線、大型船舶用運河を要求する「背伸び志向」か、はたまた「僻地孤立化対策」、スピードといった固定観念に身を委ねるかのいずれかでしかなかった。多くの場合、決め手となるのは、政党に対する「助言」が巧みな「道路連盟」、高速道路会社、公共事業企業、商工会議所など、業界ロビーの圧力だ。

だが、他のヨーロッパ諸国（ドイツ、スイス、オーストリア、オランダ）では、すでに何年も前から交通量を「緩和」したり「平静化」するよう努めている。緑の党は、人間の生活や健康を重んじ、社会・文化のバランスや環境を大切にし、自然資源を節約し、家庭や公共予算へのコスト負担の少ない移動の政策を促進したいと考えている。この政策の基本にあるのは、いくつかの簡単な考え方だ。

コストは数十億フランにも

フランスの家庭は、クルマ１台あたり年平均３万フランを支出しており、国家予算と地方自治体予算のかなりの部分が道路に使われている。地域のなかには、とくにエコロジストの圧力で、渋々とではあるが、数年前から交通関連予算を鉄道や公共交通に割いてバランス回復に向けて動き出すところも現れている。行政が負担しなければならない渋滞のコスト（パリ地域だけで年間100万時間）や公害、地域開発の不均衡のコストは莫大だ。こうした「外部コスト」は、市街地だけでも年間100億フランにのぼると見られている。外部コストや派生コストは、評価が難しいことが多い。たとえば、排ガスによる「温暖化」コストは、まだ一度も数値化されたことがない。

1　仕方なしの移動を減らす

交通量を節約する政策は、合理的な国土整備と切り離すことができないものである。仕方がないから人や商品が移動しなければならないといった類の移動を減らす必要がある。それには、都市機能の地域的偏在化や住宅の分散化、公共サービスからの遠隔化を防止するとともに、都市部の生活環境を改善して人口流出を防ぎ、地域生産を育成して地域の必要を充たす必要がある。

2　万人のための交通権

自動車は、物理的理由や経済的理由から、誰もが持てるものではない。平均二五％の世帯（大都市ではそれ以上）は自動車を持っておらず、また、一台しかない世帯では、ふだんそれを使う人は一人しかいない。年少者や老人、障害者、低所得層には公共交通が必要であり、「万人のための交通権」という正当な要求を出している。ちなみに、移動の困難にもっとも曝されているのはもっとも所得の低い層だが、こうした層は幹線道路沿線や空港周辺に住んでいることが多く、同時に公害にも曝されることになる。ここでは、社会的平等の問題と環境問題が重なり合っているのである。

3　補完的交通手段

それぞれの交通手段には「おのずからの得意分野」というものがあり、それを最大限生かす必要がある。乗客の側から見れば、中長距離の移動、あるいは地域や郊外の連絡には列車がもっとも便利だ。市街地では、徒歩や自転車、バス、タクシー、地下鉄、トロリーバス、路面電車、あるいは路面電車にもなる列車を優先すべきである。その中間の、散漫であったり例外的な移動は、自動車がなければできないことが多い。

商品輸送では、道路は地域内の短距離輸送に限定すべきであり、長距離輸送は鉄道や、河川流域では運河、あるいは沿岸海運に移行すべきである。また、急速に増大しつつある航空貨物も節減する必要がある。

従来、各種の輸送形態は常に競合し合うことによって発達し、その結果、過剰なインフラや利用率の低下、公害が生じてきたが、必要なのはこれらの相互補完関係を計画的に組織化することだ。つまり、新たなインフラをつくる前に、既存のインフラを最大限に利用し、それを近代化することによって輸送量を拡大することなのである。持続可能な国土整備開発の指針となる「ヴァネ法」訳注(1)のねらいもそこにある。

4　真のコスト

つねにもっと速い交通を、人為的に低く見せかけられたコストで確保しようとしてきたことによって、ヨーロッパでは、地域資源の活用の必要とは裏腹に、地域の特化や、強い地域による支配が加速してしまった。このようにコストを過小評価すると、新たな施設がさらなる移動を煽ることになり、その結果さらに新たな施設が必要になるというエスカレートをまねいてしまう。

膨大な浪費の元凶になっているこうした状況を打開するためには、様ざまな輸送形態の真のコストを明らかにし、それに基づいて行政が公共投資を再編成することが不可欠である。

今日、各輸送形態の間の競争は、予算や財政の選択によって偏向した枠組みの中で行われており、たとえば鉄道は道路や航空に比べて不利になっている。

今後は、それぞれの輸送形態の経済的直接コスト（インフラや運用の費用、ならびに交通警察、航空機の安全対策）だけでなく、社会的コストや環境コストもそれぞれのコストに含める必要がある。こうした方向は、一九八二年一二月三〇日の国内交通指針法でもうたわれており、環境コストと経済コストが最小の選択を行うために、各種輸送形態間の比較が義務づけられている。

訳注

(1)ヴァネ法：一二四頁参照。

5　公共サービス

集団旅客輸送と中長距離の商品輸送は、公共サービスの性格を維持すべきである。さもなければ、民間企業（あるいは民間的性格をもった公営企業）は、もっとも収益性の高い顧客を選ぶか、または、必要性は低いが、投資効果のより高い新たな機動性を売り出す方向に向かうことになる。万人のための交通権を保障できるのは、公共サービスしかないのである。

6　省エネ

道路交通は、フランスに輸入される石油の五八％を消費している。スピードと交通量のとどまることのない増加によって、石油消費も増えている。これを改善するためには、自動車の出力と移動スピードを制限し、交通量の増加を止めなければならない。

交通は、国土整備や近代社会の組織化の基本要素のひとつである。われわれの街や農村の構造、生産の様式や場所、さらには私たちの生活様式を大部分決めているのも交通だ。緑の党は、新しい交通政策には、力や自由、あるいは近代化の度合いを示す尺度としてのスピード、発展の第一要因としての大規模交通インフラ、富と幸福を示す指標としての自動車と個人主義といった、行政が意思決定のさいの根拠としてきた神話と決別する、真の文化革命が前提になると考える。

緑の党の政策提案

●移動の必要を減らす。基本となる共同体、とくに地域圏に、可能な限り大幅な経済的自律の裁量権をもたせる。原料輸送と最終製品の流通という二重の輸送を増大させる生産の特化を抑制する。生活の場と仕事場を接近させ、学校やサービス、商業、活気など、街や村に共同体としての生活機能を復活させるとともに、移動の必要を減らし、街に共生を取りもどす。

●生命への危険やエネルギー消費、空間占有、景観破壊のもっとも少ない輸送形態を優先させる。行政にとってコストが高く、通過する都市や村に大きな傷を残す大規模なインフラを新設する前に、既存のインフラを活用し、近代化する。商品の長距離輸送、幹線輸送網、山間地輸送を鉄道に移行する。

●社会コストや環境コストを反映した料金を課すことで、各輸送形態の真の価格が支払われるようにし、ユーザーが移動や商品配送の真の有用性をよりよく判断できるようにするとともに、国や地域圏の財政負担を軽減する。

●各輸送形態が相互に補完し合うようにする。新規投資では、道路による個人輸送や商品輸送の優先をやめ、現在各形態ごとに別々に行われている投資を集約して財源を一本化し、各交通・連絡形態間の効率的な相互補完をうながす投資を行う。

第三部　新しい自由空間を開く

雇用
みんなが働けて、より良く生きられるように、より少なく働く

労働時間短縮のもっとも大きな理由は、失業との闘いだ。一九八一年から一九九七年にかけて、歴代左翼・保守両政府の下で、フランスの登録失業者数は三〇〇万人に達した。このほか、公式の数字に現れない失業者も莫大な数にのぼる。[原注(1)]こうした人たちには、社会的排除、孤立、非行、人種差別など、様ざまな不幸がついてまわる。かつてのドイツと同じように、失業の増大にともなって、国民戦線[訳注(1)]が台頭している。

今日でも、保守全体、そして左翼の一部は、「成長への道を取りもどす」ことによってこの増大をくい止めようとしているが、どうすればそれが可能なのかわからない状態だ。だが、一九八五〜九〇年と、一九九七〜九八年にはすでにこの「成長の回復」があり、しかも定期雇用契約、派遣労働など、不安定雇用の増加にもかかわらず、ほとんど失業を減らすには至らなかった。[原注(2)]

生産第一主義の経済は、ますます労働市場から人を排除して行き、こうして排除された人たちは、住む家を失い、健康に暮らす権利を奪われ、家族の絆はちぎれ、社会とのつながりまで断ち切られてしまう。

失業と過労——ストレスだらけのドーピング社会

どんな家庭でも、失業という災難、あるいは失業してしまうのではないかという不安を免れることはできない。まだ仕事のある人は、雇い主に悪く見られないようにと、残業、有給休暇返上、家庭内残業、会社を出て

も仕事が頭を離れないなど、わが身をいたわることもできない。苦しいのは失業者も同じだ。もっともその理由は、のけ者感、無能感、目的と展望の喪失等々と、正反対だが。いずれの場合も、鬱状態、ストレス、不眠、アル中、睡眠薬や抗不安薬の服用、労働災害、労働条件の悪化による心身症、長期の病気による廃疾《はいしつ》など、そのコストは非常に大きい。労働時間の短縮とは、時間が足りなくなってしまった人が時間を取りもどし、健康とのバランスを回復すると同時に、何もかもなくして空っぽになってしまったと感じている人が、社会の役に立っているという自信と誇りを取りもどすことなのである。

自由時間で自由な人間に

労働時間短縮とは、自由時間を取りもどすことでもある。

エコロジストはこれまで、雇用危機とは別の文脈からも、常に時短を戦略目標のひとつにしてきたが、それは時短を人間の自律性の条件のひとつと考えてきたからだ。自由な個人の社会とは、自由時間をもつ個人の社会なのだ。一九四五年以降、西側の生産第一主義モデルは、純粋に量的な分配の上で機能してきた。仕事を企画する者とそれを実行する者を対置する労働編成様式の対価として、実行するだけの労働者は成長の成果の分け前を、購買力と大衆消費へのアクセスの増大という形で受け取ることを交渉してきた。こうして、進歩と幸福追求の概念が、消費される商品の量の増大の上に築かれたのだった。

原注

(1)〜莫大な数にのぼる：たとえば、ＣＥＲＣ（雇用所得費用知識委員会）は、雇用が得られない人の数を五〇〇万人としている。総合計画庁の試算では、不完全雇用状態（失業、意思に反するパートタイム、前倒し定年、職業訓練）の人は七〇〇万人に達している。

(2)〜至らなかった：一九八八〜九〇年には平均成長率が年四・一％に達したが、失業者数の減少は一八万人にとどまっている。

訳注

(1)国民戦線：フランスの極右政党。「失業増大は移民労働者のせい」として、外国人排斥運動で支持を集めている。

一九六八年以来、この消費モデルへの異議申し立てが噴出した。それから間もなく、ルネ・デュモンは、地球資源の略奪、とくに第三世界の国々からの略奪の上に成り立っているシステム、不平等の拡大につながるシステムの行き詰まりを明らかにした。

かつてはこの生産第一主義モデルのなかで技術進歩の報酬である成長の分け前を要求して交渉することができたが、「破壊第一主義」ともなったこのモデルのなかではもはやそれは不可能になった。このようなモデルの代わりに、進歩を測る尺度が、とくにより良い社会関係の質と結びついた万人の自由時間の増大に置かれるような社会が来なければならないのである。

エコロジーの目標は「持つ」ことではなく「在る」こと

最低所得層、「第四世界」、あるいはわが資本主義国のすべての排除された人たちは、物質的な生活水準を上げ、基本的な消費の必要を充たす絶対的な必要がある。しかし、幸福の追求を妨げているおもな原因は、往々にして「持つ」ことの不足ではなく、「在る」ことの不足である場合が多い。とにかく、私たちにはやりたいことを全部やるだけの時間がないのだ。私たちは、自分の好きなものを少しは味わわせてくれるはずの人工の増幅器官を追い求めているのだが、その増幅器官（ドライブのためのクルマや音楽を聴くためのハイファイステレオ、ショー番組を見るためのテレビなど）を手に入れるために、さらに時間を費やさなければならないのである。

私たちが人間として開花したり、家族や社会とつき合ったり、世界に向けて自分を開いたり、市民権を行使したりするためには、時間が必要なのだ。時間がないために、私たちは金券を贈ったり、モノを買ったりする。だが、それを楽しむ時間が私たちにあるだろうか？　一台のステレオでいったい何枚のディスクを聴くだろう？　一枚のディスクをいったい何度聴くのだろうか？　近代技術が私たちに差しだす商品でさえ、もはや（電気掃除機や洗濯機がしたように）時間を節約することはなくなっている。商品を消費するのも時間はかかるのだ。

さらに、私たちの指の間からすり抜ける時間を補おうと無駄骨を折るこうしたプラスチックや鉄の機器は、それを製造するさいや使うさいに、常にいくばくかの石油や石炭を燃やし、何ベクレルかの放射能をまき散らし、いくつかの砂浜を汚染し、いくつかの森をなぎ倒している。これらの商品ひとつひとつが少しずつ自然の回復力を殺ぎ落とし、取り返しのつかない荒廃を招いているのである。

一九七〇年のローマクラブの警告からリオデジャネイロ、ブエノスアイレス、京都の環境会議を経て、私たちは、先進国においてさえ、このような浪費をこれ以上拡大すれば、全地球的な災害が発生することを知ったのだった（六六頁「持続可能な発展」の章参照）。

労働の前での平等のために

長期失業者のほかに失業の影響がとくに強いのは、若者と女性だ。

ひとつの社会が、何年間も教育を受けた若者に、そのエネルギーや能力を十分に発揮させる場を提供できないとすれば、それは重大な問題である。健康上の問題や疲れでこれまでのように働けなくなった年輩者が働く量を減らし、自分の可能性を試したいと思っている若者に働く時間を譲るのは、当然のことといえる。

同様に、あらゆる人の労働時間を短縮することは、野放しに拡がっている女性のパートタイム労働へのオルタナティブでもある。今日、女性は家事、とくに子供の教育のためにパート労働を「選択」しているとされるが、実際にはパート社員の半数近くが「仕方なしに」パートに就いている。

こうした状況は、終日就業が可能な人にしかできない雇用（責任あるポスト）に女性が就く可能性を減らし、職業の男女平等を妨げている。また、男は仕事と公《おおやけ》の生活、女は家庭と安い仕事と、男女の領分の乖離をいっそう拡大している。

毎週、３日目の休日があれば（週４日労働制）、男も女も子供の世話や家事ができるようになる。こうした新しい分担によって、子供の教育やしつけがよりバランスの取れたものになると同時に、ただの象徴ではなく、実質的な男親のモデルが生まれるだろう。また女性も、公の生活（市民活動、組合、政治など）に参加する条件も改善される。

グローバル化に反対する

経済的に見れば、自由時間の増加に軸をおいた進歩のモデルは、消費に依拠したモデルよりもはるかに国際的な軋轢の影響を受けにくい。完全雇用が、非商品関係によって測られる発展や経済外の活動の拡大に依拠している場合には、国際競争の圧力ははるかに小さくなる。生活の質のために精力を注ぎ、スポーツや芸術、大衆討論、親しい人と共に過ごすための時間を充分にもつために、輸入はほとんど必要ない。これは、保護主義に陥ることなく、より自立的で、民主的な社会による秩序ある調整がよりやり易い体制に、自発的に復帰することなのである（七五頁「グローバル化」の章参照）。

失業と闘うために労働を分かち合う

このように、緑の党は、労働時間短縮を社会的必要と考えている。労働が多すぎる人たちと、失業者や不安定雇用の人たちとの間で、早急に労働を再分配する必要がある。それをひと言で言い表わすために「分かち合い」という言葉を選んでいる。これは、この選択が連帯、責任といった倫理的な価値観にもとづいていることを強調するためである。

具体的にはどうするか？　答えは、週四日労働制を優先した形で、週三二時間労働へ急速に移行することである。

この労働の分かち合いという考え方は、一九九二年以降、歴代労働大臣（マルチーヌ・オーブリー、ミッシェル・ジロー）や一部の経営者たちが「労働の分かち合い」という不当表示の下に売り込んできた失業の分かち合い、あるいは不安定雇用（とくに第三次産業の女性）とはまったく異なるものである。彼らの言う「分かち合い」は、単にパートタイム労働や内払い賃金労働を一般化するだけでよしとするものであり、最低賃金さえももらえない人たちに、半雇用と半賃金でがまんしろと言うものである。

これに対して、緑の党は、通常労働の時間短縮を、通常賃金（たとえば未婚の母が通常の生活を送れる賃金）で行うことを提唱している。いうまでもなく、これは個々の労働者が、終日雇用に復帰する権利を維持しつつ、自分の働く時間を本当の意味で選び取れるよう奨励したり、「第二の小切手」[原注(3)／訳注(2)]により賃金の低下を補完することを排除するものではない。これは、どの程度の所得を望み、どのくらい働きたいかは、人それぞれ異なるからだ。

「週三二時間、四日労働制」に向かって

一九九〇年代初めの段階でも、社会党政権は、今世紀末に週三〇時間を提唱していた緑の党と協力関係を結んでいた。それまでの政策の失敗を見て、社会党は少しずつ緑の党の見方に歩み寄るようになった。一九九七年初頭の緑の党‐社会党協定[訳注(3)]では、法的枠組みによる週三五時間制実施と、五年間の政権任期内に週三二時間制への道を開くことが、合意の絶対条件とされた。

緑の党は一九九八年六月の「オーブリー法」[訳注(4)]制定を、大きな第一歩として歓迎した。しかし、この法律は、従業員二〇人以上の私企業のみを対象としているため、数十万人程度の雇用創出にしか結びつかないほか、丸

原注

(3)「第二の小切手」：この第二の小切手は、パート化によって「回避された失業コスト」を財源にすることができる。

訳注

(2)「第二の小切手」：ひとつの社会の構成員はその経済が生み出した富の分配を受ける権利を持つとともに、そのような再分配がない限り、経済自体も機能不全に陥るという考えから、個人の労働に対する報酬（賃金）とは別に、国家など公権力から個人に支払う再分配金。「社会所得」あるいは「保障最低所得」とも呼ばれ、先進的労働運動やエコロジストの間で、失業問題に対する根本的解決として実施を要望する声が高まっている。

(3)緑の党‐社会党協定：一九九〇年代に入って、緑の党と社会党との間で徐々に選挙協力をめぐる交渉が進められ、一九九七年一月、「緑の党‐社会党共通文書」の形で両者の合意が成立した。この「文書」は、緑の党‐社共連立政権の政策の基本方針になっている。一五頁および三九頁「国民議会では」、四九頁「政府では」の章参照。

一日の休日が取れるわけではないため、消費のあり方を大きく変えるまでには至らないし、労働の再編成を促すことにならないなど、まだ充分とはいえない。

このため緑の党は、全労働者の三二時間制移行、丸一日の休日解放という、より明確な目標に向けて闘いを続けている。

フランスでは、オーブリー法によって二〇〇万人以上の雇用が維持または創出されると見られている。原注(4) 平均賃金では時短分の大部分が保障され、かつ企業の収益性や競争力が落ちないようにすることが可能である。なぜかというと、ひとつには時短した場合、時短分と同じだけ提供される労働量が減るわけではないからだ。最後の一時間の労働は、生産性がもっとも低い上に、危険が多く、労働災害ももっとも多い。労働時間短縮それ自体によって生産性が上昇するわけだ。これは時短した分がそのまま比例的に雇用増につながるわけではないということでもあるが、逆に、このことによって、時短にともなう賃下げを補償することもできるのである。さらに、一〇〇万人の失業者が再雇用されることで、莫大な社会保障支給の額が減少し、社会保障費を負担する人が増えることになる。つまり、失業の間接コストを直接賃金に戻すことができるのである。

法的枠組みが重要

このように、賃金レベルを大部分補償しながら、労働時間を大幅に、全員について（ということは強制的に）短縮するためには、法律が端緒を開く必要がある。これは、労働時間短縮に取り組もうとする企業に、競合企業も同じような時短を行うことを保証するための絶対条件であり、失業の減少が、社会保障負担を引き下げることができる程度にまで大幅かつ予見できるものになるための条件でもあるのである。

全員に同じルールを定めなければ、個々の企業は競争相手が手を付けるまで模様眺めすることになってしまう。一九八二年に「企業ごとに交渉する時短」訳注(5) が始まったときに起きたのも、まさにこれであり、結局、目立った成果はあがらなかった。オーブリー法では二〇〇〇年一月一日まで、時短の実施が企業の任意に任され、時短の「口火を切る」企業には潤沢な助成が用意されているが、その数は多くない。

法で全体調整を行うからといって具体的な適用様式をめぐる企業レベルでの交渉がなくなるわけではなく、一定の期限のなかで過渡的な認可残業時間数が決められることになる。

労働時間短縮の進め方

交渉のさいに重要なのは、まず、残業時間をどうするかについて細心の注意が必要だということだ。緑の党は、残業の厳しい制限と、雇用者にとっても（全国商工業雇用連合[訳注(6)]への割り増し負担金、または残業した労働者に代休を与え、その量を年々累進させる、といった形で）、また被雇用者にとっても（低い割増率で）残業が割に合わなくなるような新しい割増賃金制度を提案している。

次に重要な点は、例の「年間労働時間制」である。経営側は、時短と同時に終業時間帯の完全柔軟化を望んでおり、これが実現されれば労働者は自分のプライベートな時間をまったく自由に使えなくなってしまう。し

原注

(4)〜見られている：フランス経済情勢監視局の予測では、一挙に三五時間制へ移行した場合、二〇〇万人の雇用が生まれ、賃金保障、設備稼働率の条件によって五〇万人の増減があるとしている。

訳注

(4)「オーブリー法」：全産業における週三五時間制移行を定めた法律。同法については、拙稿「雇用対策としての時短、ヨーロッパの実験　③週35時間制へ動き出したフランス」、「同④フランス、時短社会へ『産みの苦しみ』」（週間エコノミスト、「エコセミナー」一九九九年七月二七日号、八月三日号）参照。

(5)「企業ごとに交渉する時短」：失業問題解決の第一歩として、ミッテラン左翼政権が行った法定労働時間短縮（週四〇時間を三九時間に）を指す。企業の不信、労働需給のミスマッチなどから、成果よりも混乱の方が大きく、失敗。以後、左翼政府は時短路線を放棄してしまった。

(6)全国商工業雇用連合：ＵＮＥＤＩＣ。失業保険支払機関である商工業雇用協会（ＡＳＳＥＤＩＣ）を管轄する全国組織。

かし、だからといって、交渉もしないで年間労働時間制を捨ててしまう理由はない。週三五時間制とは、年次有給休暇をあと二二日増やすことであってもいいはずだ。週四日制とは、バカンスがもっと長くなることであってもいいはずなのだ。一九九八年に行われた本当の意味での交渉では、組合側が減った週労働時間を「束ね」て、休暇を長くする合意を勝ち取る場合が多かったが、これも非常にいいことだ。

さらに、減らした時間の給料をどのように補うかは、一律に決めてはならないということだ。最低賃金でぎりぎりの生活している人の給料をそれ以上減らすことはできないからだ。緑の党は、全員の給料を凍結するのではなく、社会保障の上限所得（最低賃金のほぼ二倍）までの所得については現行賃金のまま据え置く完全補償とし、それ以上の所得がある人については所得が高いほど補償率を減らすことを提案している。言い換えれば、これによって賃金格差の幅が狭まることになり、現在のドイツか、あるいは自由主義への屈服で格差が拡大する前の一九八二年ごろのフランスに近い形になるわけだ。

労働のあり方を整備し、雇用に資金を出す

新たな雇用のためには、事務所や作業台、機械など、仕事のポストが必要になる。このため、企業が投資能力を維持していく必要がある。だが、失業者二〇〇万人に仕事のポストを提供するためには、現在全企業が行っている年間投資額の五倍もの投資が必要になる。これはとうてい無理な注文だ。

このため、別の、もっと経済的なやり方が必要になる。現在すでに交替制が行われている職場で交代回数をもうひとつ増やしたり、現在交代制のない職場を週三二時間ずつの二交替制にすることもできる。これには、企業や役所の労働編成を一から作り直すとともに、顧客やユーザーへのサービス、研究開発、品質、環境対策など、改善できる項目を根本的に考える必要がある。

次に、労働コストを引き下げるための大規模な税制改革を進める必要がある。すでに、サラリーマンの健康保険負担は一般社会保障分担金（CSG）[訳注(7)]に一本化され、給与からの天引き額は段階的に事業税額にもとづいて行なわれるようになるが、これをさらに進めて雇用者負担分の課税標準を付加価値全体とすることで、「機械と金融収益に分担金を払わせる」ようにすべきである。[訳注(8)] 汚染活動一般税（TGAP。緑の党の要求で一九九九年予算から新設）は、エネルギーと汚染に負担金を払わせるもので、温暖化ガスと原子力の抑制につながるものである。

その結果、名目賃金からの天引き額が大幅に減少し、低賃金層の手取額を維持したまま、企業への過剰な人件費負担を避けることができるのである。

「高賃金」については、緑の党はまず、最低賃金の約三倍までは賃金の低下があまり感じられないようにする方針であることを言っておかねばならない。忘れてならないのは、自由時間が週に一日増え、それを年次有給休暇や休暇年度[訳注(9)]にまとめることもできるという、時短のいい面だ。これは、とくに管理職にとって絶好の機会を提供するもので、この間に業種を変えたり、時流に追いついたり、定年を待たずに世界を見て回ることもできるようになるのである。

訳注

(7) CSG：従来、給与、事業、年金、不動産など、種類ごとに異なる課税をしていたものを一九九一年に一本化し、社会保障給付金を除くすべての個人所得に対して一律の課税率を適用する所得税制。

(8) ～すべきである：近年、企業の資金運用や省力化投資が増えているが、これらは経済の不安定化や失業などの問題を生んでいる。金融投機を抑制したり、省力化投資が生みだす失業の社会的コストを企業に応分に負担させることが求められているが、フランスの現行の事業税は事業所得を課税標準としているため（日本も同じ）、資産運用益は課税対象外であるほか、省力化投資の減価償却は所得から控除されるため、問題をむしろ悪化させる方向に働いている。事業税を付加価値全体を課税標準とする外形標準課税とすることで、金融収益や省力化投資が課税対象に含まれることになり、これらの問題を抑制することが可能になる。事業税の外形標準化の必要は従来から別の観点で指摘されてきたが、エコロジー的な観点からも推進すべきものである。

(9) 休暇年度：année sabatique。休養、旅行などのリチャージや育児、介護などのための一年間の有給休暇。古代ユダヤ人が七年ごとに一年間農耕を休み、債務も免除されたことに由来する。

さらに、この賃金の低下は、失業の大幅減少による世帯所得の増加によって補填されるはずだ。失業者が半分になるということは、夫婦のどちらか、あるいは子供のひとりが失業になるリスクが半分になるということなのだ。

最後に、所得が減ったとしても、必ずしも購買力が減少するとは限らない。自由時間が増えるため、ベビーシッター費や外食費、通勤費が減り、料理や日曜大工をしたり、安い店を見つけたり、修理したり……といったこともできるようになるのである。

自由時間の獲得は、幸福というものの見方の変化、「消費」のもつ価値の後退が前提となる。生産第一主義のモデルでは、みんなが「一〇年前ならこんなクルマや、パソコン、地中海クラブの休日は買えなかったなあ」と言ったものだ。だが、エコロジー主義のモデルでは、みんなこんなふうに言うだろう。「五年前なら、こうして四月のシシリア島を旅するなんてできなかった。毎晩今より一時間遅く家に帰るので、ピアノや、パソコンを使った写真加工のおもしろさを発見することはできなかったし、子供や友達と遊んだり、ダべったりするのも無理だったなあ」。

緑の党の政策提案

●サラリーマン全員が週四日、三二時間労働制に移行する。この解放された労働日は、交渉によって週ごとに割り振ることも、また月ごと、年ごと、あるいは数年ごとにまとめることもできる。
●最低賃金の二倍の給料まで現行賃金を維持し、それ以上は賃金保障を逆進制とする。
●エネルギーと汚染に課税し、労働コスト引き下げの財源とする。
●すべての付加価値（利潤、機械など）を社会保障負担の対象とする。
●残業時間数をさらに制限するとともに、賃金の割増率を少なくし、その（失業保険への）負担率を大幅に上げる。

●労働者みずからが選んだパートタイム労働は保障する。

国民戦線、左旋回
「千年帝国を」
「給料は三九時間分ね」

怒れる高校生たち
「アホなランドセル反対！」

教育大臣の回答
「ひとクラスに先生35人は
ムリでしょう」

教育
学校に民主主義を

教育問題が繰り返し世論の大きな反響を呼ぶことは、学校が最も重要な政治的・社会的争点のひとつだからだ。緑の党は、破壊的で、疎外的な不平等社会を拒否しており、教育制度もこのような社会に加担していることから、教育問題はいっそう重要な課題である。

マスプロ教育というこれまでになかった問題に直面し、社会的危機に揺さぶられている教育制度は、あらゆる緊張が凝縮した場になっている。家族や教員、公権力、企業、専門家が、それぞれ子供の開花と受験競争、市民教育と職業教育、エリート選抜と全生徒の向上という、相矛盾する目的を期待している。共和主義者のフランス的公立学校のモデルには亀裂が走り、正統性を失っている。今日の学校は、統合が望まれている機構のなかで多様な市民に訴えかけなければならないのであり、生徒たちの多様性に対応しながら、なおかつそれぞれの固有性のなかに生徒を押し込めてしまわないことが求められているのである。

だが、これまで行われてきた改革は、目的やそこに込められた社会構想が不明確であったために、ことごとく失敗するほかなかった。

緑の党の教育問題をめぐる取り組みは、人間の自律、責任化、市民権、社会的平等という基本原則にもとづいている。

不平等な公立学校

フランスの教育制度は、いまなおかなり不平等だ。もっとも貧しい社会層の子供たちが、出世への門戸となる有名校に占める比率は非常に低い。理系や出世コースの学校では女子が少ないなど、学校が男女間の支配関係を再生産する場である点もいまだに変わっていない。

だが一方で、学校は、機会の平等と、それぞれの能力に応じた向上という原則を標榜している。そのことによって、学校でいい成績を取ったから（それは教育制度に適応しやすい裕福な家庭のおかげであることが多いが）という理由で社会的不平等が正当化され、社会の上下関係のどこに組み込まれるかが、大部分、学校の成績で決まってしまっているのである。社会的不平等を覆い隠している欺瞞的側面のほかに、学校には落ちこぼれの内部化という側面もある。その極みで、学歴がないまま学校を去って行く数十万人の若者たちにとって、彼らをのけ者にする社会の前でみずからを肯定する唯一の方法が社会に反発することであったとしても、無理からぬことだ。そうでない若者にとっても、知を獲得するということが、学歴に縛られた制度的教育にますます置き換えられつつあるのである。

エコロジストの計画は、まず第一に、たとえばグランゼコル制度[訳注(1)]の特権的優遇をやめ、予算の再分配を行う政策を取る必要がある。だが、このプラスの差別（持たざるものにより多くを与える）は、ややもすると悲惨を覆い隠したり、先送りするだけの付け焼き刃に利用されがちなため、充分なものでなければならないと同時に、単に量的な措置に止まるものであってはならない。第二に、この計画は多様性に配慮したものでなければならない。生徒たちをスタンダード化して扱おうとするうわべだけの均一性が、不平等をさらに悪化させる元凶だからである。

……でも公立学校は必要

緑の党は、ファルー法[訳注(2)]のあらゆる改正に反対しているが、それは単に、改正すればカトリック系私立学校[訳注(3)]の拡大を加速するからだけでなく、学校には様ざまな生徒が混ざり合っている方がいいという原則に真っ向から反することになるからだ。私立学校は、親が子供をみずからの意図するように教育するという基本的自由にもとづいており、フランス社会に根ざしたひとつの現実であるとしても、その拡大は必然的に危険をはらんでいる。不平等の拡大が社会の絆を脅かしている現在、全員に共通で無料の、宗教から分離した公立学校は、文化的、宗教的、社会的に分断された社会の影を払拭することに貢献するのである。

公立学校に人的・資金的手段を与えることで、多様性を受け入れ、多様性の価値を認めることによって初めて、越境入学[訳注(4)]や私立偏重、危険なゲットー化を避けることができるのである。

同じように、成人の生涯教育の発展のために、緑の党は誰もが一生を通して「教育クレジット」をもち、雇用と休暇、職業教育の間を移動できるようにすることを提案している。この「二度目のチャンス」によって、とくに最初の教育を生かしきれなかった人たちが、自分のもつ潜在能力を発揮できるようになる。このため、手当つきの成人教育のために思い切った公共サービスを作り出す必要があるのである（一四四頁「雇用」の章参

訳注

(1)グランゼコル：大学とは別に各分野ごとにもうけられた、フランス特有のエリート養成学校。高等師範学校、理工科学校、国立行政学校などがある。

(2)ファルー法：一八五〇年制定。学校教育を教会支配から解放し（ただし同法では教会の学校監視権は残存）、教育の自由を確立するとともに、人口八〇〇人以上の市町村すべてに女子校の設置を義務づけた。

(3)カトリック系私立学校：フランスのカトリック系私立学校は、一般に保守的な上流階級が子弟を送り、前時代的価値観にもとづいた教育を行なう場となっている。カトリック系私立学校の対立は、左翼・保守間の対立がもっとも先鋭的に表われる場のひとつとなってきた。

(4)越境入学：一九八〇年代以降、公立学校の学区制を緩和する措置が取られた結果、一九九二年には公立学校生徒の約半数（とくに都市部）が他の学区からの越境入学になっている。それにともない、中産階級以上の生徒の集まる「いい」学校と、貧困層や移民労働者の子供が集まる「落ちこぼれ」学校との分極化・階層化が進んでいる。社会学者のアラン・デュベはこれを「学校のアパルトヘイト化」と呼んでいる。

照)。

市民になるために、考えることを学ぶ

批判的な判断を行う能力をもった市民を育てるという理想に、もう一度意味を与え直すことが緊急の課題だ。この目的のために、学校は文化の場と同時に、知を身につける場、教育の場としての地位を獲得しなければならない。若者たちがみずからの地位を保証され、自分のもつ能力の価値を認められ、自分たちの間や大人といい関係をもつことで民主主義を具体的に学ぶことは、学校制度のなかで初めてできるものだ。

学校教育の改革は、正義と平等という、公立学校の理想にもう一度意味を与えるだろう。新教育運動(ペスタロッチやシュタイナー、フレネ、ウリー、マンデルらに触発された運動)がもたらした大きな成果とは、教育は既成の枠に押し込めるのではなく、自己形成しつつある人、その経験、その潜在力を中心に置いて行わねばならないという考え方だ。自律的な成人になるために、子供たちや若者たちは、押しつけられる真理や原理を鵜呑みにするのではなく、みずからの自己形成を大人とともに生み出していく必要があるのである。

集中しすぎた教育行政

過剰人員や、全体的な整合性のなさ、不十分な職業教育、また一部の職員の不安定雇用化といった問題を一層深刻化させている資金不足に加えて、官僚的なピラミッド型組織の弊害もある。縦割り行政の壁をうち破り、あらゆるレベルの各当事者に責任を持たせることがどうしても必要だ。

学校の設備や機能の地方自治体への移行は、意思決定の透明性が確保されるという条件付きで、民主化に向けた進歩といえる(一六四頁「市民権」の章参照)。

学校構想の立案や学校組織、財政管理の決定を本当の意味で自律的にできるようにすることによって、本当にやる気のある教育チームができやすくなる。しかし他方で、学校の自律性が校長の権力増強につながっては

ならない。学校内に「運営評議会」を設け、校長の役割はその決定を調整し、実施するものとして規定し直す必要がある。さらに、教育課程や、伝えるべき知や能力、そしてその評価の仕方をどうするかは、国の管轄に属する。このため、これらは議会で決めるべきである。

教育行為の集団的アプローチ

今日蔓延している上下関係や縦割り行政を廃止し、新たに相互協力関係をつくる必要がある。

教員と教育評議会、心理指導評議会、教務・用務・生活・保健職員、婦人民生委員など、各職員の間の協力関係をつくる必要がある。そのためには、協力を行うための時間を就労時間に含めること、統一した規約、他の領域について相互に知識を広めるための研修制度が前提になる。

親や生徒を真のパートナーと認め、協力関係を築くことも必要だ。現在の代表制（これは民主主義の擬制と化すことがあまりにも多い）を各クラスごとの定期集会に置き換え、その組織や学校生活について討論するのである。

生徒がもっと自律的に勉強できるように、学校の参考資料を、学校内部だけでなく外部（学校教育と結びついた公共サービス、市民活動、企業活動）でも充実させ、一貫性のあ

開かれた、許容力のある、解放的な政教分離のために

緑の党は、思想を足かせから解放し、民主主義を生かすという政教分離の理想を支持している。とはいえ、共和国とカトリック教会の間の数百年にわたる対立の跡を色濃く残している公教育は、いつでもどこでも、未来の市民に批判精神を育むことをめざすみんなのための学校であったわけではない。それは、地方言語を破壊し、文化の多様性を狭めるなど、統一的というよりも画一的な性格を示してきた。公教育は、この中立性を自画自賛するほど充分に実践してきたわけではなく、軍国主義や盲目的愛国主義、植民地主義の宣伝に奉仕し、社会的支配や男女差別の尊重を維持してきた。

民衆文化や地域文化、移民文化の多様性――ひとことで言えば文化の多様性――に配慮するということは、そこに普遍的価値観を溶け込ませることでもなければ、特殊性の波のなかに学校を沈めてしまうことでもない。逆に、それは支配的な文化の仮面ではない、真の普遍主義を甦らせることなのだ。

る教育の枠組みを作り出して行かなければならない。

教育の内容については、教科ごとにバラバラの、百科辞典的な知識の詰め込みではなく、基本的な考え方や技能を優先する必要がある。科目や時間割も、科学や社会の変化に応じて変わらなければならない。たとえば、環境教育やメディア教育を充実させる必要がある。

さらに、学校関係者が、全体として決めた目標に沿いつつ、様ざまな社会や文化、人間の状況に自分たちの実践活動を対応させられるようにしなければならない。たとえば、授業の周辺に選択活動や個人・小グループ教育、作業などを連結することもできるだろう。また、チューターや仲介指導員による生徒のフォローや補習も不可欠である。

やるべきことは山のようにある。改革が制度の惰性や不信感によってブレーキをかけられることがないように、すべての改革には、その立案、問題点の明確化、質量両面での手段に対する関係者の真の参加が必要だ。

今日の子供たちは明日の市民なのだということを忘れてはならない。

緑の党の政策提案

●透明性の下で、プラスの差別政策を進める（貧困層の多い地区）。
●教員職業研修（教育、学術、教育学）の刷新。
●教育関係者の会合を毎週開き、その時間を就業時間に含める。
●生徒の議論の時間を時間割に含める。
●学校機能を民主化する。
●中高校生の生徒会館を新設・普及させ、生徒自身による運営もしくは生徒が参加した共同運営にする。
●風紀委員会を廃止し、教育関係者全体が付託する紛争解決協議機関を新設する。
●生徒名を伏せ、別の教員が採点する学習評価テストを開始する。

●校則の作成に生徒を参加させる。
●真の教育助手（若者雇用）を養成するとともに、その身分を随時新たな雇用（調停、グループ管理、コンピューターなど）に変更する。
●生涯にわたる教育クレジット制度を創設し、年齢による専門化の撤廃に向けた真の生涯教育の権利を確立する。
●私立学校の運営予算の一〇％を超える公的資金の投入を禁じたファルー法を維持する。
●市民教育運動への支援。
●法律教育を適切な形で最低学年から行い、法律の必要や民主的なプロセスを発見し、集団生活や社会生活ができるようにする。
●少数言語の教育。
●障害者を通常のクラスに入れる。手始めとして障害者の同化をうたっている現行法を確実に適用する。
●過疎地の学校を守る。

市民権
自分たちのことに口を挟もう！

議会が立法のイニシアチブを取らず、腐敗や公共財産の乱用、「スキャンダル」が議員全体への不信を掻き立て、共和制の番人であるはずの国家の頂点に立つ人びとがみずからを法を超えた存在と信じ込み、国民の議論がマスメディアのショーにすり替えられる――そのたびに、私たち市民は社会参加からそっぽを向き、権利放棄のなかに逃げ込んでしまう。「どいつもこいつも腐り切っている」式の議論と極右勢力が、またたく間に社会を席巻してしまった。民主主義は今、深く病んでいる。

公選君主制のフランス

第五共和制では、行政府の手に権力が集中し、政策の執行者が絶対的な権力を握っている。憲法は、共和国大統領に強固な特権を与えており、大統領が旧体制《アンシャン・レジーム》下の君主のような存在になっている。左翼と保守の「共棲《コアビタシオン》」[訳注(1)]の時期には、大統領の権力が多少削られるが、それで強化されるのは首相であって、議会ではない（三九頁「国民議会では」の章参照）。

それだけではない。これまでの歴代大統領は、外交と国防を「特別領域」としてきた。大統領は、たとえば核攻撃の引き金を引く権利を行使することで、何百万もの人びとを殺戮する決定を単独で行うことさえできるのである。

欺瞞と影響力の行使

行政府は、市民によって選出された議員を無視する一方で、官僚の言うことには聴く耳をもっている。だが、官僚は政治的責任を取らないし、多くの場合、業界ロビーの橋渡し役だ。こうして、操縦桿は政治 - 金融寡頭政治の手に握られ、産業や金融の大企業が政治家から優遇を受け、業界は政治家を支えるという両者のもたれ合いのなかで政治が運営されることになる。

石油会社エルフの暗躍を覆っていたヴェールが（わずかに）剥がれ、札束と秘密工作を背景とした国家―政治家―私的利害の危険な関係の行き着く先が垣間見えた。訳注(2)

民主的な議論のない、完全な密室のなかで、行政は地球上でもっとも血塗られたアフリカの独裁者たちを維持し、何百億フランもの血税を原子力にそそぎ込むことができるのである（八四頁「国際関係」、二四三頁「エネルギー」の各章参照）。

訳注

(1)「共棲《コアビタシオン》」：フランスでは国の行政権が大統領と首相率いる政府とに分かれており、それぞれ大統領選挙と総選挙という別々の直接投票で選ばれる。このため、時として一方が保守、他方が左翼で占められる、政権内部の「ねじれ」が生じることがあり、これを「共棲」と呼んでいる。これまで、一九八六～八八年のミッテラン大統領（社会党）とシラク政府（保守連合）、一九九三～九五年のミッテラン大統領とバラデュール政府（保守連合）、一九九七～現在のシラク大統領（保守連合）とジョスパン政府（左翼連合＋緑）と、三回の共棲が生じている。

(2)～垣間見えた：アフリカを中心とする油田に利権を有するエルフ社は、私企業としての活動に止まらず、フランスの対外戦略の一翼を担う機能も果たしてきたといわれている。かつての国有企業時代だけでなく、民営化された現在もなお、闇供与による独裁政権支援、各種の諜報・工作活動などを行ってきた事実が最近明らかになり、大きな問題になっている。

国家そのものも不処罰特権の恩恵を受けているのではないか？　国家権力の被害者が国相手の訴訟に勝つのは非常に難しい。特別裁判所（行政裁判所、行政控訴院、コンセイユ・デタ[訳注(2)]）を通して、行政が行政みずからを裁く仕組みになっているからだ。

こうした困難はあるにせよ、これらの仕組みを使って政治倫理の追求をしている市民もいる。ローヌ－アルプ地方では、緑の党議員のエチエンヌ・テットが北環状線の建設工事許可の取り消し、地域圏議会選挙で極右政党の国民戦線の票を背景にトップ当選したシャルルル・ミヨンの当選取り消し（186頁「極右」の章参照）を実現した。イル－ド－フランス地方では、地域圏議会議員のジャン・ジャック・ポルシェとジャン－フェリックス・ベルナールが、公共市場の民間移転や従業員の水増し申請など慣行となっていた違法行為に初めてメスを入れた。パリでは、イヴ・コンタッソやイヴ・フレミオンを中心とするエコロジストが、再三の訴願によってシラク（現大統領、元パリ市長）―ジュペ（前保守政府首相）―チベリ（前パリ市長）ラインの情実人事や選挙違反の暴露に貢献している。

⑴ミッテラン大統領時代に、エリゼ宮の大統領側近がジャーナリストや弁護士、社会派俳優など数十人の電話を盗聴していたことが、ミッテランの死後の1997年に明るみに出た事件。大統領府側は「国防上の機密」を盾に資料提出を拒否したが、ジョスパン首相は一九九八年、「国防上の機密は個人の利益のために乱用すべきでない」として機密を解除した。

⑵政府の行政、立法の諮問機関であると同時に、最上級行政裁判所でもある。

法治国家はどこへ？

　フランスは欧州連合のなかでもっとも多く欧州人権裁判所に提訴された国であり、最近でも、たとえば被疑者の拘留期間をめぐる提訴や、1998年末の報道の自由の侵害をめぐる事件がある。人権擁護団体による、警察の不祥事や監獄制度の欠陥、「無法者」裁判官のでたらめ判決の掘り起こしは後を絶たない。今この時にも、不処罰特権に守られて、大統領府内部に正真正銘の「黒い内閣」をつくり、何十人もの市民の電話を盗聴し、組織的にプライバシーや職業上の秘密を侵害するという卑劣な行為[訳注(1)]がまかり通るのは、旧体制《アンシャン・レジーム》が今もって生きながらえていることの証ではないだろうか？　これまでも、政治経済権力は「社会監視」技術にひときわ愛着を持ってきた。たとえば、国民議会は1998年に、緑の党議員の反対を押し切って、国税庁と国民保険のコンピュータファイルの連結を許可し、総背番号制による巨大国民監視システムに合法化の道を開いた。

　これに対抗する手段を市民はもっているのだろうか？　司法とて公正無私ではあり得ない。公益の擁護者であるはずの検察庁も、政府の指令には服従する。司法警察は、予審判事の請求よりも内務大臣の命令に従う方を好む。

　勇気と不屈の精神を兼ね備えた判事もいるにはいるが、フランスは相変わらずスキャンダルの揉み消しという伝家の宝刀を使い続けている。司法の手が権力サークルに伸びるたびに、司法は手痛い火傷を負わされてきた。被疑者が憲法評議会議長と共和国大統領ともなると、被疑者同士がそれぞれの立場を忘れて互いをかばい合うのである。

第六共和制に向かって

権力に対抗するものを無視し、市民を排除する現在の規範に服従している限り、民主主義の進路変更はおぼつかない。制度を進化させねばならないのだ。

まず、立法府が法をつくり、行政がその実施を行い、司法が法を順守させるという権力分立の根本原理を現実のものにする必要がある。

次に、立法発議権を回復させることで議会のもつ手段を増強するだけでは充分ではなく（三九頁「国民議会では」の章参照）、議会を真に国民を代表する機関にしなければならない。そのためにはまず、小選挙区制を廃止する必要がある。小選挙区制は、少数勢力の代表を排除することで架空の多数派をつくりだすものであり、様ざまな考え方による議論を衰退させ、議会の正統性を根底から突き崩すものである。比例代表制は、世論のもっとも忠実な代表を保証する唯一の方法であり、レベルの如何を問わず、選出機関の権限のおよぶ地理的空間にもとづいて選挙区が決められているあらゆる議会に適用すべきである（たとえば地域圏議会選挙には地域圏の候補者リストという形で）。

議会の民主化には上院の廃止も含まれる。上院の選挙制度は農村部の町村を過大に代表する形になっているため、保守主義を永続化させるからである。[訳注(3)] スイスやアメリカの連邦制にならって、上院を地域圏議院で置き換えるべきだろう。

同じように、普通直接投票で選んだひとりの人間に[訳注(4)]行政権を集中させる現在の体制も廃止すべきである。

緑の党は結党以来、公務の兼任[訳注(5)]と男女比について、みずからに非常に厳しい規則を課している。自分がフルに活動する場が地方なのか、地域圏なのか、国会なのかを選ぶことで、自分が代表しているレベルを明確にし、支持者へのおもねりを排除し、市民が託した権力を本当の意味でコントロールすることができるのである。したがって、重要な公務はひとつに限定し、これに責任の軽い公務（たとえば市町村会議員）をひとつ加えることができるようにすべきである。しかし、政治的な公務が終身の利権ではなく、一定期間市民が権限を委任するものになるために、緑の党は、あらゆる公務の任期を最大五年に限定し、同じ公務を二期までしか継続できないようにするよう要求している。

緑の党はまた、「人間には性別がある」ことと、被選議会を構成する女性の数を少なくとも男性と同じにすることを憲法に明記するよう提案している。

さらに、政治生活を健全なものにするためには、議員に議員職としてのきちんとした身分を与えることで議員の所得と再就職の問題を解決するとともに[訳注(6)]、市民からの最低限の支持をもつ「小政党」候補者にも「大政党」と同じ資金上の権利を与える必要がある。

すべての当事者が参加型民主主義に向かって

政治論議は、真の社会問題や市民の関心から完全に乖離してしまったようだ。代表者（議員）と被代表者（市民）を隔てる溝はますます深く大きくなっている。これはフランスが今日もなお、限られた民主主義の概念、

訳注

(3)永続化させるからである：フランスの上院議員は、国民議会議員、県議会議員、市町村会議員が構成する選挙団による間接選挙で選出される。選挙人の総数は一〇万人を超えるが、うち圧倒的多数は市町村会議員であり、農村部の町村が旧来通り細分化されたままで数が多いため、保守的な傾向の強い農村部の利害が強く反映されることになる。

(4)ひとりの人間：大統領を指す。

(5)公務の兼任：フランスでは、市町村長と国会議員あるいは大臣など、公務の兼任が広く認められている。

(6)～問題を解決する：フランスでは、「地方被選挙人の公務は市民の義務」との考え方から、地方議会議員、市町村長の手当は極めて低い（大都市の市会議員で月額数万円程度）。このため、本来の職業を続けながら、公務のさいには仕事を休んで行なうのがふつうで、被選人への負担が大きく、また公務に専念するのが困難な場合が多い。一方、国会議員はフルタイムの議員職とされ、報酬も充分だが、任期終了後や落選後の職場復帰や再就職が極めて困難なため、一般市民が立候補し難いという問題がある（この点は日本も同じ）。

すなわち権力の委託の概念にもとづいた国であるということだ。選挙から次の選挙までの間、政治家たちは市民に背を向けている。その間にも市民が代表者をチェックし、腐敗と闘うために権力への対抗手段の可能性を拡大し、民主的な議論をもう一度活性化できるようにしなければならないのである。

最初に必要な改革は、あらゆるレベル（市町村、地域圏、国）で市民のイニシアチブによる住民投票の制度を導入することだ。これは、スイスのように最小限の署名で請求できるようにすべきだが、人権に反するものは適用外とすべきである。

集団生活に真に参加するということは、あらゆる情報へ自由にアクセスできるということでもある。世論調査など市民の意見を聴く手続きを、今のような単なる模擬調査《シミュラークル》にしておいてはならない。現場の当事者と同じ表現の自由を一般の人びとや市民団体に与えることで、あらゆるレベル

持しており、その活動資金を大幅に増強しなければならないと考えている。しかし他方で、法により企業の活動を今よりもはるかに透明にすることも必要である。たとえば、従業員の代表が、会社が作っている従業員についての書類やデータベースにアクセスする権利を保障することも必要だ。刑法の抑止条項を強化して、差別や従業員の権利侵害をよりきめ細かく処罰することもできるだろう。

民営であれ公営であれ、市民企業とは、賃金や労働条件はいうまでもなく、自分たちが生産しているものの社会的有用性、汚染や廃棄物、直近の環境や企業から離れた場所で発生するかもしれない公害といった問題についても、人びとが議論できるような企業なのである。近隣住民や消費者など、企業に関係するすべての個人や集団を含めた諮問機関が必要だ。すでに、市民団体の「アジール・イシ」、「環境のための行動」などに見られるように、消費者はホルモン漬けの仔牛から倫理的貿易といった問題まで、企業に説明を求め始めている。

欧州連合のレベルでも、ヨーロッパ法における企業の定義に、様ざまな形の共同意思決定を盛り込むことができる。だが、それは緑の党がその構想《プロジェ》の中心に置いている人びとが共に起業し、集団で意思決定することのできる場としての、「市民セクター」の主要な特徴のひとつでもある。

で独立の情報や対抗的専門家調査が容易に得られるようにしなければならない。あらゆる意思決定に先立って、意思決定の下地となるあらゆる書類、あらゆる調査に簡単にアクセスし、閲覧できるようにする必要がある。

緑の党議員のマリ・クリスチーヌ・ブランダンが一九九二〜九八年に議長を務めたノール・パ・ド・カレ地域圏では、様ざまな問題をめぐって、一般市民も含めた異なる立場からの討論会が多数行われた。討論の内容は文書の形にまとめられ、それが緑の党の政策「計画」の土台となった。「雇用と労働のための地域圏大会」、「文化討論会」、「健康大会」、「鉱床常設会議」、「漁業地域圏会議」、「地域圏高速輸送（ＴＥＲ）のユーザー研修・意見聴取計画の作成など、いくつものイニシアチブで、市民に主役が与えられた。これらの実施にさいしては、報告書が作成されるとともに、各当事者による事後評価が行われた。

市民企業——宣伝から現実へ

1980年代以降、経営者の口から「市民企業」という言葉がひんぱんに聞かれるようになったが、それは企業の社会的責任が語られるときに限られている。その一方で、企業内部での市民権について語ることは「経済万能」社会のスムーズな発展を妨げるものとしてタブー視されている。過去百年にわたる闘いの成果である労働権は、法改悪のターゲットにされ、ますます骨抜きにされている。企業とは、なによりもまず階級構造によって機能するものだ。このため、経営について従業員の意見を聞くことはせず、生産第一主義のイデオロギーに従業員を心理的に巻き込もうと、ことさら努力するのである。

緑の党は、意思決定への参加という原則は企業の内部にも持ち込むべきものだと考えている。まず最初に、従業員を権利と自由の侵害から守ることは、最低限の必要だ。企業内での移動の監視、私生活への介入、自由、とくに表現の自由の行使を制限する様ざまな禁止事項、従業員の性格や意見に関する評価を記載した書類やデータベースの作成、上司や重役によるセクハラ、とくに待遇や解雇をめぐるさまざまな象徴的暴力、人種差別、女性差別、雇用差別（公安局と手を組んだ内密の身元調査）など、多くの場合、企業は依然として監視と服従の空気が支配する無権利地帯なのである。

当然のことながら、緑の党は、従業員の代表や組合、労働査察局の共同行動を支フランス全土で、緑の党の活動家は、「専門家」と称する人びとが勝手に公益を提案したり決定することを拒否し、新しい社会運動の発展や、様ざまな分野での多様な集団の誕生に参加している（他の章すべてを参照！）。

意思決定はできるだけ市民に近いところで

緑の党は、現在中央に集中している一部の機能を地域圏に移行するとともに、国家がもっている特定の権限の欧州連合への移行を継続することによって、地域圏とヨーロッパの比重を今よりも大きくすべきだと考えている。これをひと言で表現したのが「ヨーロッパ連邦のなかのフランス連邦」というスローガンだ。

このふたつの動きを導くためには、補完性と連帯を切り離すことができない。補完性の原則にもとづいて、当該レベルで適切に処理できる案件をその上部の行政区域レベルに委託することはしない。だが、発展と豊かさの格差をこれ以上拡大しないためには、様ざまな行政区域単位が、相互援助、経験の共有化、富や進歩の分かち合い、調和と協調に基づく発展など、連帯の原則を実践する必要がある。こうした地域圏の増強を補う形で、県の段階を廃止するとともに、市町村の合併や市町村間の協力、郷《くに》の創設をもっと促進する必要がある（二二〇頁「国土整備」、二一一頁「地域圏」、一〇〇頁「ヨーロッパ」の各章参照）。

地方分権化がもつマイナス効果とは、国の権限を市町村や県議会、地域圏議会に移行するさいに、公的な職権の断片をバラまき、取引の機会を増やしてしまったことだ。地方行政権が肥大化してしまったのである。市町村長や地域圏議会議長、県議会議長ひとりの手に権力が集中し、権限の委任や再取得がいつでもできるようになっている。建設認可や保全地区の指定、ハイパーマーケットの出店認可が、権力をいともたやすく現金に換える機会を提供しているのである。

問題は市町村長や地方議員だけではない。国の官吏も、誘惑に屈するようにすべてが仕組まれているとさえ言えそうな状況がある。たとえば、施設課の官僚の一部は、地方自治体のために行った工事の数に応じて追加報酬を受け取る仕組みになっているのである。

地方政治を民主化するためには、あらゆる形の個人権力と闘い、集団的な意思決定を優先する必要がある。市町村長、県議会議長、および地域圏議会議長の権力は、各議会そのものに移行すべきだ。市町村役場の外に、希望する市民なら誰でも入れる常設委員会を置き、あらゆる開発計画について諮問を義務づけるとともに、重要な選択については住民投票を行うようにすべきである。

大都市圏では、あらゆる権限を有する市区役所に諮問や意思決定の場を集中させることをやめ、関係する市民やユーザー団体、市や区の出張所などにもっとも近いところに置くべきである。街区協議会（普通選挙で選出するか、またはくじ引きで決めた住民代表で構成）を設置する必要がある（一二八頁「都市」の章参照）。

市民権と国籍を切り離す

さらに、民主主義の中では、すべての人が発言権を持っていなければならない。フランス革命の理想にならって、われわれは、自治体を構成する地域内に住むすべての住民は、その民族的出身や宗教、さらにその国籍の如何を問わず、その市民であると考える。

緑の党は、当面は法的、制度的問題の少ない地方と欧州レベルの選挙について、五年以上在住している外国人住民すべてに対し、投票権を与えるよう要求している。

地方選挙での外国人の投票権は、すでにヨーロッパの他の諸国で実施されているものであり、危険なユートピアなどでは全くない。それは意識変革、とくに排外主義のデマゴギーを撒き散らす候補者の意識変革に寄与するはずだ。

緑の党の政策提案

制度の改革

●立法権の強化：国民議会の日程をバランスのあるものにし、議員提出の法案を検討できるようにする。委任採決[訳注(7)]の制限。法の適用の監視、行政の監視および評価を任務とする国会報告委員の任命。

●共和国大統領の権限の改定。とくに共和国憲法第一六条を改正し、国会解散権、任命権、さらに法律には明記されていないが事実上行使されている首相、大臣の罷免権を改定する。

●司法の独立：検察庁の捜査決定に対する法務大臣の干渉の可能性をすべて廃止する。司法官職高等評議会の権限と自立性を強化する。憲法評議会への提訴権を市民に開放する。

●あらゆるレベルの選挙で比例代表制を採用する。

●上院を廃止し、「地域圏議院」を新設する。

●あらゆるレベルで市民の発議による住民投票制度を導入する。

●当面は地方選挙について、五年以上フランスに在住している外国人に投票権を認める。

●男女比の規定を憲法に盛り込み、被選議会を構成する女性の数を少なくとも男性と同じにする。

●公務の兼任を二件までに限定し、うち一件は責任の軽いものとする。任期を最高五年とし、再任は一回までとする。すべての公職について、被選挙人年齢の下限を一八歳に引き下げる。

公民としての生活を変える

●公共政策を網羅的に評価する。意思決定を透明化する（あらゆる決定に先立って、市民がすべての書類、準備調査にアクセスできるようにする）。

●すべてのレベルで、情報を得る権利と手段、少数派議員や市民団体、市民による監視と対抗的専門家調査など、権力への対抗手段を増強する。

●被選挙人の身分改善。とくに社会保障の適用、民間出身の被選挙人に対する公務員なみの規定の適用（任期終了後の職場復帰）、市町村の公職報酬の改善など。

●立候補者の資産を、会計検査院または地方会計院の管理の下に公開する。

●候補者が一定数の選挙人の支持を集めた場合には、実際の得票率の如何を問わず、選挙運動資金の完全払い戻しを行う。

地方の民主主義を強化し、組織化する

●地方分権化を継続する。地域圏、郷《くに》、都市圏の予算を増強し、県を廃止する。
●市町村間の接近を促進し、複数市町村にまたがる代表機関の直接選挙による「郷《くに》」の新設を奨励する。
●地方行政への合議制導入。
●海外県・海外領土住民の自決権を認める。地域および領土における制度の民主化を前提として権限を拡大する。

訳注

(7)委任採決：フランスでは、国会議員は採決のさいに委任にもとづいて他のひとりの国会議員の代理投票を行なうことが認められている。

公職兼任もそろそろ終わり
「ワシも国家元首と大統領の兼任ができなくなるのか」

女性

平等をめざす女たちの道のり

緑の党は、女性の闘いを最も重要なものと考えている。それは何よりもまず女性自身の権利と男女間の関係のために重要であるだけでなく、真の市民権の実現のために、また持続可能な発展とより平和な世界のためにも必要不可欠である。

これはまさしく人間関係の革命と呼べるものだ。フランスでは、妊娠のコントロールが可能になったことと、「労働界」への大量進出によって、女性はものの数十年の間に自立性を確立した。女性団体や女性ＮＧＯの圧力によって、多くの国で状況は変わりつつある。だがそれは、前進しなければ必ず後退してしまう長い道のりだ。女性解放は、女性を古い秩序へと押し戻そうとする原理主義や国家主義の壁に行き当たっている。問題は、宗教によるものか否かを問わず、こうした擬古主義に止まらない。超自由主義の経済は、女性の獲得してきたものをもっと巧妙に脅威に曝している。この経済が依拠しているのは家父長制という旧い土台であり、すべての社会システムがこの土台の上に築き上げられている。この退行現像はヨーロッパも例外ではない。

自分の身体を自分のものにするという根源的権利

みずからの命を自分のものにし、妊娠を拒否する権利は、長く苦しい闘いのなかで、少しずつ獲得されてきた権利である。フランスでは、家族計画センター関連の予算は少なく、ピルの三分の一が保険の適用外であり、避妊研究が減速しているなど、避妊が冷遇されている。男性のコンドームは、エイズによってマスコミで大々的に取り上げられるようになったが、コンドームだけが使われるようになったことで、女性はみずからの避妊の権利を剥奪されている。妊娠した思春期の女性のますます多くが中絶に頼るようになってきている。ヴェイユ法[訳注(1)]は、予算不足のためにますます間違った適用のされ方をされるようになっており、反中絶を叫ぶコマンド部隊の活動も増えている。大々的な国際反中絶運動は、ローマ法王庁やオプス・デイ[訳注(2)]のような力のある機関の支持の下に、すでに学校のなかにまで影響力を行使するに至っている。

一般的に、生殖や親子関係の領域では、生物学的な見方にもとづいたイデオロギーによる攻撃が見られる。なかには、「母なる自然」という神話とエコロジーとをない混ぜにしようとして、みずからの身体を自分のものにしようとする女性の闘いの足を引っ張る傾向も一部にある（一八六頁「極右」の章参照）。緑の党は、こうした混同に反対する。自然が介入するのは妊娠の生理学的側面だけであり、身体と女性の人生を傷つける決断には、重大な覚悟が必要だ。これは、文化と歴史が刻み込まれた行為なのだ。出産を決意するか拒否するかを決めることができることによって、今日、女性は自立と責任の面で前進することができるのである。

大多数の女性は依然として家庭に縛られているとはいえ、家庭が人格権を尊重しながら一人ひとりの開花を許す状況のもとでは、多くの女性が依然として暴力と抑圧の場であることがあまりにも多い伝統の独房生活を問い直している。結婚よりも同棲を好んだり、ＰＡＣＳ（市民連帯契約）（一四頁「序」参照）を望む人は多いが、安定的な関係をすべてあきらめて片親家族や独身を選び、困難の多い孤独に甘んじている人もいる。

自立とは、自分固有の性生活を生きる権利でもある。多くの女性は、図式的な性の分業を問い直し、これまでとは違う異性関係や、子供の変化を尊重し画一化を拒否する新しい教育を求めて闘っている。支配的なモデルよりも批判精神の強いこの立場は、ゲイやレスビアンの闘いにも合流し、社会を根源からつくり直そうとしている（一五七頁「教育」、一九八頁「ゲイとレスビアン」の章参照）。

欺瞞に満ちた「私生活と仕事の両立」論

経済的独立の必要が高まり、出産制限が可能になったことで、女性の職場進出は加速している。一九六二年には、二五～四九歳の女性のうち就業している女性は四〇％だったが、一九九八年現在は七八％に増えている。だが、職業上の平等を定めた法律ができたにもかかわらず、女性の賃金は男性よりも低く（二〇～三〇％低い）、業種も「女性向き」とされるものに偏っているなど、不平等はいまだに解消されていない。職業教育や進路でも、ステレオタイプ化が頑として残っている。

超自由主義的政策は、雇用における男女平等と対立するものである。若年層で女性の失業率は男性よりも三〇～五〇％高いなど、失業の増大はとくに女性に厳しい。フランスでは、社会保障の上限所得[訳注(3)]に達しない女性が九〇％にのぼっている。

家庭生活と仕事の両立が今日ほど取りざたされたことはない。だが残念ながら、この議論の対象になるのは

訳注

(1)ヴェイユ法：フランスで初めて妊娠中絶を合法化した法律。女性大臣のシモーヌ・ヴェイユ保健相の下で一九七五年施行。

(2)オプス・デイ：Opus Dei。一九二八年にスペイン人神父ホセ・マリア・エスクリーヴァ・デ・バラグエルが創始した新興カトリック団体。各自の生活条件に応じて、とくに職業活動を通してキリスト教の徳を体現して福音を広めることを提唱。知識人・官僚・政治家など有力者をターゲットにした勧誘活動に力を入れ、一九六〇年代にはフランコ独裁政権に多数の閣僚や官僚を送り込むなど、権力の中枢に大きな影響力をもってきた。一九九八年現在、世界八〇カ国に会員数七万七〇〇〇人をもつ。反動勢力や個人の利権と深く結びついており、「聖マフィア」の異名もある。

(3)社会保障の上限所得：社会保障負担額の算定では、所得を課税標準のひとつとする累進制が採られているが（他に家族構成など）、一定所得以上は累進が止まる仕組みになっている。フランスでは、平均的な生活水準を維持できる所得レベルとしてこの上限が決められており、物価指数等を勘案して毎年改定される（二〇〇一年一月現在月額一万四九五〇フラン）。このことから「人並みの生活を送るために必要な所得レベル」としてしばしば引用される。

いつも女性だけだ。現実には、男性も同じ問題を抱えているのであり、男性の働き過ぎが私生活や人間関係を疎外しているのである。女性に対しては、パートタイムが「女性向けの」回答として差しだされているが、低賃金業種（商店、サービス）ですでに規範となっているパート採用は、大きな利潤をもたらす雇用主側の選択でしかなくなっている。女性側にとっては、保障のない部分失業と薄給を意味するものでしかない。しかも、こうした業種では就業時間が不定の上に、切れぎれに決められることが多く、女性の生活がかき乱されてしまう。両立の結末は、両立とは逆のものなのである。

こうした不安定な条件のなかで、今日多くの女性が幼い子供の育児をして育児教育手当（ＡＰＥ）[訳注(4)]の給付を受ける決断をしているが、ＡＰＥの額は最低賃金の半分に過ぎない。一九九八年現在、この給付を受けている女性五二万人のうち、三年間の給付期間が終わった後に再就職できる女性が何人いるだろうか？　パートタイムやＡＰＥは、男女の分業をひと昔前の状態に引き戻すものであるだけでなく、一方には多くの場合失業中かパートで低賃金を余儀なくされている女性がいて、他方にはキャリアにしがみつこうとする女性がいるという、冷酷な二重構造社会による女性の分断をもたらすものなのである。家庭保育手当は、家で「ばあや」（実際には「召使い」）を雇うことができるキャリア女性に大きな利益をもたらしている。

役割分担を拒否する

こうしたことすべての根底にあるのは、女性＝母、保「母」、育児をする人という、変わることのない固定観念だ。一般に、女性はこうした伝統的役割のなかに閉じこめられ、唯一家事と教育だけに責任を負わされている。男性が女性の役割を引き受けている家庭もあるにはあるが、二人の子供を持つサラリーマン男性が家事に割く平均時間は、一五年前に比べてわずか一五分増えただけであり、家事の分担はほとんど変わっていない。

さらに状況を悪化させているのは、公共サービスを襲っている予算削減の嵐で、多くの場合女性を家に押しとどめる要因になっている。たとえば、幼い子供を持ち、高齢あるいは病気の老人を抱える母親は、家庭に引き戻され無償の労働を強いられることになる。三歳未満の幼児で保育所に入れるのはわずか九%と、共同保育所不足は極めて深刻だ。また、若者の自立が不可能（職もなく、最低同化所得[訳注(5)]も受けられない）な場合には、子供にすねをかじられるだけでなく、「母としての役割」を果たさねばならない期間が不当に延長されてしまうのである。

こうした有害な経済政策は、必要に応じて「象徴的秩序」を持ち出し、男や女に相も変わらぬ役割を押しつける心理攻勢も伴っている。「いい」家族という神話は、あらゆる政治党派に浸透しているのである。

こうして、妻であり母であるという理想主義的欺瞞にみちた道徳秩序（これは母親を男の子供に対して「必然的に」去勢的かつ幽閉的にするとする人もいる）が、売春婦やセックス・シンボルの女性との対比のもとにできあがる。広告が「からかい半分」を言い訳に、こうしたあこがれにつけ込んでくるのとは裏腹に、現実はお寒い限りだ。ポルノグラフィー（暴力的なものが多い）はおいしい市場となり、世にはびこっている。売春はありふれたものになり、ひとつの生業として提示されているが、実は収入のない多くの若者にとって必要に迫られた行為であることが明らかになっている。緑の党は、こうした形の奴隷制度を告発し、人間の身体は疎外できないものであることをあらためて主張している。

男支配社会を終わらせる

女性の地位を改善するさまざまな法律ができたが、必ずしも適用されているとはいえないし、充分なものでもない。役割分業や言語、生活のリズム、興味の対象などの点で、社会は依然として男支配の刻印を残してい

訳注

(4) APE：①満一〜三歳の幼児を二人以上育児すること、②正規就業またはパート労働を行わないこと、③育児を行う二番目の子供の誕生前の五年間に二年以上働いていることを条件に、育児者に対して給付される家族給付金制度。

(5) 最低同化所得：長期の失業者が完全に社会から排除され、社会復帰ができなくなるのを防止するために設けられた、一種の生活保護手当。

る。これは、女性が、決定権がないという眼に見えない囲いからなかなか出られないことの反映でもある。前の国会では、議員会館のなかの女性はわずか五％にすぎず、緑の党などいくつかの政党が努力をしても、一九九七年の総選挙でその倍という「輝かしい」結果しか得られなかった。

男が自分たちの領分から女を簡単に排除できてきたのは、女の多くが自分たちの行動を制度の周縁に位置づけてきたからでもあった。男らしさを求める慣行への拒否、別のやり方で生き、闘いたいという欲求から、女たちは市民団体の形を優先する傾向をもつことが多かったのだ。だが、フランスでもＥＵ内部でも、政治機関のなかでも平等に代表を送るという新しい要求が女たちを動かし始めている。

この男女比の強制を実践し、党規約に盛り込んだのは、緑の党が初めてだった。われわれはすでに、この措置を取らなければ、女性が権力のある地位から排除されたままになるという確信があったからだ。また、政治のベテランたちをかき廻す女性がいるということが、「これまでとは違う政治をする」ためのテコになるという自覚もあった。

目的は、社会の統治に真の混在を実現するとともに、公の生活のあらゆるレベルで、平等な協力の下に意思決定を行うことにある。フランスでは、思い切った措置によってしか、男女比の平等は達成できない。男女比の平等を規定する選挙法の採決は、憲法の改正によって、そして憲法改正によってのみ許される。また、政党の支援や機能の仕方も改定する必要がある。これらは現在、男のために、男によってつくられたものであり、日常生活から切り離されたところで、男の機能、「政治家」としてのキャリアという手垢にまみれてしまっている。女たちが大量にこの決闘リングに乱入すれば、これを根底から揺るがすことになるだろう。

女性の進出とエコロジスト構想

女性の「運動」が前進を示したまさにそのときに、また以前のような闘いが甦ってきた。フランスでは、女性の権利を求め、道徳秩序の復活に反対する闘いを通して、かつてのような大動員が再び行われるようになり、一九九五年一一月には五万人がデモに集まった。それ以来、女性の権利を求める全国組織の下に、緑の党をはじめ一五〇団体が結集している。一九九七年三月の大会には二〇〇〇人が集まり、要求項目を検討した。二〇〇〇年には、女性を苦しめている貧困と暴力に反対する世界行進という、ケベックの女性たちが開始した大きな運動が行われることになっているが、すでに五つの大陸で準備が始まっている。この女性の行進は、ＩＭＦ、世銀、国連など、世界経済の拠点に向かって進むことになっている。この計画を中心で動かしているのは、女たちみんなが一緒になって、今よりも思いやりがあり、正義にかなった、責任ある、いい世界を求めて闘っているという確信だ。

女性たちが自分の運命をみずからの手につかんだところでは、女性たちは衰退のなかでもがく社会を突き動かしている。第三世界の至る所で、顔を上げ、出口を探し、関係を紡ぎなおしているのは、多くの場合女性たちなのである。そのことは、リオ（一九九二年地球サミット）でも、カイロ（一九九四年人口会議）でも、北京（一九九五年女性会議）でも見ることができた。女性たちのＮＧＯは固い決意をもち、創意に満ち、持続可能な発展を念願している。世界は、女性たちがもたらしているものを評価する必要がある。

エコロジストの構想には、女性たちのこの闘いが織り込まれている。その理由はまず、この構想は、盲目的で不平等な成長という、この社会の機能のしかたを問い直しているからだ。競争の代わりに、一人ひとりの価値を認めることができ、「異なる」からと人をのけ者にしない連帯を前面に置くのである。緑の党は、多様性がわれわれの社会にとって豊かさであり、レッテル貼りをすることなく多様性を認めることで、真の平等に向かって前進し、みんなの必要によりよく答えることができると考えている。紛争の非暴力的解決を求め、脱原子力を求めて闘う緑の党を突き動かしているのは平和と将来世代への思いであり、この思いは、一般に男性よりも女性によって共有されている。さらにエコロジストは、何もかも飲み込んでしまい、日常生活のバランスを破壊する「仕事の世界」や、社会から人間味を奪い、バラバラにしてしまう私生活と社会生活の分断を非難する。この面で、エコロジストは、今よりも調和のとれた人間社会の建設に参画することをめざす女性の闘い

失業の最初の犠牲者は女性
「ワシが女性に親切なのには文句ないだろ」

に合流するのである。

緑の党の政策提案

●女性の身体と受胎能力をみずから制御する女性の権利を確立する。
●すべての男女の大幅な労働時間短縮を行い、自分のための時間や、私生活、家族生活の時間、そして家事を分担する時間を取り戻せるようにする。
●被選挙議会における男女比の平等を制度化する法律をつくり、公職および議員職の兼任を禁止するとともに、社会のあらゆる領域で意思決定を行う地位への平等なアクセスを女性に保証する立法を行う。
●女性も当事者であり、利益を受けるような開発計画の立案や国際交渉には女性や女性団体を参加させる。

ドイツ中道協定
「ル・ペン首相との会談は、非常にフランクなものでした！」

極右

常に監視の眼を！

国民戦線[訳注(1)]（ＦＮ）は、一五年ほど前から癌のように民主主義を腐敗させている。失業、経済危機、グローバル化への恐れ、そしてミッテラン前大統領の政治操作をカンフル剤として勢いを得たこのファシスト集団は、下品であると同時に巧みなデマゴギーに扇動され、一九八〇年代半ばから突如としてフランス政治の中心的立て役者となった。以来フランス政治は、極右政党とその唾棄すべき思想に対してどのような立場を取るかによって大部分が構成されるようになった。

極右支持票は分裂をものともせず生き続ける

多くの市民と同様に、エコロジストのなかでも国民戦線の人気は、これといって特徴のない既成政党に失望した選挙民の一時的な憂さ晴らしにすぎないと信じ込まれていた。だが、残念ながら、選挙のたびごとに、歴史はこの見方が間違っていたことを示した。ル・ペンやメグレ[訳注(2)]、そして彼らの手先たちは、ますます多くの票を獲得するようになり、多数の市町村を征服したばかりか、保守政党も活力を得て、かつてのナチへの協力やフランスがアルジェリアを併合した当時へのノスタルジーに訴える戦略をもはや隠そうともしない保守党議員さえ出てきている。

一九九八年末にル・ペンとメグレとの喜ぶべき分裂があったが、国民戦線の勢力は弱まったものの、驚くべきことに極右支持票は消えることがなかった。

これにはふたつの理由がある。まず、わが国の有権者のなかに潜在的にファシスト的傾向をもつ層があることだ。こうした層は、かつてのヴィシー体制[訳注(3)]や秘密軍事組織（ＯＡＳ）、フランスではドレフュス事件のときからすでにあった無意識の人種差別や反ユダヤ主義の流れをじかに汲むものであり、国民戦線が体現しているも

訳注

(1)国民戦線（ＦＮ）：フランスの極右政党。党首はジャン - マリ・ル・ペン。

(2)メグレ：Bruno Mégret 国民戦線の幹部でル・ペンに次ぐナンバー2。

(3)ヴィシー体制：ナチによるフランス占領期に、ヒットラーがフランスにつくらせたペタン傀儡政権によって敷かれた対独協力のための体制。

エコロジーも極右の争点に

議論の混乱をねらって、人種差別主義の理論家たちは、長い間、科学の概念や環境主義的な議論をねじ曲げ、背筋の寒くなるような彼らのアイデンティティー観を正当化しようとしてきた。メグレは、新保守の仲間とともに、こうしたオーウェルばりの操作に長けた政治家だ。

国民戦線はまた、選挙での票のかき集めのために、動物保護ではブリジット・バルドー（夫は極右幹部）など、有名人をよく使う。

場所によっては、極右活動家が環境保護の市民団体に入り、乗っ取りを図ったこともある。だが、成功した例はほとんどない。1990年代の初めには、ネオナチ集団の「新レジスタンス」が、緑の党の若者の運動に潜入しようとしたことさえあった。ただし、その企みは早い段階で完全に挫かれた。

こうした乗っ取り作戦を許すわけにはいかない。根本的に人間主義《ユマニスト》であり、また自由主義、平和主義、普遍主義を標榜している政治的エコロジーは、人種差別や独裁、軍事主義、国家主義イデオロギーに対して全面的に反対する。フランスの政治組織の綱領全体を詳細に分析した研究によると、国民戦線の綱領に対してもっとも根本的に対立しているのは、あらゆる領域を通して、緑の党であるという。

のとイデオロギー面で完全に一致している。確かにこうした層はマージナルな存在に過ぎない（五％未満）が、存在しているのは事実であり、暴力、場合によっては極端な暴力に走ることも厭わない、活動家の言葉を借りれば、政治的表現の手段を求めているのである。

極右支持票がなくならない二つ目の要因は、国家制度や伝統的保守の政治機構（自由民主主義＝ＤＬ、共和国連合＝ＲＰＲ）のなかで無視できない地位を占めることに成功した極右または極端な保守勢力のネットワークがあることだ。

緑の党は、エコロジスト社会の構想を力強く推進することによって、ファシスト運動という災厄をバネに政治的多数を獲得し、公共の利益のために彼らをあらゆる形の権力から恒久的に排除する責任を負っている。

緑の党は、ますます悪化して行く状況に対して行動する決意を固めている。一九九七年、緑の党全国委員会は、極右反対委員会を設置し、この問題に対する党としての行動をまとめ、強化していくことを全会一致で決めた。

その最初の行動として、緑の党は国民戦線が握っている四つの市でファシズム反対の闘いを進めている市民団体の支援のために、緑の党の週刊機関誌「ヴェール・コンタクト（Vert Contact）」を通して全国からの寄付を募った。集まった募金は、四等分し、四市の市民団体に寄贈した。今日、このような活動をする政治団体は緑の党以外にないだけに、この問題に関心をもつ人びとから高い評価を得た。

これと平行して、一九九八年には、緑の党議員が、国民議会の財政から市民団体「ラ・ルフロン」に補助金を出させることに成功した。一九九〇年に始まったこの運動は、最大の反極右市民運動で、全国に一五〇の地方委員会をもっている。メンバーはますます闘う姿勢を強めており、緑の党のシンパも多い。

保守党と国民戦線の連合が多数を握っている地域圏議会では、緑の党の議員や活動家が、現代史の最悪の時期を彷彿させるこうした協力関係を非難し、崩壊させる困難な闘いをねばり強く続けている。彼らは、左翼―緑連合に属する他の議員とともに、みずから進んで極右の捕虜となった保守政治家（ミヨン、ボール、ブラン、スワッソン）を地域圏議会議長のポストから辞任に追い込むためにあらゆる手を尽くしてきた。ローヌ‐アルプ地域圏では、この戦略が功を奏して、緑の党のエチエンヌ・テット地域圏議会議員が一九九八年末、シャルル・ミヨンの地域圏議会議長選出を無効にする判決を勝ち取っている。その後、左派が候補擁立を辞退し、反国民戦線派のフランス民主連合（ＵＤＦ）女性候補、アンヌ‐マリ・コンパリーニが選出されたことは、保守党とファシスト党の共謀に反対する民主主義の勝利だったといえる。

それ以前にも、ル・ペンが人種の不平等を唱えて勢力を拡大していた一九九六年に、当時ノール‐パ‐ド‐カレ地域圏議会議長（緑の党）を勤めていたマリ‐クリスチーヌ・ブランダンは、国民戦線派議員に議会の外部代表職（とくに学校関係機関への）を辞退させることを議会に要請することによって、地域県議会議員にみずからの責任を突きつけようとした。だが、残念ながら、保守議員はこの動議そのものに反対したのだった。

だが、他の国の民主勢力と連携してナチの「新秩序」へのノスタルジーを、本来それにふさわしい場である政治の辺境へ押し戻したいと望むならば、緑の党にできることはたくさんある。緑の党の価値観は、あらゆる領域（政治、経済、社会、哲学など）で国民戦線が広げようとしている価値観と真っ向から対立するのであり、緑の党は、何よりもまず、その価値観を推進する活

反極右監視全国委員会での緑の党

緑の党は、反極右監視全国委員会に積極的に参加している。約60の市民団体、労組、政党が集まるこの連合体は、1997年初めにストラスブールで行われた国民戦線の総会に対する大規模な反ファシストデモの直後に結成されたものである。緑の党は、この記念すべき大デモの成功に全面的に協力した。

1998年に、反極右監視全国委員会は、緑の党から自前の議員を出しており、緑の党全国事務局のジャン‐リュック・ベナーミアスが、フランスの「進歩派」団体をすべて結集している唯一の運動であるこの連合体のコーディネータ２人のうちの１人に選ばれている。

多くの街や県、地域圏で、緑の党は、反極右監視地方委員会や、これと同じような団体で、中心的役割を演じている。

動を続けて行かなければならない。

　とくに緑の党は、社会から排除されているすべての人びとと、この社会を根底から変えたいと願っているすべての人びとのための真の政治的オルタナティブとして、みずからを位置づけている。

移民

近い日に、国境が開放されるために

不法滞在、出入国管理局、亡命権、同化………。何年も前から、こうした言葉がフランス政治の場で繰り返され、矛盾に満ちた熱い議論を巻き起こしている。この問題について緑の党は、持続可能な発展など長期的なエコロジーの展望と、非暴力、民族間の協力を基本とする独自の立場をとっている。ベルギーが外国人住民に投票権を認め、ギリシャやポルトガル、イタリアが滞在許可のない外国人を合法化し、ドイツが国籍の出生地主義[訳注(1)]の確立を検討している今日、緑の党の立場を主張する機は熟している。

近視眼的、使い捨ての政策

一九六〇年代から七〇年代には、フランスの経営者たちは移民労働者をチャンスと見なしており、当時のポンピドー大統領も「移民労働者は、労働需給の逼迫を緩和し、社会的圧力に耐えるための手段である」と発言することができた。当時は、まず移民労働者が入国し、その後に定住を認めるという形をとっていた。一九七三年の石油ショック、というよりもむしろ、人間ではなく機械を基本にするという産業の新しい選択の結果、

訳注

(1)国籍の出生地主義：両親の国籍を問わず、国の領土内で生まれた子に対して自動的にその国籍を認める国籍制度。これに対して、出生地に関係なく、父または母がその国の国籍をもっているときに子にその国籍を認める血統主義がある（ちなみに日本はかなり厳密な血統主義）。

政府はそれまで移民労働の奨励から突如として抑制に転じた。当時の漫画が示しているように、外国人は汁をしぼったあと捨ててしまうレモンのような存在になったのだった。しかし、すでに定住していた移民労働者はフランスに残留し、家族を呼び寄せたし、新たな移民労働者の流入も止まらなかった。失業の増大にもかかわらず、産業界は外国人の雇用を続けたばかりか、労働者を求めてわざわざ外国へ出かけて行くことさえあった（たとえば鉱業でのモロッコ人）。

一九八一年のミッテラン政権誕生後、しばらくは実際的かつ人間主義《ユマニスト》の政策が取られた。左翼政府は一三万人の許可なし在留者を合法化し、一〇年間の労働許可証を出すとともに、近親者との同居に門戸を開き、結社の権利を認めた。だが、その後は急速に、行政の恣意やますます門戸を狭める立法を通して、弾圧の論理が再び優勢になり、入国拒否が増え、家族で住む権利だけでなく、亡命権も尊重されなくなるなど、外国人の権利侵害が目立つようになった。その後の保守の政権返り咲きで、状況はいっそう深刻になった。戦後の移民政策の土台を定めた一九四五年一一月二日の制令は、実に二四回も改定されたのだった。

政治家の頼みの綱としての移民労働者

移民労働者が「問題」であるという考えは、まず極右の政治宣伝の中軸として引き継がれ、その後、共産党系の市長が何人も「許容限度」の議論を始めたり、ロカール[訳注(2)]の「世界中の窮乏をすべて」受け入れることができないという意見への支持表明、移民の発する「喧噪と異臭」を嘆くシラクの失言など、ほとんどの政治勢力がこの考えにお墨付きを与えた。法律も同じ道をたどった。この状況は、共和主義にもとづく同化プロセスを弱体化するとともに、外国人の状況をさらに不安定にするものである。

政治家によるこうした移民労働者の利用によって、在留外国人（つまり現在非フランス人である人）と移民（非フランス人で外国生まれだが、多くはフランス国籍を取得した人）との混同が温存されることになる。排外主義の論理は、れっきとしたフランス国民の四分の一を、外国出身というだけで中傷しているのである。

この歴代の政策の成れの果てがパスクヮ‐ドブレ法だ。[訳注(3)]これは、許可なし滞在者運動の発端にもなった。この運動は、一九九六年三月一八日に三〇〇人のアフリカ人がサン‐タンブロワーズ教会を占拠したことから始まった。彼らはこの教会を追われて三カ月にわたって路頭に迷った末に、サン‐ベルナール教会に受け容れられることになった。このグループはこのときからサン‐ベルナール集団と名乗り、運動のシンボルとなった。ジュペ保守政府の下、警官隊が教会の扉を斧で壊して突入し、一九七四年の移民受け入れ中止以来、保守左翼を問わず引き継がれてきた「移民のフロー管理」なる政策の実体がどのようなものかを白日の下に曝したのだった。

一九九七年のシュヴェヌマン法（入国および滞在に関する法律）とギグー法（国籍に関する法律）によって、一定の前進（家族で住む権利、帰国・再入国の自由の改善、以前よりはましな出生地主義の考え方への復帰など）は見られたものの、それまでの論理と縁を切ったわけではなかった（三九頁「国民議会では」の章参照）。ジョスパン政府は、一九九七年六月二七日に合法化手続きを開始し、懸案の「許可なし滞在者問題」の解決をはかった。しかし、通達によって定められた条件やその適用が非常に制限の多いものであったため、大多数の許可なし滞在者が地下潜伏のままに放置されることになった。本稿執筆時点では、合法化を申請した許可なし滞在者一五万人のうち、六万三〇〇〇人が非合法のまま残り、しかも申請したことでブラックリストに載せられてしまっている。

現実には、彼らの多くが強制退去は不可能と見られている。したがって、彼らは非合法のまま生きて行かねばならないのであり、あくどい資本家やタコ部屋貸し商、詐欺師の偽造証書密売人の餌食となり続けるのである。約束通り全員の合法化が行われていれば、今頃はこの問題が話題に上ることさえなかったはずだ。それを

訳注

(2) ロカール：フランス社会党の中道派を代表する政治家。元首相。
(3) パスクヮ‐ドブレ法：一九頁の訳注(11)参照。

しなかったばかりに、許可なし滞在者の抗議と権利要求の運動は、今もさまざまな形で続いている。緑の党とその議員は、とくに身元引受を通して許可なし滞在者への関与を今後とも深めて行くつもりだ。

道具の論理に人間の論理を対置

移民の原因はおもに二つある。貧困と戦争だ（九三頁「平和」の章参照）。貧困は、法の保護がないためにいくらでもこき使うことのできる労働力を生み出し、戦争は、世界中をさまよう難民をますます多く生み出す。一九五一年の難民に関するジュネーブ条約制定の時点で一〇〇万人だった難民の数は、今日二八〇〇万人、自国内で難民になっている人を加えると五〇〇〇万人にのぼっている。

ますます経済格差が深まり、暴力の発生源が増加している今日の世界では、国境を閉じることで移民を防ごうとするのは無駄であり、幻想に過ぎない。実効性を望むなら、あらゆる行動は、富と同時に大量の排除される人びとや失業、不安定化をもたらす悪しき発展と、資本・商品移動賛美、そして移民の流れの弾圧と闘わざるを得ないはずなのだ。

移民労働者は、彼ら自身の国の開発の立て役者という使命を担っている。移民労働者一人が本国に送る仕送りと同じ経済効果を生むだけの経済発展を達成するには、一人あたり七万～一六万フラン（国によって異なる）の投資が必要になり、経済援助政策のコストは今よりもはるかに多額にのぼるはずだ。

道具の論理を人間の論理で置き換えなければならない。人間の論理とは、経済への影響がどうであろうと、まず人間が権利の主体になるということだ。これは道徳の論理であり、許可なし滞在者を受け入れるときの教会の論理である。教会は人質ではなく、貧困の証人にされたのであり、弱い者への連帯という移民に対する尊重によってこれに答えたのだった。また、これは仲介者の論理であり、建設的な対話の方向を示す論理であり、ブスケ[訳注(4)]に抵抗したマヌシアン[訳注(5)]がいたことを彷彿させる論理であり、人は領土によってつくられるのと同様に、領土もまた人がつくるものであるという論理であり、生まれながら「自由で平等の権利」を持っているのは

「すべてのフランス人」ではなく「すべての人間」なのだという論理である。これは、密告社会へと少しずつ移行しようとする狡猾な企みを感じ、大挙してデモを行ったたた人びとの論理なのである。

失業と移民労働者との混同、そして外国人を追い出してフランス人が働けば失業を減らせるなどという単細胞的考えをきっぱりと阻止しよう。多くの経済研究が「国民の賃金および雇用に対する外国移民のインパクトは、プラス面でもマイナス面でも、小さい」原注(1)ことを示している。反対に、ルクセンブルクやスイス、あるいはアラビア半島諸国の例を見れば、経済成長率の高い国は、外国人未熟練労働力を多く雇用している国であることがわかる。これは、移民労働者がキツい労働条件を甘受するためには有利な雇用でなければならず、移民先の国を選ぶさいには、ほぼ確実に雇用を見つけられる国であることが決め手になるからだ。

ヤミ労働を防止することも必要だ（ただし、ヤミ労働の九〇％はフランス人がフランス企業で行っている）。業種によっては、労働監督署も法を適用するすべがないために見て見ぬふりをしている。

新しい移民政策では、人権、働く可能性、援助契約、そして相互研修といった方向を切り開いていく必要が

原注

(1)マイナス面でも、小さい：OECD, SOPEMI, *Tendances des migratons internationales*, Rapport annuel de 1994, p. 177.

訳注

(4)ブスケ：ルネ・ブスケ［René Bousquet］（一九〇九～一九九三）。ナチによるフランス占領時代にフランスの警視庁長官に就任し、ユダヤ人（多くは子供）の収容所送り、レジスタンスの弾圧など、ナチに全面協力したフランス人。

(5)マヌシアン：ミサク・マヌシアン［Missak Manouchian］（一九〇六～一九四四）。アルメニア出身の共産主義者で、一九二五年から移民労働者としてフランスに滞在。ナチによるフランス占領時代、フランス共産党の傘下にあった「移民労働者部隊（ＭＯＩ）」のパリ地域責任者として、反ナチテロ活動を活発に組織した。しかし、「マヌシアン部隊」はフランス秘密警察により大多数が逮捕され、一九四四年に処刑された。その活動は戦後ほとんど知られていなかったが、一九八五年に初めて明らかにされ、フランス国民に深い感銘を与えた。当時のミッテラン大統領は、生き残った旧メンバーに国家に功績のあった者に与えられる「レジオン・ドヌール勲章」を授与した。

である。移民問題とは、治安問題ではなく、世界レベルでの持続的発展の問題なのである。

緑の党の政策提案

●国連憲章（一九四五年）、世界人権宣言（一九四八年）、ジュネーブ協定（一九五一年）、ローマ条約（一九五八年）など、人権を確立した国際的章典に土台を置く。

●フランス国内で、例外の権利である外国人の権利規定を廃止する（許可制であるために、禁止にもとづいた権利よりもかえってはるかに抑圧的になるため）。

●移民関連の法規全体に流れている「外国人は公共の秩序に対する脅威」という見方をすべて排斥する。

●現在、内務省にある外国人管理業務を中立機関に移行する（「独立の」フランス亡命者・無国籍者保護局（ＯＦＰＲＡ）のような形）。

●完全な国籍の出生地主義を確立し、フランスで生まれた子供に希望するすべての法的保護を得られるようにする。

●年間二〇〇〇万人の入国者のうち、一五〇万人のアフリカ人を対象とした差別的措置である短期滞在ビザを廃止し、自由な移動（世界人権宣言第一三条「あらゆる人は自由な移動と国内でみずからの住居を選択する権利を有する」）を確立する。

●次に、立法により、フランス領土に五年以上滞在した外国人に対して、申告のみでフランス国籍を取得できるようにする。

●フランスに五年以上生活している外国人に対して、手始めとして、地方選挙と欧州議会選挙の投票権を認める。

●亡命権を適用する。

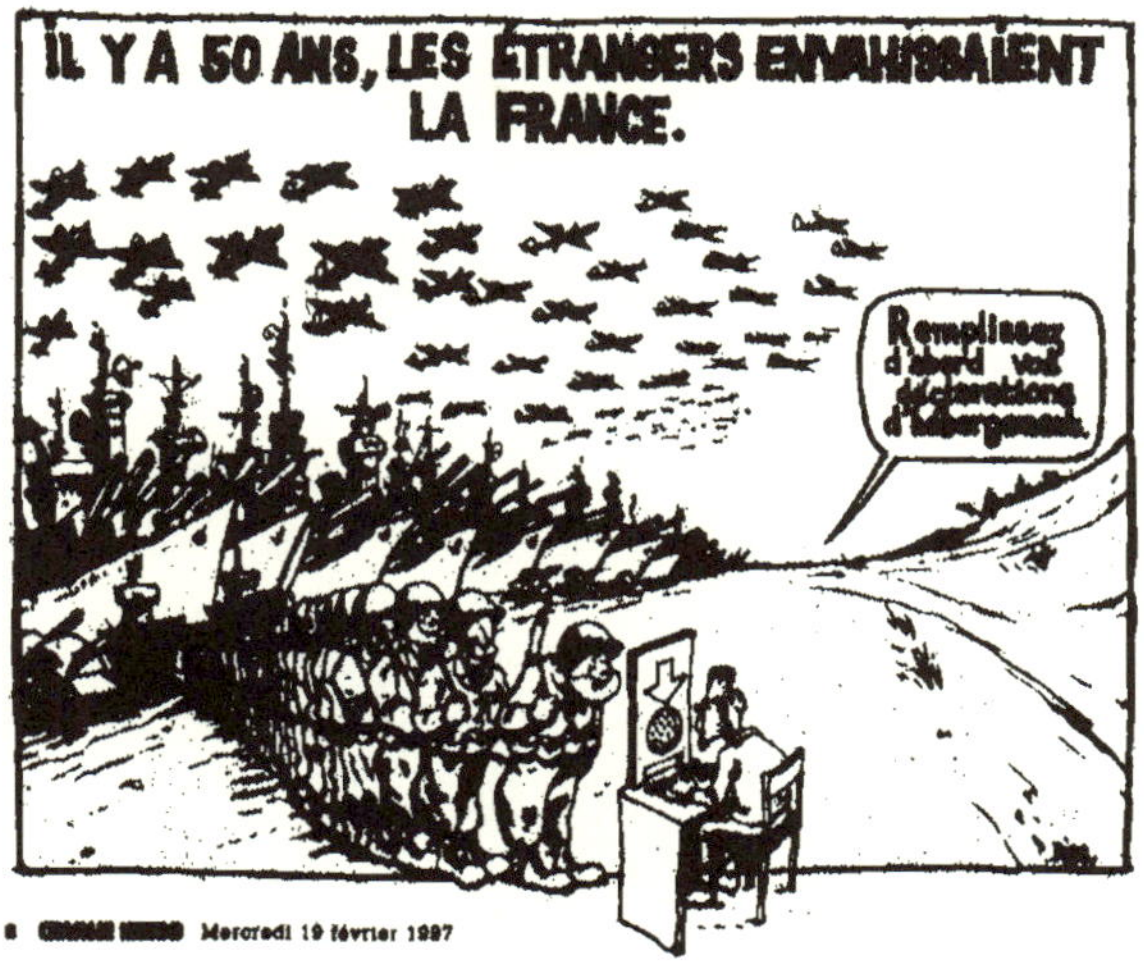

50年前にも外国人がフランスになだれ込んできた。
「まず、住居申告書から記入してください」

ゲイとレスビアン

ホモ嫌いは人種差別のひとつ

「われわれの欲望は秩序をかき乱す」——レスビアンの女性たちはデモでこう主張する。PACS[訳注(1)]（市民連帯契約）をめぐって、社会で大議論が沸き起こったことによって、社会のなかでゲイ運動やレスビアン運動が占めている位置をはっきりさせることができた。ある人は露骨に敵意を示し、またある人は気まずそうな顔をし、口ではPACSを支持していた議員たちも一九九八年一〇月九日の採決を忘れてしまうなど[訳注(2)]、権利の平等、個人の私生活や自由の尊重といった誰もが認める原理にもとづいた要求が、かくも多くの困難に直面してきたのはなぜだろうか。これは、ゲイやレスビアンが秩序を乱すためであることを認めないわけにはいかない。

法案に反対の意見を聞くと、PACSは（とくに同性愛者連盟の要求を容れたものであるため）物事の象徴的秩序を乱すものだという。結婚制度の根幹を揺るがし、家族制度を掻き乱すものとして非難されているのである。この法案には、これらのいずれの規定についても変更するような条項は一切含まれていないにもかかわらず。では、ここで言われている象徴的秩序とはどのようなものなのだろうか。

道徳的秩序、あるいは宗教的秩序となると、宗教は首を突っ込んでくるのが常である。これは、教会は象徴的なものを、国家は制度をという政教分離の原則を無視している。極右団体は、署名運動や中傷に満ちたビラまき、カトリック教会幹部のマスコミでの発言などを使って、PACS反対のキャンペーンを張っている。ここで分かったのは、クリスチーヌ・ブタン[訳注(3)]やミシェル・ピントン[訳注(4)]、ビエ司教、そしてベルナデット・シラク[訳注(5)]の間にはいかなる垣根もなく、また保守勢力とカトリックの圧力団体、カトリックの教条主義者も同じ穴のむじなだったということだ。保守も左翼も、政治家たちはＰＡＣＳの契約が、結婚と同じように市役所で結ばれることを承諾しないという形で彼らに譲歩し、そうすることによってこうした勢力を認知してしまったのだった。

軍隊と同じように、誰もが横並びでなければならないのだ。ゲイやレスビアンは、家族を脅かすという理由で、はみ出した所から元の列に連れ戻される。だが、その家族の形態とは、白人でカトリック、色は「濃紺」で、もちろん保守、「威厳ある父親」像に従い、生粋の異性愛者で、子供をつくる力に誇りを持つ、ある特異な家族形態、ひと言でいえばみずからの存在理由を生殖線に求める家族形態なのである。

市長に祝福され、司祭に神の加護を祈ってもらいながら、ゴリゴリの信心家族は「産めよ、殖やせよ」という聖書の言葉を大真面目に信じ込む。反動布教家たちは、「異性間結婚」家族を人質に取り、それを模範として、これだけが人と人との結びつきのすべてなのだと教会の尖塔の頂に掲げる。だが、これをあらゆる家族の名で語ることにはいかなる正統性もない。そこには、同棲家族や離婚した家族、再婚家族、片親家族、そしてどの行政文書にも居場所をもたない特殊ケースである子供のいない片親家族など、それ以外の「模範」は完全に排除されているのである。

訳注

(1) ＰＡＣＳ：「序」二一頁の訳注(12)参照。
(2) 〜忘れてしまう：四七頁の訳注(7)参照。
(3) クリスチーヌ・ブタン：フランス民主主義連合（ＵＤＦ）議員。
(4) ミシェル・ピントン：ＵＤＦ所属、フェルタン市長。「共和国結婚制度のためのフランス市長連合」代表として、ＰＡＣＳ反対運動の先頭に立ってきた。
(5) ベルナデット・シラク：シラク大統領の妻。

結婚——人生の選択　それともやむを得ない通過道？

異性間結婚にもとづいたいわゆる「伝統的」家族は、ＰＡＣＳによって何を失うと言うのだろう？　何も失うものはない。だが、ゴリゴリの信心家族は、自分とちがう人びとが権利をもつことに我慢がならない。反動的な活動家たちの擁護する秩序とは、まさにこれなのであり、他のあらゆる形の家族を根絶やしにし、社会を支配するいわゆる伝統的家族のモデルなのだ。人生の選択としての結婚ではなく、他に道がないから仕方なく通らされる、やむを得ない通過道としての結婚なのだ。

「同性愛結婚反対！」全国一万七〇〇〇の市区町村長がＰＡＣＳに反対する請願書（それは一度も公にされたことのない、眼に見えない請願書だが）に署名した。彼らは、ＰＡＣＳの考え方は彼らを侮辱するものであり、「結婚制度を汚す」と感じたのだった。これが「世界人権宣言」から五〇年を経た現在の姿なのだ！　南アフリカの少数白人が、黒人が自分たちと同じ教育を受け、同じ街を歩き、同じ職に就き、同じ民主主義の権利をもつことを侮辱と感じていたのも、ついこの間の話だ。

女性がフランス市民になったのはわずか五〇年前のことであり、女が「男のように」職を持ち、生計を営み、自分の身体をみずからのものにしたがるなど、とんでもないと考える人はいまだにいる。さまざまな「宣言」と現実との間の溝は、まだまだ埋められていないのである。緑の党は、権利の平等という原理を、あらゆる所で、望む人がいれば結婚へのアクセスにおいても、文言通りに実施しなければならないと考える。緑の党が異議を唱えているのは、男の異性主義に対してなのであり、一部の人間のための民主主義の歪曲に対してなのである。

差別と闘う

物事の象徴的秩序と呼ばれるあの巨大な鉛の壁に風穴を空けることができたのはＰＡＣＳのおかげだ。だが、やるべきことはまだたくさんある。同性愛者への嫌悪による暴力、日常生活や職場での差別は今も頻繁に見られ、ほとんど常に罰せられることがない。いつの日か「ゲイ」や「レスビアン」という言葉が侮辱でなくなることを望むのであれば、社会全体が、すでに他の少数派に対してもっているのと同じ尊重を、彼らに対してももつ必要がある。国民教育は、対異性セクシュアリティと伝統的な男女の役割分担にもとづく男と女の標準的なアイデンティティーのモデルを、排他的規範として、世代から世代へと再生産することをやめねばならない。

ゲイやレスビアンの市民団体がもっている社会的使命は、エイズ対策の枠のなかだけでなく、それ自体として認められねばならない。また、裁判所は、同性愛を嫌悪する行為や言動を、人種的憎悪の扇動、あるいは人種差別行為に準ずるものとして扱う必要がある。さらに、ヨーロッパは、義務だけでなく権利もともなうヨーロッパ市民という身分を定め、彼らがあらゆる差別から守られ、自分の望む通りに私生活を営む自由を擁護す

教会から国家へ、見逃せない圧力

PACSをめぐる論議のなかで、カトリック教会はまさに国教気取りで君主制時代よろしく君主助言権を要求した。そして、共和国もこれを容認しているようだ。だが、緑の党はちがう。

ひとつの宗教がその信者に対してPACSの契約をしないよう教えるだけであれば、各人それぞれの自覚の下に従うかどうかを自由に決めるのだから、まだしも宗教がもつ役割と権利の範囲内といえよう。だが、ひとつの宗教が国家に対してPACSの制度化を阻もうと試みるとすれば、それは法の普遍性に反することになる。法とは、カトリックかプロテスタントかユダヤ教かイスラム教か、あるいは信教をもつかもたないかを問わず、また同性愛者か異性愛者か、セクシュアリティをもつかもたないかを問わず、すべての市民のためにつくられるものだからだ。

緑の党が、教会による国家の支配を非難するときに対峙しているのは、物事の象徴的秩序なのであり、それはピルや中絶の権利、離婚の権利、共和主義の学校、文化的創造の自由を支持する人びとがこれまで直面してきた秩序と同じものなのだ。

べき時に来ている。

雑誌に掲載されるきらびやかな画像は、ヒバリならぬ人をおびき寄せる鏡罠だ。雄という性の物神化は、専制政治が押しつけるある女性のイメージと何ら変わるところのない、もうひとつの罠だ。もてはやされるのは、金持ちで、若くて、ハンサムで、有名で、パリジャン（もちろん男性形）！　若いゲイにとって、提示される唯一のものであるこうした流行の聖像《イコン》やこうした生き方に自己同一化するほかに、自分の人格を見つける術はないのだ。

では、同性愛の年寄りや同性愛の失業者、同性愛の貧乏人、同性愛のホームレスのための場所はどこにあるのだろう？　金で買えるものと売れるものしか存在しないこの世間で、カタログに載っていない者たちはどうやって生き延びていけばいいのだろうか？　ホームレスの同性愛者の生活がどんなものか、今日誰が知っているだろうか？　経済的同化の罠は、経済にアクセスできない人びと、普通の同性愛者よりもいっそう排除され、無視され、テクノ・ミュージックから遠く隔てられ、沈黙の壁のなかに押し込められた人びとの前では閉じてしまうのである。

本当の助け合いが生まれる素地をつくる

ゲイやレスビアンの間にさえ、二重のレッテル化の仕組みが隠れている。その最初の仕掛けは、レスビアンに関係するものだ。われわれが同性愛について語るとき、ふつうは男性しか念頭においていない。ここでもやはり男のセクシュアリティが支配しているのである。レスビアンであるということは、まず男に対する誘惑の関係以外の関係のなかで生きたいと願う女として、そして男なしに愛情生活を営むレスビアンとして、二重の男支配を乗り越えなければならないということだ。二重の少数派であるレスビアンは、よりいっそう発言へのアクセスが困難である。同じことは、ゲイやレスビアンであり、かつ黒人やアラブ人、ユダヤ人である場合、あるいはこれに加えて失業者や社会から排除された存在、麻薬中毒、前科がある場合など、何らかの形で二重の帰属をもち、その両方を同時に生きることに大きな困難をもつことの多い人びとすべてについて言える。

こうした社会状況全体に対して、本当の助け合い、社会化の強い絆が生まれる素地をつくらなければならない。そのためには、ゲイやレスビアンの次元を既存の構造（組合、市民団体など）のなかに統合するか、または市場に新しい構造を別個につくるか、いずれかが必要になる。

ゲイのゲットー化に反対！

さらに、メディアがゲイやレスビアンの人びとに貼り付けるイメージは、非常に古風なイメージだ。メディ

ゲイは上客！

ゲイやレスビアンの人たちの社会への受容は確かに進歩してきたが、その裏には深刻な不均衡、あるいは暗い罠とさえ言えるものが隠されている。「われわれを尊重せよ。われわれにも購買力はあるのだから。」エセ社会学調査は、ゲイやレスビアンの生活水準がフランスの全国平均を上回っていることを繰り返し示そうとする。ゲイのなかにも企業の好意を引こうとする者もいて、「ピンク・マーケティング」などという言葉さえ聞かれる。だが、みずからを特権的存在として権利を要求すること、あるいは単に経済的な議論を利用することそれ自体、非常に大きな危険をはらんでいると緑の党は考える。

ゲイの持っている購買力や売る力、モードを生みだし壊す力、売れるアイデアや製品を打ち出す力に対しては、最も反動的な自由主義者でさえ尊敬の念を抱くのにやぶさかではない。ただし、尊敬するのはそこまでなのだ。消費者であると同時に商品でもあるゲイは、自由社会のなかに常にみずからの場を維持していくだろうが、その場とは、ファーストフードのように、クリネックス・ティシューのように、あるいはコンドームのように、彼らがその場その場で消費し、あるいは消費される場でしかない。サラリーマンが失業者にされるように、使い捨てなのだ。ピンク・マーケティングの罠は、同性愛の人間を経済的次元に還元し、カネによる同化を勧誘するのである。

アが提示するパリの同性愛者の典型的モデルとは、「マレー地区の外に救いはない」というものだ。文明の光が発する中心があり、その周りはこの光が遅ればせに、わずかしか当たらない周辺というモデルだ。だが実際には、一人ひとりが自分自身の場所で自分自身の解決策を見いださねばならないのであり、それを援助するのでなければならない。ゲットーをつくることは、たとえそれが黄金のゲットーであるとしても、回答にはなり得ないのだ。「ゲイの国土整備」とは、それぞれ個々の場所で最もいい解決策を探すこと、一人ひとりが自分の場所を見つけられるよう、思考様式を進化させることが前提になるのである。

ＰＡＣＳにたどり着くまでに、一〇年間の闘いが必要だった。この国では、整然と行進するよりも、タイヤを燃やしたり県庁をバリケードで封鎖した方が、簡単に要求を飲ませられるという事実を思い知らされる。口では暴力に対して闘うと言っていながら、暴力以外のものを尊重しないこの社会の恐るべき欺瞞がここにある。だが、ゲイ運動は本質的に非暴力であることを変えず、タイヤよりも整然とした行進を選ぶ（その方が綺麗だし！）。

緑の党は、この運動の普遍的性格に敬意を表するものである。緑の党の象徴である虹色の旗には、境界を取り払い、ゲイやレスビアン一人ひとりを世界を愛する者にする愛の力の象徴も込められている。地球の息子たちや娘たちを愛することは、地球を愛することでもあるからだ。

緑の党の政策提案

●市民連帯契約（ＰＡＣＳ）を実施し、その適用状況をフォローアップする。
●職場や社会生活、教育におけるあらゆる差別と闘う。
●性差別や国家主義、排外主義の芽を取り除くための学校教育プログラムについて検討を始める。
●離婚や養子縁組、育児におけるゲイやレスビアンの親もしくは将来親になる人に対する差別を撤廃する。
●援助の必要な同性愛者、とくに若者に接する社会福祉や教育関係者の意識を正す研修や広報を行う。

●人種的憎悪の扇動に関する法律を同性愛に対するものにも拡大する。
●私生活の保護および同性愛者と異性愛者間の権利の平等を保障するヨーロッパ市民権を実施する。

訳注

(6)マレー地区：パリ中央部のマレー地区はゲイ人口やバー等が集中し、ゲットーのようなコミューンを形成している。

ドラッグ

密売組織を出し抜け！

一九七〇年一二月三一日、フランスで初めて麻薬の個人的使用を取り締まる法律が採択された。それから三〇年を経た今日、この法律の失敗は誰の眼にも明らかになっており、この法律で減るはずの悪よりもその弊害の方が大きくなってしまっている。この一九七〇年法を廃止し、「管理された合法化」と呼ばれる新しい方式の導入を求める声が、緑の党をはじめここ数年高まってきているのもそのためだ。

人殺し法の最初の犠牲者はドラッグ使用者

最初の「ペルチエ報告」[訳注(1)]から最近の「ロック報告」[訳注(2)]まで、専門家が口をそろえて指摘しているのは、マリファナに対して現在のような取締りを行うのは行き過ぎだということだ。たとえば、アンリオン委員会[訳注(3)]は次のように述べている（一九九五年三月）。「このドラッグ単体の過剰使用に起因する死亡例はまったく報告されていない。この意味で、マリファナはアルコール（年間三万六〇〇〇人死亡）、あるいはタバコ（同六万人）よりも危険性が低いと考えられる」。

だが、マリファナには本当の危険が潜んでいる。司法の危険だ。単にマリファナを使用しただけで、一年の禁固刑または二万五〇〇〇フランの罰金が課せられる。新刑法では、マリファナを栽培した場合、懲役二〇年、罰金五〇〇〇万フランの刑が課せられる。毎年、六万六五〇〇人のマリファナ喫煙者が単にマリファナを使用したことで起訴され、数百人が投獄されている（一九九五年の数字では、全ドラッグの単なる使用で八六四人が投獄されている）。

取締りにドーピングされた経済

フランシス・カバレロ弁護士が指摘しているように、「［禁止することの］第一の弊害は、犯罪者による麻薬流通の独占が生まれることだ。巨額の市場が、組織犯罪集団に無尽蔵の資金源を提供する［……］。一見、非常に逆説的に見えるが、客観的に見て、禁止とは密売と表裏一体のものなのである」。

この「経済」は、世界全体で年間五〇〇〇億ドル、世界の総生産の四～五％にのぼる規模をもっている。この金は、株式から貧困層の住む地区まで、経済全体を腐敗させる金なのである。

「ドラッグの悪行」とは、何よりもまず禁止することの悪行なのだ。道徳家の闇愚とはまったくちがう立場から、この収支決算を見極め、脱禁止の道を見いださねばならない。

訳注

(1)「ペルチエ報告」：一九七八年に当時のジスカール‐デスタン大統領の委託で法務大臣のモニック・ペルチエが中心となってまとめた「ドラッグの全体的問題に関する委託研究報告」。一九七〇年法の運用上の障害を指摘し、是正措置を提言。とくにマリファナについては「たまにマリファナを喫うことは、日に何度も麻薬注射をすることと同列には論じられない」とした。

(2)「ロック報告」：一九九八年に当時のベルナール・クシュネール保健相の委託で神経薬物学者のベルナール・ロック教授らが行なった各種のドラッグの危険性（とくに中枢神経系への短期・長期的影響）に関する調査報告。マリファナの健康への危険性はタバコやアルコールに比べて低く、神経毒性は全くないことを認めた。

(3)アンリオン委員会：一九九四年に当時のシモーヌ・ヴェイユ保健相がドラッグの危険性を審議するために設置した委員会。

罰則の撤廃、社会的支援、医療化

フランスでは一〇年前から、市民団体が、おおっぴらに一九七〇年法に違反しながら（しかし国の助成を受けて）さまざまな運動を進めている。ドラッグ使用者を街なかに放置するのではなく、彼らを暖かく受け容れ、注射器の交換、治療と社会復帰への指導を行うとともに、メサドン、サブテックスなどのドラッグ代替品を提示している。

こうした「リスク低減」活動によって、毎月三〇〇〇人のドラッグ使用者が受入団体や治療機関の門をくぐり、数万人が代替品によって一定の安定を回復している。過量使用による死亡は一九九五年の四六五人から一九九七年には二二八人に減少している。だが今日、この「リスク低減」活動は、限界に行き当たっている。その行く手を阻んでいるのが一九七〇年法だ。

各市民団体は、もっとも麻薬常習者の多い地区で、麻薬使用者が、薄汚れた場所でどんな薬剤かも知れないものをみずから注射するのではなく、医師の監視の下で、援助者のネットワークとコンタクトを取りながら、管理された薬物を使用することのできる「注射ホール」の開設を希望している。

スイスとリバプールでは、医療の枠のなかでヘロインを配布する実験的試みが行われている。スイスの国民投票では、七〇％の有権者が医療の管理の下でヘロインを配布する事業の中止案に反対の意思を示した。だがフランスでは、一九七〇年法が壁となってこうしたことができない状態にある。緑の党は、この法律を廃止し、リスク低減や医療の枠内でのヘロインの処方、薬剤（医薬品、エクスタシーなど）の危険性の管理を要求している。

マリファナ――自家生産、マリファナ・カフェ、規制

スウェーデンを除けば、フランスはヨーロッパで麻薬の個人所有が抑圧されている最後の国になっている。オランダの「コーヒーショップ」が不当な批判に曝されているが、フランスの麻薬常習者の数（現在人口の三・

九％）が増え続けているのに対して、オランダでは人口の一・八％で横這いに転じている。

この合法的麻薬配布制度をフランスに導入する場合には、薬局やタバコ屋、コーヒーショップ、あるいは「マリファナ・カフェ」などを通して配布することができるだろう。

その代わりに、緑の党は、タバコやアルコール、マリファナなどについて、あらゆる形の宣伝と、商業目的で人目に触れさせる行為を全面的に禁止するよう要求している。一方、緑の党は、自家生産の権利には賛成する。社会によって規制・管理され、流通の独占権をもった流通ネットワークを通して、消費者にディーラーよ

禁止することとハード・ドラッグは表裏一体

ドラッグの使用を犯罪とすることをやめ、流通を規制することがマリファナ喫煙者に対して必要なのは当然だが、これを最も緊急に行わなければならないのは、ハードなドラッグの使用者に対してである。なぜなら、ハード・ドラッグの場合には、禁止することが死につながるからだ。

●麻薬ディーラーは、世界的な禁止によって高騰した原料の採算性を過剰に上げようとする。洗剤をはじめあらゆる粉末で水増しされた不純なヘロインによって、1995年には500人近くが死亡している。こうしてヘロインの価格が高くなりすぎると、薬品を乱用するクラックが登場することになり、ますます危険な薬剤が流用されるようになる。

●クラックは使用が禁止されているため、空き家や団地の入り口で、その辺りにころがっている道具を使って「隠れて」使用されることになり、注射器の使い回しといった特有の問題が出てくる。フランスのヘロイン使用者の30％がエイズ感染者（イギリスは2％）であるほか、70％が肝炎の罹患歴を持ち（ヨーロッパで最高の罹患率！）、年1200人がこれらで死亡している。抑圧の論理は、こうした被害者を社会の援助から引き離すことで、悲惨な現状を維持するものだ。注射器を所持すること自体が違法とされ、それによる起訴も後を絶たない。

●禁止されていることで、つねにより高い商品を買わされるために、「違反者」たちは非行や売春に走り、犯罪が増えている。そして、これが極端な抑圧論者たちの声に油を注ぐことになっている。

りも安く、品質の高い製品を提供するならば、密売組織は破産するほかなくなるだろう。しかも、「管理された合法化運動（ＭＬＣ）」が言うように、このような体制をつくることで、八〇〇〇～一万人の雇用が創出され、国民健康保険財政に約一〇億フランの貢献がもたらされるはずだ。

ほんとうの犠牲者を中心に

南仏地方の農民に対しては、「ドラッグ戦争」を中止し、ドラッグ植物の栽培からの転作を支援する必要がある。

北部では、麻薬使用者を中心に据えた政策を行わない限り、問題の根本的解決にはならない。今日、パリの「ブティック」やナイトセンターにやってくる使用者でいちばん多いのは、社会の除け者のなかの除け者である。したがって、労働や所得、居住、医療の権利確保、孤独や社会的排除への対策など、問題の根本を解決して行かなければならない（一四四頁「雇用」の章、二一六頁「社会運動」の章を参照）。

管理された合法化は魔法の杖ではない。使用に枠をはめなければならない製品を管理する上でいちばんましな方法というだけなのだ。だが、いずれが欠けても先には進めない。麻薬から抜け出すためには生きていなければならない。だが、禁止は麻薬使用者を殺してしまうのである。

行き詰まる議論

一九七〇年法第六三〇条[訳注(4)]は、「喉元すぎれば熱さを忘れる」式に易きに流れることを禁じるという大義名分の下に、あらゆる改正の試みを抑える「自己膠着」的性格をもっているため、これに阻まれて今日大衆的な議論ができない状態にある。

いくつもの市民団体が機関誌の発禁処分を受け、何人もの市民が合法化に賛成する市民団体の法人格取得を申請したことで起訴されているほか、「マリファナ情報研究グループ（ＣＩＲＣ）」は数十回にわたる家宅捜索を受け、デモを禁止された上に、代表が一九九九年に言論犯罪のかどで投獄される恐れも出ている。

毎年、約一〇〇〇人の麻薬使用者が「Tシャツ」などの軽微なマリファナ類似品の所持で逮捕されたり、コンサートの主催者が起訴されたりしている。学校の先生や市民団体が議論を起こそうとしたとたんに、六三〇条の攻撃に曝される恐れが出てくるのである。こうしたパラノイアが、麻薬使用者受入所の新設をますます難しくし、世論調査などで「罰則の撤廃」や「合法化」へのためらいが根強く残るという結果を生んでいる。政治家は、こうした「世論」を隠れ蓑にして法を変える努力を一切せず、リスク低減の活動にも最低限の支援しかしてこなかった。

緑の党は、状況を変えて行く機会があれば、たとえ小さなものでもすべて摑み取ろうと考えている。緑の党議員は、六三〇条を廃止する法案を提出するとともに、緑の党理事会は「六三〇条を遵守しないことが民主主義の義務である」との発表を行っている。後れ馳せながら、客観的な情報を大量に配布し、あらゆる場所で住民とともに議論を起こし、この問題に対する見方を変えていくことが緊急に必要だ。保健衛生の面から見ても、社会的な面から見ても、また個人や大衆の自由の面から見ても、一九七〇年法の廃止は緊急の課題なのである。

緑の党の政策提案

●麻薬使用に対する罰則を撤廃し、禁止の被害者（麻薬使用者、末端の売人）を特赦する。

●ハード・ドラッグを医薬品化し、マリファナなどの向精神剤の管理された配布（たばこ公社、マリファナ・カフェ、薬局など）を行う。

●リスク低減活動（注射ホールや受入所、代替品センターなどの開設）を発展させる。

訳注

(4) 第六三〇条：麻薬に関する違反行為の扇動を禁じた条項。「他人の違法な麻薬使用を幇助した場合には、その手段の如何を問わず、禁固一〇年、罰金五〇〇〇万フランに処する」（222-37,2）とある。

●治療センターや治療後のフォローアップセンター、病院サービスなどの資金を増強する。
●六三〇条の検閲を断ち切った情報政策と予防政策を拡大する。
●健康や所得、住宅、余暇、文化の権利確保、低所得者の住む地区の整備など、麻薬への間違った依存の制限につながる都市政策・社会政策を行う。
●南仏地方では、ドラッグ原料植物からの転作を支援し、それが不可能な場合は、有機栽培への移行を優遇するとともに、合法的かつ「公平な売買」の枠内で流通させることで、生産者を麻薬密売カルテルから脱却させる。

JOHNNY PREND DE LA COKE AVANT DE CHANTER
POUR SUPPORTER LES CONNERIES QUE M'ÉCRIT GOLDMAN..
CHARB.

ジョニーは歌う前にコークをやる
「ゴールドマンのアホな歌をガマンするためだよ」

障害

障害者もひとりの市民

市役所で身体に障害をもつ人がバスに乗れるかどうかを話し合っていたとき、ひとりの助役（しかも社会福祉担当の）がこう答えた。「誰も彼も喜ばせることはできませんからねぇ」。

あきれた答えだ。無邪気に権利や市民権なんてものを信じているとすれば、それはとんでもない間違いだ。まだ二〇世紀になるかならない頃、われらが果敢なる有閑マダムたちでさえ「慈善」の行ないを鼻にかけたというのに。

障害者が自分で投票用紙を投票箱に入れられないこと、公共のものであるはずの公共交通を利用できない（ベビーカー同様に車椅子が使えない）こと、現金支払機で自分のお金をおろせない（設置場所が高すぎる）こと、銀行に入れない（防犯ドアが狭すぎる）こと、手紙をポストに投函できない、街なかで方向がわからず（郵便ポストが少なく、地図の点字表示も少ない）、交差点を渡れない（音声案内付き信号機がない）、学校が障害をもつ子供を拒否する……こうしたことに慣れてしまって、何も感じないままでいいのだろうか？

眼の不自由な人、背の低い人、呼吸不全の人、冠状動脈症の人、車椅子の人、老人等々——こうした人が日常生活で排除されることがあまりにも多い。ちゃんとした生活を送れるだけのお金のある人はまだいいが、成人障害者給付金（ＡＡＨ）だけで生きていかなければならない人たちは、まともな生活は望めない。

こうした「ふつうと違う」人たちは「交通弱者」と呼ばれ、人口の三分の一を占めている。

学校や職場への同化については、何をか言わんやである。他者との最初の出会いの場としての学校や、真の社会同化すべての前提となる教育や仕事がいかに重要かを考えるとき、各種の数字に表れたフランスの今後歩むべき道のりがいかに遠いかがわかる。たとえば、障害をもつ労働者（うち三分の二は初等教育免状ももっていない）の失業率は、過去一〇年間に一六〇％増加しており（健常者では二〇％）、こうした失業者の平均失業期間は五九四日と、健常者の倍以上にのぼっている。

緑の党は、成人の障害者だけでなく、障害をもつ子供や青少年の親に対して充分な収入が保証されない限り、障害者の尊厳や社会同化を云々することは幻想にすぎないと考える。緑の党は、ヨーロッパでもっとも進んだ国に準拠したヨーロッパの法律を制定する取り組みを始めることにしている。

緑の党と各レベルの緑の党議員は、さまざまな市民団体と協力して、あらゆる領域で障害者のもつ違いに配慮する（よりよい施策により、さまざまな場所へのアクセス、教育・労働の権利、社会同化が確保されるようにする）ことによって、障害者が「十全の生活」を送れるための取り組みを行っている。なぜなら、障害者の生活を改善することでその家族の生活も改善され、みんなの生活の質が向上するからである。

障害者の問題とは、人間の尊厳の問題、市民権の問題であり、それを解決できるのは社会全体の積極的な連帯以外ないのである。

企業のなかに障害者が少なすぎる
ひとつの企業には経営者ひとりで充分だよ

社会運動
政治を行うもうひとつの道

エコロジストの目的である持続的発展様式への移行は、まず制度の先導で上から実現できるというものではない。今ある世界観とは別の世界観が広まるためには、集団的な行動が必要だ。新しい考え方、世の中の仕組みの新しい姿勢や形態は、まず変化が必要であることに大多数の人が気づくことから始まる。そのためには、現在の社会環境を構成している社会の形を超えたところまで、市民が自立する必要がある。

「六八年五月」は、パトロン的、家父長的、党派的形態の権威への異議申し立てによって、緑の党がこれまでたどってきた軌跡の土台を築いた運動である。これに続く女性運動は、男女の役割の不平等な分配を通して、あらゆる権力の根源を問い直し、市民権のなかにある差異の問題を再提起したのだった。

ミッテラン－タピ時代の後に起きた、ジュペ案[訳注(1)]に反対する一九九五年一一～一二月の運動は、「単一思考」に対する民衆の造反を初めて体現するものとなった。その後、CIP[訳注(2)]に反対する高校生の運動は、若者の間に社会的不安定が拡がっていることを証言した。また、滞在許可をもたない外国人の運動は、極右勢力の弾幕に対する進歩主義的回答の問題を再提起し、さらに映画監督の動員とともに、政治の場から離れたところで、当たり前のこととして平等と連帯を標榜する世代が登場してきたことを示した。この連帯は、一九九七～九八年冬の失業者の運動によって、否応なく具体化を迫られたのだった。

一九九五年一二月、自由主義の裏側が初めて表面に

一九九五年年の初め、この年にフランス史に残るような世紀末最大の社会的動揺が起きようとは、だれが想像しただろう？　だが、秋になると、公共サービスの擁護という共通点をもった権利要求運動が次つぎに発生した。さらに、大学予算の増額を要求する学生のストも始まった。

一九九五年から九六年にかけての冬に行われた運動の第一の当事者は、実はアラン・ジュペだった。ジュペ首相は当時、社会保障の大胆な改革計画、とくに公務員および公営企業従業員の年金特別制度を解体する計画を発表した。政治家階級やマスコミのほとんどは、ジュペ首相の「勇気」と「決断力」に拍手を送っていた。

この年金改革への攻撃に対して、すぐさま鉄道組合が強力なストで応じた。このストはまた、その前に国がフランス国有鉄道（ＳＮＣＦ）と結んでいた、鉄道輸送の不可逆的な弱体化を承認する計画契約にも反対していた。ストはＳＮＣＦのほかパリ交通公社、学校、郵便、電話などの業種で、一二月末まで途切れることなく継続された。

訳注

(1)ジュペ案：ジュペ保守内閣が一九九五年に打ち出した国保財政の赤字削減をねらった新政策。①すべての所得に〇・五％の課税を行なう社会保健婦債返済税（ＲＤＳ）の新設（一三年の時限立法）、②年金受給者の社会保険負担アップ（一・二％増）、③医師の社会保険負担アップ、④製薬業界から国保財政への拠出金（二五億フラン）を骨子としていたが、関係各層から猛反発を受け、大規模な反対運動が起きた。

(2)ＣＩＰ：「職業編入契約」。就職口の見つからない新卒の若者の雇用対策としてバラデュール保守内閣が一九九四年二月の政令（デクレ）で打ち出した政策。企業が新卒者に対して一定の職業訓練を行なう場合には、最高二年間にわたって最低賃金の三〇～八〇％の賃金で雇用契約を結ぶことができるとした。労働界や高校生を含む学生は「失業に悩む若者の足元を見て新卒の若い労働力を二束三文で搾取するもの」として一斉に反発し、全国で大規模な反対デモを展開。バラデュール政府は四月、同デクレの撤回を決めた。

一一月二五日、その少し前に結成されていた「女性の権利を求める全国連合」は、三世代にわたる男女四万人をパリの街頭に集めた。

一九九五年一二月、フランス全土で数万人から数十万人（一〇〇万人？）のデモが、お祭り気分の和やかな雰囲気（これには「ジュペ反対マラソン行進」を爆発させるねらいもあった！）のなかで行われた。とくに地方、その中でも人口が増大している南西部（オート・ノルマンディ、ブルターニュ、スュド‐ウエスト、ブッシュ‐デュ‐ローヌの各地方）では大量の参加が見られた。

意外なことに、世論もストを支持した。社会保障における全員の既得権を守ろうとする闘いに、民間のサラリーマンも共感を示すとともに、失業者の団体なども闘いに参加してきた。

若い世代のサラリーマンも積極的に参加した。異議申し立てを行う新しい労働組合の勢力（新組織のＳＵＤが登場）が目立つ一方、ＣＦＤＴ指導部はジュペ案を支持し、ＣＧＴではベルナール・チボー（鉄道組合幹部）が新たな顔として主導権を握った。デモ行進のなかで、週三五時間労働制など、新しい議論が始まった。

ジュペ首相は退陣に追い込まれたが、その原因は健保制度改革ではなく、年金特別制度とＳＮＣＦ計画契約によるものだった。

「一九九五年一二月」は、自由主義というスチームローラーの方向を変えさせるまでには至らなかった（その証拠に、民営化の流れは今も続いている）が、一九九七年六月の政府交代も、訳注(3) 部分的には一九九五年一二月の影響と見ることもできるかもしれない。

社会の暗闇から出てきた許可なし滞在者

一九九七年二月、数家族の「地下潜入」移民が身を寄せていたサン‐ベルナール教会の扉を斧で打ち壊して警察を突入させたことで、ジュペ内閣は、驚くべき盛り上がりを見せる市民運動の根源を断ち切ったと信じていた。移民への支援運動は、自然発生的な反ル・ペン運動となり、映画俳優や組合運動、緑の党をはじめとする政治団体など、広範に拡がっていたからだ。

「サン‐ベルナール家の人びと」との連帯の輪は、通常の活動家の範囲を超えて拡がった。美術や芸能関係者のネットワークが動きだし、キリスト教信者たちが移民たちの世話を始め、さまざまな労働組合が上部からの制止にもかかわらず参加し始めた。

一九九七年六月前後、各市民団体とともに、緑の党も国会や政府内部、街頭で抑圧的な法律の撤廃と、合法化を希望する許可なし滞在者への許可証交付の要求を続けた。緑の党とその議員は、許可なし滞在者の身元引き受けに積極的に参加している。

この問題に対する左翼全体の取り組みを擁護するために、ドミニック・ヴゥネは一九九八年一一月、運動への参加に対する貴重な支持表明を行い、ダニエル・コーン‐ベンディットも同じく支持を表明した。ヴゥネ環境相は同時に、緑の党は、ともに政権を担っている他の連立政党との意見の違いを隠すつもりがないことも説明した（一九一頁「移民」の章参照）。

失業者や不安定雇用者も声をあげた

一九九七年末、消費社会から排除された人びとが、真の政治問題、つまり、かつてない巨万の富を生産しながら、かつてない不平等な分配しかできないこの社会の流れをどのようにすれば逆転できるか？という問題を提示した。

AC！[訳注(4)]（失業反対共同行動）やMNCP（全国失業者・不安定被雇用者運動）、APEIS（失業者・不安定労働者雇用情報連帯協会）のような新しい形の団体とCGT失業者委員会の行動の結合がなければ、失業者の存在やそ

訳注

(3)政府交代：この月の総選挙で左翼‐緑のジョスパン政府が誕生した。

(4)AC！（失業反対共同行動）：失業と雇用の不安定化に反対し、求職者の公共交通無料化、週三二時間制、最低賃金の完全適用などを要求している。略称のAC！は「もうたくさん！」の意のAssez!と同音。

の要求がこれほど新聞の一面に取り上げられることはなかっただろう。

一九九三年に、経済学者（アラン・リピエッツなど）といくつかの市民団体、労働組合が発行している雑誌「コレクティフ」の組合活動家が、ＡＣ！（失業反対共同行動）を設立。一九九四年四月に象徴的意味を込めてカルモー[訳注(5)]を出発した行進は、大デモとなってパリに到着した（参加者二万五〇〇〇人）。

一九九七年半ばには、各国を出発したもうひとつの行進がアムステルダムに結集し、調印の過程にあったアムステルダム条約[訳注(6)]を非難し、真の社会保障の完備したヨーロッパを要求した。これにつづいて、商工業雇用協会（ＡＳＳＥＤＩＣ）の失業手当の漸減化廃止、最低社会保障の一万五〇〇〇フラン増額、失業者の交通費無料化、社会同化最低所得（ＲＭＩ）の二五歳未満への適用拡大を求めるさまざまな行動が行われた。

その後、一九九七年～九八年の大動員が起きる。六〇〇万～七〇〇万人いると言われる「事実上」の失業者を動員することにはならなかったものの、これがきっかけとなって、大多数の国民（女性の失業者、不安定労働者、サラリーウーマン）が運動に加わるようになった。ＡＳＳＥＤＩＣやＡＮＰＥ（職安）、市役所、ＣＡＦ（家族手当支給局）など、公共機関の事務所の占拠も支持を得た。

緑の党は、当初から闘う失業者たちと連帯し、多くのエコロジストがその行動に参加してきた。また、ドミニック・ヴワネは、与党間の暗黙のコンセンサスを破って、この運動への支持を表明した。だが、政府は「緊急社会基金」の創設によって運動を懐柔することを選択した。ジョワン・ランベール女史の答申の中ではもっとも有効な措置が葬り去られ、要求の本質的な部分は実現しなかった。

だが、このわずか数週間のあいだに、政治運動は同盟を組むことによって力を行使することができると同時に、社会運動の要求の橋渡しをすることができることが証明された。残された課題は、最底辺の人びとのための継続的な対策（労働時間短縮、より公正な富の分配など）を取らせる（政府や国会だけでなく市町村、県、地域圏でも）ことである。

官僚に対抗する社会運動

緑の党は、こうした新しい社会運動に特別な近親感をもっているが、それはこうした運動が要求しているものがわれわれの提案しているものと一致しているためだけでなく、こうした実践活動が緑の党が求めている「いまとは別の政治」と呼応しているためである。

まず、この世紀末に発生した大量動員は、既成の機構や制度を覆そうとしている。この運動に参加する人びとは、分業や位階制の尊重、ルーチンワークといった、政治や組合、市民団体のなかにも持ち込まれ、結局は「プロの活動家」を生んできた官僚制の原則を拒否する。ここに参加している市民は、自分たちの闘いは自分で決めるのであり、自分を代表する組織や出来合のイデオロギーに白紙委任したりしないという明確な意思をもっている。社会運動が、誰もが政治をすることができ、街《シテ》の問題に参加できる場と時になっているのである。

こうした社会運動は、単なる権利要求を超え、内部での実践を通していまとは別の社会モデルを透かし描いている。男女比、あるいはもっと一般的に、すべての男女がみずからの思いを表現し責任をとることを重視するとともに、意見の多様性、討議、コンセンサスの探求を重視し、多数決が意思決定を行うさいの普通の形ではなく、最後の手段であるような機能のしかた――政治的エコロジーは、ここに同じ波長を感じるのである。

また、やはりこの自律のロジックにもとづいて、緑の運動のなかに以前からあった対抗的専門家調査を行おうという意思、そしてとくにそれを行う能力をもっているのも、こうした新しい社会活動家たちの特徴だ。

さらに、こうした運動はある種の根源性を標榜しているが、短中期的には、達成可能な信頼できる目標も立

訳注

(5)カルモー：フランス中西部の工業都市。二〇世紀前半に、露天掘りの炭鉱を中心に工業地帯として発展したが、一九九七年の炭鉱閉鎖とともに産業が空洞化し、失業者の増大、人口の急減など、リストラにともなう大きな社会問題をかかえている。

(6)アムステルダム条約：マーストリヒト条約で定めた外交・安全保障、経済通貨、社会の三面統合が必ずしも期待されたように進んでいないマーストリヒト条約を改正した、新しいＥＵ条約。一九九七年六月締結。

ている。これは、たとえ地域的あるいは部分的には代償を伴いながらも、人々の参加を強化し、信頼を勝ち取るための手段なのである。

ここ数年の闘いのなかには、緑の党が嫌悪する協調主義の傾向をもつものもある。だが、多くの環境保護運動がもっているNIMBY（*not in my backyard*＝自分の近所には反対）症候群のように、「既得利益の擁護」を行うことによって、まずサラリーマンを自分自身の利害を守る運動に参加させることができる。ここで政治が果たす役割とは、各社会層を互いにいがみ合わせることではなく、その議論が社会の他の領域の議論と結びつくよう奨励することなのであり、直接の利害にではなく、社会の様ざまなメカニズムが全体として連動していることに気づかせることなのだ。

集団で行動することによって、一人ひとりが自分の生活の主人になるための一歩を踏み出す。しかし、その後は、力関係や、信頼できる進歩的提案を発信する能力が問われることになる。社会運動の大きなハンデのひとつは、こうした部分的な運動を全体の運動につなげることが不得手な点にあるからだ。

社会運動のなかの緑の党

民衆を分解させるべきものと考えるのでない限り、あらゆる政治勢力は、ある訴えが表明されたときに、それを聞いて、自分自身の答えを出すことができなければならない。確固たる信念が問われるのは、まさにここなのだ。政党の役割とは、羅針盤となるような一貫性のある分析の枠組みを提供し、それを単細胞的な答えや腐敗した答えに対置することにあるのであって、たとえば左翼が移民問題でやったように、保守が出した間違った答えを踏襲することにあるのではない。

では、緑の党のような政治運動は、どのようにすれば沸き上がってくる新たな社会的要求に答えることができるのだろうか？　政権党であり、なおかつ社会変革の政党であるためには、制度的な管理運営と社会運動への参加のあいだの妥協を絶えず見いだして行くことが前提になる。

政治組織が様ざまな社会運動のなかにある新しいものから活力を得るためには、まず、その組織の活動家みずからが社会運動のなかに身を置いて他の当事者と共に歩み、集団行動につきものの混乱によって問い直され、その渦に飲み込まれなければならない。そして、緑の党の活動家たちが失業者や許可証のない外国人滞在者の問題で身をもって体験したように、党に遠慮したり、入党を勧誘したり、下心をもったりすることなく、運動にのめり込むことによって、政党が運動を「からめ取ろう」としているのではないかという疑いを遠ざけることができるのである。緑の党は、それ自体社会運動から生まれた政党であり、運動を起こしたり、運動への参加を求めたり、市民団体（町内委員会、公害反対グループ、反原発グループなど）をつくることに躊躇しない。だが、その場合でも、目的は、政治を動機として生まれたこうした組織が自律性をもち、それ自身のダイナミズムによって変化していくことにあるのである。

次に、政治組織は、考え方や解釈の枠組みを提示するが、それを受け容れるかどうかは社会の構成員の自由に任されるのである。そして最後に忘れてならないのは、政治には、具体的な政治の現場で発せられている要求を翻訳する責任があるということだ。

今日の緑の党は、社会運動を担っている人びとの一部を結集する核になっているのであり、社会運動の自律性を隠れ蓑にして、社会変革に必要な、運動の昇華を避けて通るようなことはしないと断言できる。われわれの目的は、社会運動を道具にすることでもなければ、社会運動の道具にされることでもない。それぞれが果たすべき役割をもっているからである。マルコス副司令官[訳注(7)]の言う「服従しつつ指揮する」が、おそらく社会変革の政党の思考基盤となるのではないだろうか。

訳注

(7)マルコス副司令官：メキシコ南部のチアパス州で一九九四年一月一日に武装蜂起した先住民主体のゲリラ組織サパティスタ民族解放軍（ＥＺＬＮ）のスポークスマン的存在。大学教授との説もあるが、「民衆の偶像崇拝を避けるため」との理由から、表に出るときは常に目出し帽姿で、個人情報は不明。世界情勢や地政学の鋭い分析で、ラテン・アメリカはもとより欧米知識人のあいだでも幅広い支持を得ている。

栄光の30年：『子供の育て方』　　暗黒の30年：『失業者の育て方』

知らんぷりしてなさい。挑発してるんだから！

第四部　自然と人間の融和

健康

予防原則から慎重原則へ

薬害エイズ、狂牛病、アスベストと、フランスの健康への脅威は絶えることがない。これは、産業社会が採用した発展様式が、非常に健康障害を生みやすい様式だからだ。私たちの健康は、私たちが呼吸している空気や、吸収する栄養、飲んでいる水、住んでいる家、労働条件や労働のリズム、労働外の生活条件や生活リズムなどと密接に結びついている。

生殖異常、アレルギーの増加、呼吸器疾患（とくにゼンソク）の増加、神経疾患の増加、さらには特定のガンの爆発的増加など、慢性疾患の増加に対する環境要因の影響は否定しようがない。

大気汚染が死亡率の上昇をもたらしており、とくに、何年も前から指摘されている幼児ゼンソクの増加を説明する要因になっていることは、すでに証明されている。都市汚染健康リスク評価局（ＥＲＰＵＲＳ）[訳注(1)]による調査では、とくに大気汚染はピーク時に従来の基準を超えたときだけ有害なのではないということが明らかになった。今日では、多くの面で「微量汚染」が有害であり、それ以下なら健康へのリスクがないという閾値《しきいち》は存在しないことがわかっている。

ガンの七〇%が環境の影響

フランスのような工業国では、心血管疾患は依然、死亡原因のトップを占めているが、減少傾向にある。だが、ガンは増えている。フランスでは一九七五年から一九九五年のあいだに、ガンの発病率、つまり一年間に記録される新たな発病数が、同年齢で二〇％増えており、とくに子供での増加が目立っている。ガンのなかには、前立腺ガン（二一八％の増加）、脳腫瘍（八〇％の増加）、乳ガン（六〇％の増加）など、指数的に増大しているものもある。現在、ガンに罹る率は男性の二人に一人、女性の三人に二人にのぼっている！　発病率を地理

著しい知識の欠如

フランスは環境と健康との関係についてどうしようもない無知をさらけ出しているが、その原因は何よりも環境についての無知にある。大気汚染について、関心が向けられているのはわずか４種類の汚染物質のみであり、しかもその短期的影響のみに限られている。これに対して、欧州連合は13種類の汚染物質を規制することになっているほか、WHO（世界保健機関）は最近27種類の大気汚染物質を提案しており、アメリカでは環境保護庁が189の物質についてリスク評価を進めている。

大気以外でも、鉛中毒や養豚にともなう硝酸塩汚染が騒がれているにもかかわらず、建物や水の研究も遅れている。さらに広く見れば、欧州連合は人間が使用している化学物質10万種の目録を作成したが、欧州環境庁によると、その75%については充分なデータがなく、リスク評価ができないという。

同様に、環境保健学は、フランスにおける研究のなかで常に冷遇されてきた。フランスは、全分野の合計で、世界の研究の5%を生産しているが、環境に関する研究ではわずか3.4%、環境毒物学（動植物の状態）で1.7%、環境保健学では1.4%にとどまっている。研究体制が非常に断片化しているために学際的アプローチが取りにくいこともハンデになっている。

今後、研究の分野に力を入れなければ、フランスは様ざまな病理の多様な原因を知らないままになってしまうだろう。

訳注

(1) ＥＲＰＵＲＳ：イル‐ド‐フランス（パリ近郊）地域で大気汚染が健康に与える影響を調査している機関。

的、社会的に見てみると、社会環境と物理環境の両方に原因があると推察される。たとえば、外国からの移民入国者は、入国先に多いガンに罹ることが証明されている。フランスでは、地域ごと、社会的職能環境ごとに大きなちがいがある。ノール‐パ‐ド‐カレ地方の方がミディ‐ピレネ地方よりもガンによる死亡率が高く、単純労働者やサラリーマンは上級管理職に比べて肺ガンが三・五倍、呼吸器・消化器系のガンが一〇倍多い。

アメリカの国立環境保健科学研究所によると、ガンの七〇〜八〇％が広い意味での環境の影響によるものであるという。これは、環境に起因する死亡率が交通事故よりも多いということだ！　だが、これも知ろうとしなければ知らなくて済むことだ。その最たるものがフランスであり、疫学や環境保健学、労働保健学の分野で、フランスは大きく遅れを取っている。

行政も、大部分の保健界も、環境保健学をマイナーな分野と見なしてきたために、フランスは長い間そのリスクを評価し、管理するのに必要な手段をもたないまま来ている。主要な原因は、フランスの保健体制が本質的に治療中心であるという、基本的な考え方のなかにあるのだ。

保健支出はフランスの最大の支出項目で、毎年フランスの富の一〇％、八五〇〇億フランが使われているが、この一〇％のうちいわゆるリスク予防に使われているのはわずか二％にすぎない。環境保健学の促進は、この健康保険コストの削減につながるはずだ。

一九九八年一月一二日、国民議会で緑の党のイニシアチブにより「環境保健会議」が行われた。このなかで、科学者や専門業界関係者、専門家、市民、政治家が意見をぶつけ合った結果、これまで健康と環境を問い直すきっかけになったような大災害は、政治的な意思があれば減らすことができたはずであることが明確になった。折しも、国会の委員会ではいわゆる「保健安全保障法」の作業が進められていたところだった。

慎重の原則を実行する

今日、有害性が証明されているもののみに対して対策を取るだけでは不十分であることは、誰でも知っているし、そう感じている。一九九二年にリオの地球環境サミットで表明された慎重の原則とは、不確実な影響にも配慮する必要があるということである。つまり、住民のなかでどのような影響が出ているかを測る疫学だけでは、もはや充分ではないということだ。先験的にリスク評価を行うためのロジックを開発し、人間に影響があることが確実になるまで対策を取らないというようなことがないようにしなければならないのである。

慎重の原則から帰結することのひとつは、科学の領域であるリスク評価は、政治の領域であるリスク管理から切り離す必要があるのであり、公衆の健康よりも経済的利害が優先されることを避けなければならない、ということである。

リスク評価をするのが専門家なら、リスク管理と意思決定を行うのは政治家であり、当然それには責任がともなう。

同様に、コントロールするものとされるものとの分裂を絶えず監視することが大切だ。われわれに今緊急に必要なのは、中立的な立場の専門家だ。たとえば、リスク評価が任務のはずの国立安全研究所（ＩＮＲＳ）は、かつてアスベストの使用を推奨したことさえあるのである。それもそのはず、当時のＩＮＲＳ所長は、アスベスト業界のロビー団体であるアスベスト常設委員会の委員長だったのだ。専門的で高い技術が要求される評価は、複数の異なる立場から行う必要がある。

職業病が爆発的に増加していることが示しているように、労働環境や労働密度の強化も疾患の原因となるため、労働制度の改革も緊急課題だ。慎重の原則が企業の門前で止まってしまい、労働医療が経営者の支配に服従するなどということがあってはならない。

だが、もっとも根源的な権利要求は、透明性である。現代の市民は、たとえばチェルノブイリの放射能の雲がフランスを通過したときのように、「専門家が大丈夫と言っているのだから間違いない」といった類の、高圧的な議論には納得しなくなっているのである。

包括的なアプローチをめざして

健康に害を与えない環境のなかで私たちが生きて行けるようになるために、どのような方法があるのだろうか?

フランスでは近年、この面で大きな進歩があった。そのうちもっとも重要ものは、一九九八年七月に行われた保健安全法、いわゆる「ユリエ法」の制定だ。これにより、保健関連製品を扱う機関と、食品関連機関という二つのリスク評価機関、そしてひとつの保健衛生監視研究所が新設され、これら全体を保健安全委員会が調整することになり、既存の手続きが著しく改善された。この保健安全体制の改革のなかで、環境への配慮が行われるようにする上で、緑の党の行動は決定的な役割を果たした。また、緑の党の要請により、意思決定の透明性や行政評議会への薬品利用者団体の代表の参加など、この法案をめぐる数多くの変更が可決されている。

とはいえ、こうした措置の対象は保健関連製品や食品のみのリスクに限られているため、部分的な対策でしかない。緑の党は、これと同時に、「環境安全庁」や「環境監視研究所」を新設すべきだと考える。この環境安全庁は、環境省の管轄下に置き、有害物質や化学物質、大気汚染、日常の消費財に含まれる危険物質のリスク評価・予防を担当する。他方、環境監視研究所は、環境の状態を監視するとともに、必要な場合には警報を発令する機関とするのである。これは、社会党のオデット・グルズグルズルカ議員と緑の党のアンドレ・アシエリ議員が共同で政府に提出した報告書のなかで行っている提言である。

だが、現在の行政組織体制の下では、本来的に省庁横断的な原則である慎重の原則の実施はほとんど無理だ。人間が曝されている汚染は、縦割りの省の壁を越えたさまざまな部門から発生しているからだ。また、慎重の原則は、保健・環境関連機関だけでなく、あらゆる省の固有政策の指針となる主要原則とならなければならない。「省庁横断連絡委員会」のような機関を設置し、各機関や研究所の行動を整合させ、横断的な連携を奨励する必要がある。

さらに、保健研究予算の拡充が必要だ。緑の党は、「汚染者負担」の原則に沿ってジョスパン政府が「汚染行為一般税（ＴＧＡＰ）」を創設したことで、部分的な満足を得ることができた。だが、ＴＧＡＰは、有害な物質や製品、原料の生産に課税する制度によって補完する必要がある。

これは「公衆保健衛生の第二の革命」を起こすことに他ならない。この革命は、二〇世紀初めに、すでに環境への対策、とくに水の誘導と浄化によって伝染病を阻止できるようになった第一の革命に匹敵するような、大規模な革命である。発展した私たちの社会が現在直面している課題は、私たちの環境をよりよく制御することによって、慢性疾患を防ぐことである。これには早急な対策が必要だ。その場しのぎの対策では、市民の理解は得られないのである。

緑の党の政策提案

- 既存のあらゆる物質についてリスク評価をおこない、データが充分でないものは回収する。
- すべての国民について、それぞれの固有のリスクに配慮したリスク評価をおこなう。
- 各物質、製品、原料の生産に対して、その毒性にもとづいて課税を行う環境税（「保健税」）を新設する。
- 保健研究予算を拡充するとともに、その予算のなかで生態毒物学と環境保健学の比重を拡大する。
- 研究者の経済権力からの独立性を確保する。
- 研究者・専門家と、政治的意思決定者とを明確に分け、意思決定への配慮が研究や調査結果に影響しないようにする。
- 異なる立場から複数の専門家調査をおこない、あらゆる可能性を評価する。
- 労働制度、とくに労働医療を改革し、保健公共サービスの一環として統合する。
- 労働密度を低下させる。
- 保健行政の完全な透明性を確保する。

科学
研究と倫理を結びつける

この地球上に生息するすべての種のなかで、人間は例外的な位置を占めている。人間は、自然のプロセスのなかに組み込まれたまま、その流れを理解しようとも変えようとも思わず、そのなすがままにただ生き続けて行くだけでは満足できない生物だ。逆に人間は、その歴史が絶えず生み出し、変えていく計画や価値観にもとづいた意識的活動には服従する。洞窟で暮らし、野生動物や空腹、寒さ、疫病に翻弄されていた時代の人間から現代の先進国の「中産」市民までの間に、さまざまな改善があったことは否定しようのない事実である。分析し、理解し、単なる世界の外観をこえて隠された仕組みをよりよく把握するその並外れた能力によって、人類は今日「科学」と呼ばれるものを造り上げてきたのだった。

さまざまな弊害

だが、エコロジストにとって、物事はそれほど単純ではない。「ものには表もあれば裏もある」という諺どおり、「進歩」といわれるもののなかでリスクを伴わないものはない。長い間、この諺はある種の宿命論を表現するものでしかなかった。だが今日、自然資源の略奪や破壊、技術科学《テクノサイエンス》がもたらす道具の威力に伴って拡大する事故の深刻さ、そして拡大する汚染とその被害によって、科学の弊害に対する認識が強まっている。

すでに二〇年以上前から続いている原子力や遺伝子組み換え生物（GMO）をめぐる論争は、今日、科学技術ロビーを告発する場となり、さらに辛辣な批判者が「魔法使いの弟子」狩りを展開する場となっている。

科学の恩恵の分配は不平等

科学に対する二つめの批判は、こうした「進歩」の恩恵の分配が、いわゆる先進国の社会内部でだけでなく、南北間でも極めて不平等なことである。

この点に関しては「科学」も責任を免れない。問題は、単に物的・非物的「財貨」の交換全体が商品化のロジックに支配されているために、その恩恵の「外部」配分が適切に行われていないことだけにあるのではない。科学技術や精緻化のプロセス、科学へのアクセス、その普及のもつ性質が、どのようにしてこうした不平等を助長し、強化する方向に働き得るのかを考えなければならない。

反民主的な意思決定プロセス

科学に対する三つめの批判は、科学や技術の選択様式をめぐるものである。「技術科学《テクノサイエンス》」という言い方は、軍産複合体（核）、あるいは遺伝子産業（遺伝子工学）の存在を表現するものであるとともに、科学と産業、そして政治のあいだの関係を組織化する様式の問題を提起するものでもある。

ガリレオから啓蒙時代までのあいだ、科学は時の権力者に対する批判に正統性を与えることで、民主主義の発展過程のなかで建設的な役割を果たした。だが、オーギュスト・コントと科学主義の発達以降、事情は一変した。中立性という名目の下で、「科学」は多くの場合、時の権力の側に立つようになった。今日、政治家は専門家の意見の威を借りて意思決定を正当化することがますます多くなっている。これには次のような三つの効果がある。

●意思決定を行うさいに、関係市民の関与がなくなる。

●日ごろ「責任」を声高に叫んでいる「意思決定者」の責任のがれになる。

●「純」科学的な合理的議論だけが正しいわけではないということを認めなくなる。

社会モデルの失敗

二〇世紀を支配したふたつの社会経済モデルである計画経済と超自由主義《ウルトラリベラリズム》は、科学と政治、そして産業の間の分節化の問題に答えることができなかった。

「社会主義とは、ソビエトプラス電気だ」という言葉は、計画経済モデルがもっていた三つの柱の密接な結合関係を漫画的に表現している。共産主義国では、反権力が存在しないことによって、核と自然資源について西側諸国に輪をかけたひどい管理が行われていたのだった。

フランスは不幸な例外であり、同じ学校を出たエリートたちが支配的な影響力を持ち、ひとつの大きな集団をつくって国を牛耳っている。これはフランス独特の共和主義的エリート主義が生んでいる弊害のひとつで、しっかりした数学の素養を身につけていることが国を牛耳る権利を保障し、またそれだけがそれを可能にするという考えを植え付けたのだった。だが、実際には、人間社会の営まれ方は機械の動きに還元できるようなものではないのであり、未知の部分や予測できないこと、あるいは集団行動の複雑さに充分配慮することが不可欠なのだ。

一方、超自由主義の方は、自由な起業は目先の利益の追求を動機にしているため、長期的な展望をもったり、さまざまな弊害に対処したり、専門家自身が発する情報に配慮することが本来的にできない。たとえば遺伝子組み換え作物問題は、市民の参加のないところで、みずからの利益のためだけに科学を利用する多国籍企業の意思と能力を余すところなく示している。

政治階級のコンセンサス

工業国ならどこでも、政治家たちは皆、西洋の科学は必ず進歩をもたらすという神秘的な信仰をもっている。

だが、左翼・保守を問わず、大科学者は植民地支配の悪事に手を貸してきた。また今日、技術革新を求める大合唱を見てもわかるように、政治家から自由な起業を唱える企業家まで、科学は経済危機を脱し、失業問題を解決する唯一の方法として提唱されている。進歩を遅らせたり、ましてや禁止しかねないような、科学の妥当性に対する批判や異議申し立ては、激しい競争のロジックのなかで、すべて許し難いものと見なされるのである。

こうした科学信仰はまた、別の真の解決策が政治的選択肢として提出されることなく、技術的な解決策のさらなる探求に突き進むという、前向きの逃避へとつながる。たとえば、自動車メーカーや交通行政機関は、ドライバーに渋滞箇所を知らせる情報システムや信号制御システムに投資しているが、こうしたシステムを作ったプログラマー自身が私的に認めているように、これらのシステムでは問題の根本的解決にはならないのである。

これは、八〇人乗りのバスが占める道路面積が、八〇台の車が占める面積とは比べものにならないほど小さいことを認めてしまえば、街中で車が個人の自由を保証する重要な要素として確立してきた社会モデルが問い直されることになってしまうからだ。

政治的エコロジーの起源の一部が科学的エコロジー（生態学）にあったことは疑いの余地がない。その担い手の多くは科学者、それも自然科学者である。だが、政治的エコロジーが単に結果だけでなくその原因と取り組もうとするかぎり、その目標は環境の問題の枠を超えて、社会や政治の問題をも含めた問題の全体を集団的に考察することに置かれる。ソ連における国家イデオロギーとしての科学主義がもたらした荒廃を肝に銘じ、われわれは政治的合理性を科学的合理性に還元してしまうことを厳しく戒めねばならないのである。

自然と和解する

エコロジー主義の立場からの批判を行うためには、まず問題の中心が人間と自然の関係にあることを自覚する必要がある。

自然は人間を育むものとはいえ、多くの場合、人間にとって脅威に満ちた存在であるため、人類は自然から身を守る必要があった。そして、人間が自然の一部にとどまっていることに満足しなかったからこそ、人間はその存在条件を改善することに成功してきたのだった。だが、その成功によって、人間は自然への配慮が必要ないと考えるようになってしまった。

この傾向は、絶え間なく拡大する都市化によっていっそう強くなった。この文明によって、人間は宇宙に飛び出し、インターネット上をサーフィンするようになったが、過度の科学技術が生活の場に入り込むことで、魚の絵を描くのに四角い冷凍の切り身を描く子供の例が示しているように、若者は「良き野生」の基本的な知恵を奪われてしまった。

少なくとも三世紀前から、われわれは物質や自然に習熟するだけでなく、これらのタダで無尽蔵の財貨を支配し、自分のものにしたいという意思を実行に移してきた。近代技術は、支配の道具であると同時に、自然という現実から逃避する手段、あるいは少なくとも自然とのつき合いを断ち切る手段でもある（六六頁「持続可能な発展」の章参照）。だが、人間に課せられた新たな課題とは、人間活動を、自然のダイナミズムを操作するものとしてではなく、それを破壊することなく方向付けるものとしてとらえ直すことなのである。

政治的エコロジーは、自然との融合への回帰を説く傾向のある「深遠なるエコロジー」（deep ecology）の分析を認めないとはいえ、人間と自然の間の連続性、そして人間と他の生物との違いについて配慮することは必要なのである。

専門家同士の秘密論議から脱却する

科学の弊害、その恩恵の配分が不平等であること、科学と技術の選択を公的に裁定する必要など、科学と民主主義の関係が問い直されているが、それはどのようなものであるべきなのだろうか？

研究開発と、実用段階に入った技術によるその応用（たとえば初のクローン羊、ドリー）の加速によって、知識の獲得からその実用化までの時間はほとんどゼロにまで短縮されている。したがって、基礎研究と応用研究を別々に規制できると考えるのは幻想にすぎない。

今日、官製の科学には、学際的な研究や、公認された所で得られたのではない知識を受け容れる余地がない。しかし、アマゾンの熱帯林に住む「原始人」たちは、この地域の植物やその治療効果についてすばらしい知識を持っている。イカサマ治療師もいるにはいるが、ドラッグがそうであるように、こうした治療が、この場合支配的な科学権力によって開放されていないことが、人びとがこうしたイカサマ治療の「消費」に走ることを助長しているのである。

反科学の蒙昧主義を拒否する

科学の弊害を自覚することも科学の進歩のおかげだ、というパラドックス！　たとえば、生態系《エコシステム》の荒廃や生物多様性の喪失、地球温暖化、汚染の蔓延がもたらすリスクのほとんどは、自然現象の複雑さや、時間や空間を経て変化して止まない自然の動態を詳細に研究した科学者が明らかにしたものだ。これは、市民の警戒心が、長い間、日常生活の差し迫った問題、直接身におよぶ社会や経済の影響に向けられてきたためだ。

宗教や、アメリカの創世科学に見られるような蒙昧主義の流れがもっている教条主義や保守主義的立場とは対極的に、緑の党は批判的理性の拒否には与しない。

しかし、いわゆる「ハード」科学（数学、物理学、化学、分子生物学など）は、マスコミでも、政治でも、また業界でも特別扱いされている。これ以外の、「ソフト」科学、あるいは「人間的」科学と呼ばれる科学にも発言権を与えることが緊急の課題だ。こうした科学がわれわれにもたらしてくれるものは、とくに「ハード」科学だけでなく、われわれの社会の機能全体に対する批判的視点など、非常に大きい。

今日、広告業者や「人的資源」を管理する人事担当者は社会学者を使う術を心得ている。だが、その目的は、必ずしも透明性や人間関係の改善だけにあるのではない。

研究や技術開発の妥当性は、社会のあらゆる当事者による、異なる立場からの絶え間ない対話の争点になるべきである。最近の分子遺伝学の発達は、公的な裁定の難しさを如実に示している。最悪の場合には、欠陥遺伝子の配列が明らかにされることによって、その情報が、経営者が個人を選別したり、疾病保険の料率を決めるさいに利用されることもあり得るのである。

もうひとつの例を挙げると、特異な遺伝子病患者を使って社会に協力をアピールすることには正統性がある。だが、悲惨な人間の状態をマスコミで大々的に取り上げて一般の人びとの慈善を求める「大いなるミサ」は、こうした問題に対する本当の意味での助け合いをどのように造り出すかを議論したり、とくに医学研究をどうするかを皆で考えることが妨げられてしまうため、往々にして混乱と諦めのパロディーと化してしまう。

これまで重用されてきた官房での専門家と大臣の密談の代わりに、広範な市民が異なる立場から参加する開かれた真の議論の場を定期的に開かねばならない。フランスで国会科学技術選択局をはじめ、様ざまな委員会（生物倫理、遺伝子組み換え作物など）の新設が示しているように、様ざまな当事者がそのことに気づいている（気づいて気が重くなるのだが）。

一九八〇年代初めに生まれた「科学ブティック」[訳注(1)]のような運動を、もういちど復活する価値がある。最近出てきたノウハウ交換ネットワークはおもしろい試みだが、これが今後継続していけるためには強力な社会的動員、つまり需要が必要だろう。

慎重の原則が必要

リスク文明と言われるわれわれの社会だが、リスクに対して「仕方がない」と諦める市民は減っており、安全への要求はますます高まっている。一九六〇年代に提唱された慎重の原則は、今日内外の様ざまな公式文書（一九九二年のリオ宣言、アムステルダム条約）や発言の中で再三称揚されている。政治的エコロジーは、この原則を重要な調整原則、とくに科学の進歩に対する調整原則として要求してきた（二二八頁「健康」の章参照）。

万一損害が発生した場合にも科学がそれを修復してくれるものと、科学を全面的に信頼して放任するか、「リスクゼロ」という、多くの場合実現不可能な条件が満たされない限り「何もしない」かという、ふたつの相対立する議論の行き詰まりが、慎重の原則の実施によって乗り越えられるようになるのである。

慎重の原則とは、たとえ科学的に不確実な状況の下でも、ともかくも意思決定を行い、行動するということである。たとえば、環境汚染や地球温暖化は、その影響が長期にわたるため、結果が明らかになってから行動したのでは遅すぎるからだ。

そのさい重要になるのは、不可逆性と損害の大きさというふたつのパラメータである。緑の党は、慎重の原則を「受け容れることのできる最小限のリスク」の追求と定義することは妥当だと認める。しかし、それが信頼できるものであるためには、その内容が異なる立場の人々が参加するほんとうの意味での市民討論に付され、知識の進歩だけでなく市民の考え方の変化に応じて繰り返し議論し直されることが不可欠である。

知識を放棄することは様ざまな面で後退でしかなく、科学主義と闘うときには、理性を敵に回してではなく、理性を用いて闘う必要がある以上、緑の党は単に科学の発展が「過剰」であることを批判したり、逆に科学技術に対する楽観論にとどまることはできないのである。

エコロジーの危機が含んでいる哲学的・政治的意味は、科学と民主主義の間の新しい結びつきを、集団的討論を通して早急に定義することをわれわれに要求している。したがって、ノーベル賞受賞者からただの市民まで、業界人から政治家まで、社会の当事者全員に呼びかけ、共同のフォーラムに結集させる必要がある（一六四頁「市民権」の章参照）。人権宣言は、ことの大小を問わずこの世界の問題を集団的に話し合う場では、いかな

訳注

(1)ノウハウ交換ネットワーク：個々の市民がもっている専門知識やノウハウと、これらを必要としている市民とを地域共同体の掲示板やインターネットで結びつけ、互いに無料で交換し合う市民ネットワーク。市場を介さない市民セクターの財・サービス交換の一形態。

「まだ生きてるんですか、グラノルさん!?
お出しした薬飲まなかったでしょう。ダメじゃないですか」

る場合にも決して特定の人間により大きな権利を与えてはならないとしているからだ。選択を行うときには、専門家も一介の市民にすぎないのである。

エネルギー

エネルギー源の多様化と脱原発

人間の活動は、どのようなものであれ、必然的にエネルギーの使用を伴うのであり、地球上にある資源を消費する。その資源がどこから来ているか、そしてそれをどのように利用するかで、環境に与える負荷（汚染、資源の枯渇、廃棄物の発生など）の程度だけでなく、社会そのものの在り方や国際関係までが大部分決まってしまう。

緑の党は、その創設以来、省エネルギーと原子力の廃止、そして再生可能エネルギーの開発を主張してきた。これらを選択することは、環境保護だけでなく、雇用や国土整備、社会的不平等の縮小、一次エネルギー資源をめぐる地政学的緊張の予防にもプラスの効果をもたらす。

こうしたエネルギー源の移行は、浪費や汚染を減らしたいという集団的な意思がなければ行えないものだ。私たちは、エネルギーを節約する技術を採用したり、汚染のより少ない交通手段を使うようにすることで、個人としてこれに貢献することができる。だが、地方自治体に省エネを優遇したり、自動車で移動する必要を減らして他の交通手段（歩道、自転車道路、公共交通）を促進する政策を取るよう働きかけることも必要だ。

秒読み段階の地球温暖化と大気汚染

地球温暖化が現に起きていることは、すでに確実視されている（六六頁「持続可能な発展」の章参照）。大気汚染も、自動車交通の増大によりとくに都市部で悪化を続けている。

化石燃料の燃焼に厳しい汚染防止基準を課すこともちろん必要だ。だが、市民の健康被害がますます深刻になっていることから、おもに公共交通に優先権を与え、自動車の通行そのものを大気汚染のピーク時に限らず厳しく制限していく必要がある（一二三五頁「交通」の章参照）。

緑の党は、各種の燃料への課税を、その汚染度に応じて決め直すことを提案している。石油からつくられる燃料のうち、ＬＰＧ（液化石油ガス）には汚染が少ない上に、エンジンの寿命が延びるという際立った利点がある。ガソリン車をＬＰＧ用に調整するのも容易で、都市部では燃料補給網も存在する。

だが、もっとも期待できるのはＮＧＶ（天然ガス車）だ。CO_2以外、排ガスはほとんどなく、車も燃料補給網も既存のものが使えるし、燃料としてバイオガス（再生可能燃料）を用いることもできる。

車公害を減らすために、フランス政府は、ヨー

汚染者に負担させる汚染税

環境を守る行為もふくめ、あらゆる行為はコストと便益を秤に掛けることによって決められる。ところが、大多数の場合、環境を守る行為はより多くの個人的コスト（お金、時間、手間）を伴うのに、その便益──よりよい環境──は、その場ですぐに眼に見えないことが多いため、目立ちにくく、集団のレベルでしか評価されない。

汚染税の考え方の基本にある原則は単純なものだ。それは、①これまでタダかタダ同然だった環境要素（土壌、水、空気など）の使用にも、労働や資本と同じようにコストが掛かるようにすべきである。②自然資源やエネルギーなどの一次資源の消費にも、人が浪費をしなくなるだけの価格を支払うようにすべきである。③環境に何らかの悪影響（生産の段階や廃棄の段階で）を与える製品には価格メカニズムによるペナルティーを課すべきである、というものだ。

これには、化石燃料や原子力（ストックエネルギー）の利用にペナルティーを課すと同時に、省エネや再生可能エネルギー（フローエネルギー）を始めとする代替エネルギー促進の財源を得るという、ふたつの目的がある。

ロッパの各機関が車の出力制限や有害基準の引き下げ、CO_2とエネルギーに対する汚染税の新設を獲得できるよう働きかけるべきである。

行き詰まった魔法使いの弟子

原子力産業は、国に圧力をかけて「原子力一辺倒」のエネルギー政策を取らせたが、今日それは経済面でも環境面でも完全に行き詰まっている。原子力ははるか以前から化石燃料（ガスと石油）よりも安いとは言えなくなっており、とくに研究開発につぎ込まれた莫大な資金や廃棄物の貯蔵・管理、超高圧送電線の費用、老朽原発の廃炉費用を含めると、その差はいっそう大きくなる。一九九七年に産業省が初めて公表した発電単価でも、ガス複合サイクルの方が原子力よりも安いとされている。しかも、原子力偏重の結果、フランスは原発過剰の状態に陥り、余剰設備からの電力を吸収するためにヨーロッパの隣国に大量の電気を輸出――しかも原価割れの料金で！――せざるを得なくなっている。

緑の党が入閣してから一八カ月の間に、高速炉スーパーフェニックスの停止と廃炉やカルネ原発計画の中止、さらに原子力安全性問題の透明性確保の法案、エネルギー源多様化予算、核物質輸送の管理強化、海洋への放射能排出を禁止する北東大西洋海洋環境保護（OSPAR）条約[訳注(1)]の調印など、数多くの政策が発表されている。

しかし、エネルギー需給体制の転換という大きな課題はまだ残されたままだ。他の工業国が原子力の廃絶に向かっているのに対して、フランス政府はいまだに従来の誤った路線に固執しており、「原子力ロビー」も、

訳注

(1)ＯＳＰＡＲ条約：危険物質の海洋への投棄および排出を規制したオスロ条約（一九七四年発効）およびパリ条約（一九七八年発効）を拡張し、北東大西洋における①海洋生態系・生物多様性の保護、②危険物質の海洋投棄・排出禁止、③放射性物質の海洋への投棄および排出禁止、④富栄養化の防止を定めた条約。一九九八年三月発効。欧州委員会、ＥＵ加盟一五カ国、スイスが批准。放射性物質の海洋投棄・排出を禁止していることから、ヨーロッパの原子力施設、とくに使用済核燃料の再処理工場に反対するさいの有力な根拠となり得る。

高速原型炉フェニックスや停止していた原発の運転再開、放射性廃棄物の大深度地下埋設など、巻き返しをはかっている。一九九七年三月に合意された「緑の党—社会党協定」には「二〇一〇年まで原子炉の建設モラトリアムを実施する」と明記されているにもかかわらず……。

廃棄物よ永遠に！

原子力エネルギーは、原子力官僚たちが言ってきたような「クリーン」なものではない。ウラン鉱の採掘や、それを燃料にするための濃縮など上流の工程では、莫大な容積の廃棄物が出る（一キロのウランを精製するために一トンのウラン鉱が必要）。下流の工程でも、放射化や核分裂による様ざまな放射性物質が発生し、そうした廃棄物が安定化するまでには数十万年もの年月がかかる（もっとも長いものは一七〇〇万年）。

では、原発の炉心にある使用済燃料はどうするか？　フランスはこれをラ・アーグ工場で再処理し、プルトニウムを抽出する道を選んだ。だが、プルトニウムのはけ口（軍事用と増殖炉用）が減少しているため、フランスはこれをウランに五％のプルトニウムを混ぜたＭＯＸ燃料（混合酸化燃料）の形にし、既存の原発で一部ウラン燃料と置き換えて使うことを考えた。しかし、プルトニウムは発ガン性が非常に高く、何万年も生態系を危険にさらす猛毒物質であるだけでなく、原爆をつくるのに最適の物質でもある。使用済燃料からプルトニウムを取り出すことで、原爆のもうひとつの材料である高濃縮ウランよりもはるかに容易に核兵器をつくり出すことが可能になる。スーパーフェニックスの廃炉がすでに決まった今、ＭＯＸ燃料の製造を中止すればプルトニウムを抽出する意味はなくなるのである。

緑の党は、再処理を廃止し、使用済燃料を現状のまま、発生した場所の近くで、地表で、常時監視の下に貯蔵することを提案している。法律に則って、長期地表貯蔵方式の研究に予算を組み、研究を開始する必要がある。

フランスでも原発を廃絶できるか？

フランスで現在運転している原発はこれから順次、寿命で停止しなければならなくなるため、原子力産業はメンテナンスをめぐる深刻な問題に直面することになる。これに対して、原子力は発電単価が高すぎてこのまま継続できないというのが世界のほとんどの専門家の一致した見方だ。緑の党は、30年間で完全な脱原発を達成することを提案している。この包括的シナリオは、現実的なシナリオであり、今すぐに実行できるものである。

●スケジュール：フランス電力（EDF）の原発の寿命を最大25年として年間最低2基のペースで廃炉にし、それを順次他のエネルギー源（電気とは限らない）に置き換えていく。同時に、1997年の「緑の党—社会党協定」で新規建設モラトリアムの最終年とされている2010年以降もモラトリアムを継続する。

●核燃料：今後は低濃縮ウラン、そして必要であれば劣化ウラン（ピエールラット濃縮工場に大量にある）と、市場で入手可能な軍事からの転用高濃縮ウランの混合物から成る燃料を用いる。

●放射性廃棄物：廃棄物の地下貯蔵を廃止し、使用済燃料の状態で貯蔵する。原型炉フェニックスは廃棄物の研究に向かないため、永久停止とする。

●再処理：使用済燃料の化学再処理（現在ラ・アーグで行っている）を廃止し、現状のまま、発生したサイトもしくは現在の貯蔵サイトにおいて最終貯蔵を行う。

●プルトニウム利用施設：プルトニウム産業は廃止する。その結果、ラ・アーグ再処理工場はフランスの使用済燃料の中間貯蔵施設となる。カダラッシュにある核物質公社（COGEMA）のMOX加工工場およびマルクールのメロックス工場は他の施設に転換する。

●外国の放射性廃棄物：未再処理燃料、再処理で回収されたウラン、およびすべての放射性廃棄物は、その放射能レベルを問わず、1991年12月30日法の定める期日[訳注(1)]に従い外国顧客に返還する。

●再処理生成物：ラ・アーグ再処理工場に現存しているDHA（高レベル長寿命放射性廃棄物）およびプルトニウム（DHAと混合済みのもの）はすべて、検査を行った上で現在の場所で地表貯蔵し、外国起源のものは返還する。

(1)核廃棄物管理に関する1991年12月30日法は「輸入放射性廃棄物のフランスにおける貯蔵は、たとえその再処理が国の領土内で行われた場合でも、再処理に必要な技術的期間を超えてこれを行うことを禁止する」（第三条）としている。

既成事実戦略

原子力官僚たちは長い間、フランス電力（ＥＤＦ）を通して、住宅をはじめビルや工場などの建物で電気暖房を拡大するという無責任なマスコミキャンペーンを大々的に展開してきた（電気料金と税金をふんだんに使って）。だが、フランスで他に類を見ない規模で行われているこの暖房方式は、非常にコストが高い上に、エネルギーの面で極めてムダが多く、効率が悪い。冬のピーク時には二五〇〇万キロワットの電力（電力需要の半分近く）が暖房用に吸い取られている。

緑の党は、フランス電力による発電事業の事実上の独占を廃止し、発電業者と送配電会社（ＥＤＦ）の間で取り交わされる契約を監督する独立の機関を創設するよう提案している。また、電力の原価割れ販売を禁止するとともに、電気暖房促進キャンペーンも当然やめさせなければならない。

原子力推進を唱える人たちは、代替エネルギーがないので原子力がなくなれば石油ランプの時代に逆戻りだと大合唱を繰り返している。だが、その責任は誰よりもまず、莫大なロジスティックや行政資源、物資、そして資金をすべて原子力だけに投入し、それ以外の様ざまなエネルギー源にバランスよく配分してこなかった国の責任者にある。

未利用資源はまだまだある

今よりはるかに少ない消費でも、実質的に今と変わらない生活を送ることができる（六六頁「持続可能な発展」の章参照）。緑の党は、省エネと再生可能エネルギー促進の予算を大幅に増額すべきだと考える。たとえば、電気と熱を同時に生み出すコージェネ[訳注(2)]を普及させれば、産業やビルで大幅な省エネを行うことができる。

次に、風力エネルギーの開発を進めれば、向こう二〇年間でヨーロッパの電力需要の一〇％をまかなうことができる（ヨーロッパ風力工業会調べ）。風力発電機を港や臨海工業地帯、島嶼地域、遠浅の近海地域などに設置していく必要がある。

三つめとして、家畜の排泄物や特定の家庭生ごみ、汚水処理場の汚泥などを発酵させて得られるバイオガスは、輸送用や暖房用のエネルギーとして使える。さらに、太陽エネルギーは、ソーラーコレクターによる暖房や太陽熱温水器、太陽電池などによって、住宅や僻地で利用することができる。

研究開発予算のほか、具体的な設置に対しても助成を行い、こうした新興産業が離陸し、世界規模で始まっている競争に勝ち残って行けるよう育成する必要がある。さいわいヨーロッパは、この分野ではフランスを待たずに先行しており、ＥＵによる資金援助（テルミ計画、セイブ計画、オルタナー計画、ライフ計画など）が以前から行われている。

地域レベルの適用には地域圏の資金を用い、とくに農村部で雇用や地域整備、地域開発に貢献することができる。ノール‐パ‐ド‐カレ地域圏では、緑の党の行政担当の下で一九九二年から九八年の間に九カ所の風力発電所を建設したほか、地域圏内の公立病院のすべてと一部の学校へのコージェネ導入、木質エネルギー事業の組織化、バイオガスの生産、「高度環境共生」（ＨＱＥ）建築の認定、家庭ゴミの分別収集など、様ざまな取り組みが進んでいる（二七頁「地方では」の章参照）。

しかし、こうした地域レベルでの適用に必要な機材の改良は、国の仕事だ。これについては、ノール県選出の緑の党議員ギイ・アスコエが一九九七年に「領土、雇用と持続的発展」と題した報告書を首相に提出している。

訳注

(2)コージェネ：熱電併給システム。燃料を燃やした熱で発電する場合の変換効率はせいぜい四〇％程度で、残りのエネルギーは廃熱として捨てられる。この廃熱を暖房や給湯、産業用熱源等に有効利用する技術がコージェネ（co-generation）で、これによってエネルギーの利用効率を八〇％程度にまで高めることができる。ガス複合サイクルや燃料電池など発電施設の小型化とクリーン化により消費地に近接した発電が技術的に可能になったことがコージェネの可能性を拡げている。

議論はいつ?

原子力の面でフランスは今日、国際社会のなかで例外的な存在となっている。それは、原子力のもつ産業としてのリスクや核拡散、コスト、市民の受容、廃棄物管理、技術的課題など、様ざまな問題が山積しているためだ。

だが、フランス市民はこれまで、エネルギー政策について意見を聞かれたこと(国民投票)はもちろん、ほんとうの意味での国会審議も許されたことがなかった。これまですべての決定は、行政上層部の独断と強力な圧力グループの求めるままに、闇の中で行われてきた。

原子力官僚《ニュークレオクラート》たちは民主主義を嫌い、自分たちの身内から出てくる情報しか意に介さない。一九八六年のチェルノブイリ事故のさいに、公式に放射線管理の任務を負っていたこうした「専門家」たちが、東から流れてきた放射能の雲が奇跡的にフランスの国境で止まったと、ウソの発言を行っていたことを忘れた人はいないだろう。

緑の党は、エネルギー政策をめぐるほんとうの意味での民主的な議論と、放射線防護と原子力の安全性を監視する真の独立機関の新設を求めている。

さらに、環境・省エネ庁(ADEME)に対して管轄の各省(産業、研究、環境)から充分な予算を与え、その任務と組織に抜本的な改革を行ってその実行力を高める必要がある。

一九九七年三月の「緑の党―社会党合意」に盛り込まれていた「環境、国土整備、エネルギー、運輸、住宅を管轄する大規模な省」の設置は、フランスを持続的発展の途に就かせる確固たる政治的意思を示すものであったといえる。

緑の党は、エネルギー問題を様ざまな領域にまたがる決定的に重要な問題ととらえ、結党以来この問題を思索と政策プログラムの中心においてきた。フランスのような中央集権的な意思決定制度の下では、エネルギー

トラック運転手道路封鎖スト終結
「オレは急がないよ。オレの積み荷は10万年保つから！」
放射性廃棄物／鮮魚

の選択をめぐって大幅な改革を行い、近代民主国家の名にふさわしい意思決定様式を回復することはとくに大きな困難を伴うのである。

緑の党の政策提案

持続的発展の条件

●二〇年間で脱原発を達成する。

●大気汚染物質と地球環境汚染ガス（温暖化ガス、オゾン層破壊物質）の排出を削減する。

実現手段

●エネルギー消費を効率化する（建物および家庭・事務所、産業の各種製品・設備のエネルギー消費基準と品質表示ラベリング。助成、環境税など）。

●再生可能エネルギーの促進と開発を進める（ＡＤＥＭＥの予算増額、再生可能エネルギーと原子力に対する国家の予算配分の変更）。

●数値目標と研究開発予算、財政措置、奨励策、その他の付随措置（職業訓練、情報、市民団体への支援など）を明記した「再生可能エネルギー開発一〇カ年計画」を策定する。

●民営化に対置すべきエネルギー公共サービスの概念を定義する。

遺伝子組み換え作物に危険はないのか？
「ぜーんぜん！」

生物多様性

自然をまもろう！

フランスは、ヨーロッパのもつ自然の財産の相当部分を擁するという幸運に浴していると同時に、その責任も負っている。フランスの動植物相は、今なお際立った豊かさを維持しているとはいえ、近年ますます危機に瀕し、断片化しつつある。多くの種が固有種、つまり世界の他のどこにも生息していない独特の種である。また、ニューカレドニアやギアナの森林に見られるように、海外県・海外領土にはすばらしい生物学的多様性が隠されている。

この財産は、種の出現と消滅のダイナミックなプロセスによって生み出されたものだ。だが、半世紀前から消滅のスピードが急激に速くなっている（およそ一〇〇倍～一〇〇〇倍）。熱帯林の破壊は、これまでの地質学上の時代の一〇〇〇倍～一万倍のスピードで進んでいるといわれている。このまま行けば生物の多様性は、それを支えてきたダイナミックなプロセスに必要な条件がなくなってしまうため、完全に消滅してしまうだろう。ＦＡＯ（国連食糧農業機関）は過去五〇年間に、地球上で栽培されてきた植物の遺伝的多様性の七五％が消滅したと報告している。[原注(1)]

原注

(1)～が報告している：«La nature en sursis», par Alain Zecchini, *Le Monde diplomatique*, octobre 1998.

食糧と健康の危機

種の多様性に重大な脅威を与えているのは、人間の捕食活動である。人間の技術力の巨大化（集約農業）、人口増大（人口過剰と貧困）、国土整備（巨大化するインフラ）、様ざまな汚染（気候変動も）が、相乗的に環境を破壊しているのだ。

自然資源や動植物資源は、過剰に搾取されている。栽培作物の品種もますます減少している。遺伝的画一化は、何よりもまず、人間の食糧用植物の選択の幅をますます狭くするため、食糧生産にとって大きな脅威となる。食用になり得る植物は一万～五万種あるが、そのうち実際に食糧として利用されている主要なものは一五〇～二〇〇種である。さらにその中で米、トウモロコシ、麦の三種が植物性食糧の四〇％以上を占めている。遺伝的画一化が直接もたらすもうひとつの脅威は、健康への脅威だ。医薬品の半分以上は植物からつくられているのだ。

生物の種とそれが生息できる環境の消滅は、生息地域の分断化によってさらに深刻化している。たとえば、湿潤な地域が消滅すると気候変動が起き、生物とその生息環境の間の緊密な相互依存関係を内包している生態系は厳しい適応を迫られる。このとき、水分の調整や土壌浸食の防止、気候の調整（六六頁「持続可能な発展」の章参照）、他の生物の侵入、農業の収益率、自然資源の再生など、様ざまな面でもっとも決定的な役割を担うのが生物の多様性なのである。

フランスで行われた自然資産の総合調査では、おもに農業の集約化と様ざまな地域整備の結果、一九五〇年代以降、自然資産が急速に破壊されている実態が明らかになった。今日、フランス国内には自然動植物区が約一万四〇〇〇カ所、ヨーロッパの自然保護区のうち一三〇〇カ所が残っている。こうした区域の総面積は国土の約一三％を占めている。

フランスは、風光明媚な地域や、まだ豊かで多様性のある自然が残っている地域での観光から多くの利益を得ているが、国が保護しているのは国土のほんの数％に過ぎず、近隣諸国の五～一〇分の一にとどまっている。

自然保護の市民団体は、フランスでは孤立した感のある存在だが、乏しい資金の下で数々のすばらしい働きをしている。地域の自然地域保全団体である野鳥保護同盟（LPO）など、「フランス自然環境（FNE）」や「フランス自然空間」の傘下にあるいくつかの大きな地域市民団体は、二〇年近くも活発な自然保護運動をつづけており、明日の保護地区を生み出す力になっている。

最初の一歩としての「ナチューラ二〇〇〇」

一九九二年のリオ会議で調印された生物多様性条約は、とくに南の国ぐにの経済発展を損なうことなく、生態系と自然資源のよりよい管理を促進することをめざしているが、南の諸国の経済は農業の比重が高く、したがって生物多様性が直接の経済基盤になっている。

ヨーロッパレベルでの保全手段のひとつは「ナチューラ二〇〇〇」ネットワークだ。これは、いくつかのEU指令によりヨーロッパの重要な地域環境（乾燥地、湿潤地、山岳地など）と、保護すべき動植物種のリストを地図上で指定するものだ。種の保全や保護管理ができるよう対策を取るのは各加盟国の義務になっている。たとえば、「野鳥」指令（一九七九年）は、フランスではとくになおざりにされている指令だが、繁殖期や渡り鳥の帰還期には狩猟を野放しにしてはならないという良識にもとづいたものである。このほか流し網の使用禁止規制もある。

国土を取りもどす

自然資産を意識することも地域政策の不可欠な一環にしなければならない。生物の多様性を保全する思い切った政策を取ろうとすれば、環境にもっと配慮した農業政策に向けた取り組みを行ったり、自然環境を断片化させるようなインフラ計画の中ではあらゆる予防策を取っていく必要があるからだ。

それは単に整備事業のスピードを遅らせることではなく、生物の回廊地帯を確保し、なくてはならない動植物種の移動を復活させることによって、国土をいたわり、取りもどすことなのである。こうした自然横断的なアプローチは、特異な種だけにとどめるべきではなく、都市地域や都市近郊、農村部、森林地域の全体を統合するために用いるべきである。今は、大規模集約農地や都市部、都市近郊のような高度に人工化した地域で自然を取りもどすべきときでもあるのである。

秋の朝、湿地の靄を切り裂いて差し込んでくる陽光、葦野を泳ぎ回る水鳥たちは、今日、街の子供たちには縁遠いものとなってしまっているが、まぎれもなく生活の質に必要な一部なのである。

北欧諸国にならって、われわれは明日のフランスの風景を大胆に建設していく必要がある。牧草地と畑が調和しながら交互に続き、公園や庭、そして自然な空間が都市や近郊のあちこちに見え、木々や生け垣が環境と景観の機能を取りもどし、湿地が再生された国土、自然が人間活動によっていたずらに、繰り返し傷つけられることがなく、社会的発展の条件が、自然資産の保全と尊重を中心に構成されるような国土をわれわれは建設して行かねばならないのである。

緑の党の政策提案

自然保護

●ヨーロッパ・ナチューラ二〇〇〇ネットワークを結成し、少なくとも国土の一〇%を計画保護地域に指定することを目標とする。

●多数の国立公園を新設する（コルシカ、レユニオン、ギニア、ニューカレドニアなど）とともに、本土の既存国立公園を拡張する。

●沿岸保存局と地方自然地域保存局の予算と権限を増強する。

●自然保護地域の新設手続きを加速し、その数を五年間で二五〇カ所まで増やす。

●ＥＵ指令を厳密に実行する。
●自然保護市民団体を支援する。

地域政策

●交通、産業、農業などの政策で自然地域の保全を考慮する（他の章を参照）。

国土を取りもどす

●放棄地や都市部だけでなく、集約農業地域も転換する。

狩猟

狩猟は遊びではない

狩猟は感情的な問題になっている。もっとも過激な圧力団体が、狩猟を道具にしてしまっているのだ。緑の党は、哲学の面で狩猟賛成の立場でないとはいえ、「過激狩猟派」ロビーや、大っぴらに法律無視を公言してはばからず、大量の野鳥を殺戮し続けている獣食擁護論者たちと一般の狩猟家たちとを十把一絡げに獲物袋に入れてしまうようなことはしない。

一九九八年現在、一五〇〇万人を数える狩猟家人口（一九七四年には二四〇〇万人）だけが自然を利用しているのではもちろんない。スポーツをする人、科学者、自然愛好家、あるいは単に散歩をしている人など、安心して自然の恵みを享受する権利はみんなにある。緑の党は、みんながお互いに自然を利用する必要を認め合うような、自然利用の分かち合いが必要と考える。

そのなかで、人や財産に危害を加える恐れがある狩猟は、特別慎重な配慮が要求されるのであり、現行法を強化する必要がある。

緑の党は狩猟拒否権を擁護する

ヴェルデイユ法ができた一九六四年以降、約三〇の県で、面積が二〇ヘクタール未満であればすべての私有地で狩猟が行なえることになっている——たとえその土地の持ち主が反対しても！[訳注(1)] これは基本的人権の侵害

であり、この法律を欧州裁判所に提訴する必要がある。これにより、狩猟拒否権が認知されることになるだろう。訳注(2)

フランスでは、荒廃の進む自然地域の稀少動物種にとって狩猟の圧力はあまりにも強い。フランスは、ヨーロッパ諸国のなかでもっとも野生動物の少ない国のひとつになってしまっている。様ざまな動物種に対する圧力は現実に減らして行かねばならないのであり、狩猟活動もその責任を果たす必要がある。狩猟によって動物種の多様性が損なわれることは受け容れることができないのである。狩猟は自然保護と両立し得るものだが、自然に対立するような狩猟はやめなければならない。

過激狩猟ロビーがのさばる時

水鳥狩猟のロビーをはじめとする狩猟家のなかの最も反動的な勢力は、一九七九年のＥＣ指令（渡り鳥の保護を規定した指令。これを受けてフランス政府が法案化し、国民議会で満場一致で採択された）には根拠がないと主張している。

訳注

(1)土地の持ち主が反対しても：ヴェルデイユ法（一九六四年七月一〇日法）は、一定面積（平地および林地二〇ヘクタール、山岳地一〇〇ヘクタール、非乾燥沼沢地三ヘクタール）未満で、囲いがなく、家屋から一五〇メートル以上離れた市区町村区域での狩猟権を認めている。狩猟権料は、その土地の所有者に狩猟所得がある場合は有料、それ以外は無料とされている。全国市民団体の狩猟反対連合（ＲＯＣ）は、禁猟区の指定、生活区域から三五〇メートル以内での狩猟禁止、私有地での狩猟と猟犬の解放を拒否する権利の認知などを要求している。

(2)～なるだろう：欧州裁判所は、その後の提訴を受け、一九九九年四月、ヴェルデイユ法（一九六四年七月一〇日法）は所有権を侵害するものであるとする違法判決を下した。現在、この判決をフランスの国内法に適用する作業が行なわれているが、「過激狩猟ロビー」からの反発で難航している。狩猟権は、封建時代に領主の独占権だったものを民衆が長い運動の末に獲得した権利との捉え方もあり、極右から左翼までこの権利を擁護する勢力は依然として根強い。

一九九八年七月一九日、狩猟賛成派による暴力的な圧力の下で、政府を支持するはずの勢力も含め議員の大多数が狩猟ロビーに屈し、票稼ぎのために一九七九年指令に違反した、渡り鳥の生存を無視する採決[訳注(3)]を行なった。

時代錯誤の組織

狩猟組織の内部は、ヴィシー体制に源を発する家父長的な一枚岩構造に凝り固まっている。狩猟家はすべて、狩猟を独占している県の狩猟連盟に強制的に加入させられることになっている。緑の党は、狩猟免許と狩猟権から徴収される資金を公的に管理・監査することを要求している。会計監査院による監査を行うようにすれば連盟の支出を制限し、一九九八年二月のようにEU指令に反対するパリでのデモに二〇万人を動員するためのバス代や弁当代を連盟から出すというような放漫会計をやめさせることができるだろう。

監視局の独立性

狩猟家に対する監視員の独立性確保は火急の課題だ。将来的に狩猟監視員や漁業監視員を監視員として統合し、これを公職にすべきである。争いを避けるために、狩猟監視員全員をこの部隊に加入させるべきである。狩猟鳥獣の管理を狩猟家だけに任せることをやめ、科学者や自然保護市民団体、自然の利用者を対等の構成員として参加させる必要がある。

いわゆる「伝統的」狩猟

狩猟界の一部では、「伝統的狩猟」という概念を使ってすべての狩猟を正当化する議論が行われている。狩猟家が用いる手段の進歩（高性能な武器、行き過ぎた射撃場の増設、通信手段など）によって、こうしたタイプの狩猟は、昔の「伝統的」狩猟とは似ても似つかない、名ばかりのものになってしまっている。

緑の党が望んでいるのは、種の保全と将来世代のための環境だけなのであり、狩猟の禁止を求めているのではない。繁殖や渡り、冬眠のエリア全体にわたって種の生物学的必要と生息地の変化に配慮が払われ、その存続が保障されるかぎり、狩猟活動による捕獲は許容できるものである。

緑の党は単に、

●狩猟活動に責任を導入すること

●狩猟家と非狩猟家が、とくに安全性の面で相手を尊重し合うことを求めているだけなのだ。

緑の党の提案は、国の監視員組合や自然愛好家団体、農村団体、一部の狩猟家団体、自然の利用者の団体などと議論を重ねた末の結論である。

緑の党は、公権力があまりにも長くはぐらかしてきたこの狩猟をめぐる論争で、勇気ある一歩を踏み出す覚悟でいる。狩猟界の一部の行動が世論から槍玉に挙げられている今日、この一歩の必要性はますます高まっているのである。

緑の党の政策提案

●ＥＵ指令（渡り鳥と生息地）を適用する。

●狩猟拒否権を確立し、ヴェルディユ法を廃止する。

●環境相の下に、警察機能と監視機能を持った国立動植物局を新設する。

●狩猟の違反行為に対する法規を強化する（飲酒検査、罰則強化）。

●狩猟免許取得制度をヨーロッパレベルで統一し、取得基準をより厳しくする。

訳注

(3)～無視する採決：狩猟を許可する期間を二ヵ月半延長する採決。

●狩猟賦課金と狩猟免許料を汚染活動一般税（TGAP。緑の党の要求で一九九九年予算から新設）に統合し、国家に権限を移す。

「近寄るなよ、坊主。これはイノシシの卵だから、突進してくるかもしれないぞ！」

海

海はわれわれの未来となりうるか？

大いなるチャレンジの舞台となり、幾多の夢を育んできた海。その海は地球の肺でもある。炭酸ガス濃度を調整し、主要な地球化学サイクルの中心となり、将来利用できる可能性のある様ざまな地下資源を秘めている。世界貿易の八〇％が運搬されるこの青い区域は、様ざまな野望を掻き立ててきた。海は、グローバル化の進行がとくに活発な場であり、持続的発展の問題が先鋭な形で現れる場である。また漁業は、とくに貧しい国では食糧安全保障の重要課題である。近年の乱獲によって漁場は大幅に悪化しているが、漁業資源は世界の主要な動物蛋白源であり、平等に分配すべき資源である。

共有財産から漁業権の資本化へ

一九八〇年代には、ECとフランス政府からの補助金が漁船の過剰設備を引き起こしてしまった。他方、大流通業者は、価格や水揚げの安定化と製品の規格化を要求するようになった。その結果、手工業的な漁業は慢性的に過剰債務を抱え、それが設備の近代化と相俟って、漁獲量の拡大と、労働時間や重労働の著しい増大をもたらすことになった。だが、漁業資源は、量・種類ともに限りがある。

今日、漁業権は商品になってしまっている。それはまず、国家間で取り引きされる商品だ。だが、その交換は著しく不平等だ。北の諸国の住民は、人間の食用となる魚の大部分を消費している一方、価値の低い魚を買い占め、豚や鶏、あるいはエビや養殖魚の餌にしている。発展途上国は、債務の重圧を減らすために外貨を渇望するあまり、自国の領海での漁獲管理を放棄し、機械化した外国漁船が地場漁業を駆逐するに任せており、地元住民は貴重な資源を奪われているのである。

漁業権はまた、国と漁民の間（漁業免許の販売）や漁業会社同士の間の交渉の対象にもなっている。漁業権への投機も始まっており、水産企業の集中化と漁業の機械化、大規模な多国籍企業グループの形成も進んでいる。そのなかで最終的に脅威にさらされるのは、手工業的な漁民だ。

ＥＵの共通漁業政策（ＰＣＰ）も同じ方向に向かっている。一九九七年末に欧州議会で承認されたフラガ報告[訳注(2)]は、ヨーロッパの海洋資源の私有化につながる「移転可能な個別漁獲量割り当て」政策を提言している。

責任ある漁業をめざして

一人ひとりに食べる権利を保障するためには、これらの資源を節約を旨として管理し、平等に分配しなければならない。この考え方に立って、ＦＡＯ（国連食糧農業機関）のてこ入れで作成された責任ある漁業のための行動規範は、漁業活動を利用可能な資源ストックに合わせるとともに、漁法の研究を強化し、選択的な技術を用いる必要を強調している。また、ユニリーバ社[訳注(1)]とＷＷＦ（世界野生生物基金）は、科学専門家のパネルが定義する「優良漁業」の基準に沿ってエコラベルを新設する計画を進めている。緑の党は、より民主的なやり方で規格書をつくり、消費者と生産者、とくに手工業的漁民が議論する必要があると考えている。

漁業のやり方も見直す必要がある。北と南の漁民を集めて二〇〇〇年に結成される「世界手工業的漁民フォーラム」は、その重要な最初の一歩だ。

管理の目的には、社会的基準も含める必要がある。各漁法ごとに、それを採用した場合に創出される雇用の数と質を比較するのである。農業と同じように、持続的漁業の実践を約束した漁民と国またはＥＵの間で地域ごとに契約を交わすといった方法も考えられる。

たとえば、沿岸地域全般に見られる小規模漁業は、雇用効果が高く付加価値も高いので、優遇すべきである。同じことは、海洋環境の自然の恵みを生かした魚や貝の養殖にも言える。

経済的側面や社会的側面、そして生物学的な制限に総合的に配慮した経営様式を実現するには、次のようないくつかの単純な原則を踏まえる必要がある。

●最小自治体優先（サブシディアリティー）の原則＝同じ海域（もしくは同じ漁業資源ストック）で操業している漁船が属する地域のレベルで意思決定権を行使すること。

●共同管理＝意思決定を公権力、業者団体、さらに環境保護市民団体の間で分担すること。決定され評価された目標を達成するための管理運営については、事業者に依託できるようにする。

●状況の変化への対応・適応能力＝資源保護対策がすばやく取れること。

●海洋環境に配慮した選択的漁業の奨励。

沿岸地域を整備する

資源の荒廃は、沿岸地域の状況とも結びついている。異なる自然環境が出会う沿岸地域は、生物や社会、文化、科学、経済の面で他に類を見ない豊かな資産を形づくっている。

しかし、人間は沿岸地域を変質させる力の中心となり、自然のサイクルを加速し、自然環境を根底から変えてしまっている。沿岸地域に人口や経済活動が集中するにつれて、海岸の生態系が荒廃する例が後を絶たない。

訳注

(1)ユニリーバ社：オランダに本社を置く世界最大の食品会社。

(2)フラガ報告：マリア・フラガ・エステヴェス欧州議会議員が中心となって二〇〇二年以降の欧州漁業および地中海漁業資源の保全について取るべき政策の方向をまとめた報告。①漁業資源の保全を目的とした禁止事項と違反に対する罰則の共通化、②EU水産物市場の抜本的改革、③養殖漁業の促進、④水産加工産業の育成、⑤漁業に関わる移転可能な所有権の実施に向けた調査の開始、を提言。

たとえば、沿岸部の海水汚染は、その発生源が大きな河川のはるか上流にある場合がほとんどである。農業活動から出る硝酸塩が原因で起きるアオコの大発生のほか、様ざまな種類の農薬が沿岸海域を覆っている。また、生活排水や工場排水の大量排出が生態系を掻き乱し、化学物質が食物連鎖を汚染している。さらに、港湾の浚渫から出る重金属を含んだ泥の海洋投棄もやめなければならない。

リゾート活動も、観光や観光関連産業がもたらす影響のために、様ざまな当事者間の紛争を引き起こす。港湾内の公害、とくに金属類による汚染が起きやすいため、リゾート関連のインフラの選択には最大限の注意が必要である。

魚介類の採取や観光の発展は可能であり、またそうすべきものだが、それぞれの環境の均衡を維持しながら行わねばならない。一九八六年の沿岸地域法はひとつの前進だった。沿海価値評価計画（ＳＭＶＭ）と港湾契約を進めることで、焦点となっている問題への沿岸地域の住民の意識を高め、沿海環境の質を回復するための政策を実施することができるはずだ。

自然地域に挟まれた都市化地域の維持、自然地域での景観破壊の禁止、自然空間を維持する自治体と都市化を進める自治体との間での補助金の配分見直し、観光客の数の管理、繊細な自然地域の保護、景観の保全、施設の可逆性の追求、慎重原則の適用――こうした課題に、すでに多数の緑の党地方議員が取り組んでいる。

世界第三位の排他的経済水域（海洋面積一一〇〇万平方キロメートル）をもつフランスと、海産物の世界一の市場であり、世界一の輸入圏でもあるＥＵは、海の豊かさを公平かつ持続的に分かち合う新たなダイナミズムを推進する義務があるのである。

緑の党の政策提案

汚染対策

●沿岸の湿地帯を保全する。

●コンクリート護岸工事をやめる。

●農薬使用の制限や、排水を沿岸環境へ放出する前にすべて処理することで、農業や工業による河川の汚染を減らす。

●取締りと罰則の強化により、汚染物質の海洋投棄禁止にシントラ合意[訳注(3)]（一九九八年）適用する。

甘やかされている海運

海上輸送される貨物の量は、1995年から現在までに7倍に増えている。現在、世界貿易の80%が海を渡っている。

海運はもっとも経済的で——コストはトラック輸送の50分の1——、他の輸送機関よりも必要なインフラが少ない。ヨーロッパでは、輸送フローの階層構造と配分の仕方を改善することで輸送を海運にシフトし、崩れたバランスを回復する必要がある。

しかし、港湾地域にはデリケートな生態が多いため、30万トン級や50万トン級の石油タンカーや、積載量5000コンテナ級のコンテナ船といった大型船舶が接岸できる港湾施設をあちこちにつくることはできない。

緑の党は、より「内発的」な経済に移行することによって、輸送需要を根源から減らしていくことを主張している。しかし他方で、大型港から積出したり陸揚げする貨物の集配をもっと船で行うようにして行くことは可能だ。とくに大西洋岸地域での「内航フィーダー貨物」サービスの飛躍的増大は、大きな好機である。

グローバル化は環境や社会を間違った方向へ導くことを示したが、それは規制を撤廃し、市場原理だけに任せた経済が行き着く先だ。いい加減な船主は、整備の不備な船を平気で就航させ、低賃金で雇った船員の命を危険にさらしている。こうした「浮かぶゴミ箱」は、海の環境や、海で生計を立てている沿岸住民にとっても大きなリスクとなる。ヨーロッパでは、入港した船舶の整備状態の査察に力を入れており、問題がある場合には出港を禁止する制裁措置も取られている。だが、依然として人員が不足しているほか、船員の待遇面での対策は表面的なものにとどまっている。EUの枠をこえた多国籍間で査察機関を設置することが急務だ。

●船荷流出の多発を誘発する海運サービスのダンピングを防止する国際措置を呼びかける。

漁業

●小規模漁業のみ操業できる沿岸保護海域を指定する。
●漁業権、労働法規、および海産物市場に関する規制・認可制度をヨーロッパレベルで整合させる。
●管理運営の原則として、最小自治体優先（サブシディアリティー）、共同管理、変化への適応、社会的目的の統合、持続可能な海洋利用を目的とした海域契約を導入する。
●移転可能な個別漁獲量割り当て原則を禁止する国際措置を呼びかける。
●企業集中を抑制するために、漁獲助成に上限を設ける。
●選択的な漁業技術を強化するとともに、もっとも資源荒廃を招きやすい技術にモラトリアムを課す。
●魚粉の生産のみを目的とした漁業の転換を進めるとともに、こうした漁業に課税する。
●とくにラベリングにより消費者への情報提供を充実させる。
●手工業的漁業従事者にも商業雇用保険への加入権を認める。

養殖

●深海魚の管理委員会を新設する。
●天然ものか養殖ものかの情報を消費者に明示する。
●集約的養殖への助成を廃止する。
●養殖生産を管理するための体制をつくる。
●環境・社会面で優良な製品を示す「エコ - 社会ラベル」を生産者と消費者が共同で作成するよう奨励する。

海運

●商業港の持続的開発を助成する。
●沿岸を航行する船舶に対して最小乗務員定数の基準を設ける。
●沿岸警備隊を新設し、充分な予算を与える。

訳注

(3)シントラ合意：ＥＵ加盟一五カ国が、北東大西洋の海洋環境保護と汚染防止を目的として、有害化学物質、放射性物質等の海洋放出・投棄、石油・天然ガス採掘施設の遺棄を順次禁止して行くことを決めた合意。

廃棄物

ゴミ焼却からゴミの量の削減へ

一九七七~八七年にモンチャナンの処分場に捨てられた八〇万トンの家庭ゴミと産業廃棄物から発生した汚染は、周辺住民に重大な健康問題を引き起こした。訳注(1) また、フランスやイギリスによるヨーロッパの廃棄物の輸入(一九九〇年)は、廃棄物の地中処分や輸出に反対する世論からの反発を巻き起こした。フランスは一九九二年に、自然発生的な家庭ゴミの投棄場の閉鎖や、廃棄物の量を発生源で減らす措置、有価資源の回収、リサイクル、住民への情報活動などを目的とした立法を行い、家庭ゴミ類の処分・管理政策の転換に期待をもたせた。

しかし、この法律は焼却処分の制限を設けていなかったため、ますます巨大化するゴミ焼却場の増加とともに、ゴミの焼却が大幅に増大する一方、ゴミの分別収集やコンポスト化、メタン化は申し訳程度にとどまった。包装の段階的削減政策は、包装に対する課税が取るに足りない額だったために、一九九二年の段階で早くも流産してしまった。

今日、こうした廃棄物の焼却が、産業起源のダイオキシン類およびフラン類の主要発生源のひとつになっている。フランスには、ヨーロッパ全体のゴミ焼却施設の実に六〇%あまりが集中している。このまま焼却施設を増やし、基準を満たしていない焼却施設を動かし続ければ、公衆の健康や環境に取り返しのつかない被害を与えることになる。一九九八年四月初めに、処理能力が六トン/時をこえる焼却施設三〇カ所について行われた調査では、排煙処理を行っていたものが九基しかなかった。

さらに、一九九二年法には情報開示を奨励する条項も欠けている。

一九九七年～一九九八年、焼却処分にようやく制限

一九九八年四月二八日付の家庭廃棄物削減各県計画の作成に関する政府通達は、一九九二年法の適用に手心を加えるのをやめ、同法を準用しようという意志の表れといえる。緑の党から入閣した新国土整備・環境大臣は、家庭廃棄物類の偏った処分方法を是正し、焼却処分五〇％、有価物の回収と有機物の有効利用を目的とし

訳注

(1)～引き起こした：フランス中東部のソーヌ・エ・ロワール県モンチャナン村の産廃処分業者が、大量の有害廃棄物を長年にわたって不法に処分し、そこから発生した有害ガスで同村の住民二〇〇〇人が呼吸器病や皮膚病になった事件。

ヨーロッパ全体の整合化が緊急課題

EUでは、廃棄物の管理と処理の仕方について等級づけをしており、廃棄物の発生の予防（技術と製品）、リサイクルと再利用（プラスチック、ガラス、ダンボール、金属包装）を処分（埋立、投棄、焼却）よりも優先している。

だが、処理のコストをめぐる方針は各加盟国ごとにバラバラで、「廃棄物」という言葉の定義さえいまだに合意に至っていないのが実状だ。スカンジナビア諸国がリサイクルを最優先しているのに対して、オランダは焼却と分別収集による廃棄物の減量化を優先している。ベルギーとルクセンブルグが環境税を優先しているのに対して、埋立処分が大部分を占めているドイツ（家庭ゴミの50%）、イタリア（廃棄物の85%）、イギリス（73%）のような国もある。EUの各加盟国間の廃棄物政策を整合させる第一歩は1994年に始まり、包装ゴミの高度な回収、資源化、リサイクルを５年間で達成するという目標が立てられた。家庭ゴミ焼却施設に関するEU指令の見直し作業は、フランスの反対で1994年以降中断されていたが、その後1997年に再開された。ゴミの埋立に関する指令と、ダイオキシンの最大濃度を規定する指令が1999年に出されている。

た収集五〇％を目標とすると発表した。環境・省エネ庁（ＡＤＥＭＥ）と国土整備・環境省は、各県の処分計画を検討し、九〇県以上に対して見直しを要請している。

これと平行して、家庭ゴミの焼却処分とゴミ投棄場に対する課税が五〇％引き上げられたほか、大型焼却施設の排煙モニタリングと周辺で生産された牛乳に含まれるダイオキシン濃度の測定が義務づけられた。また、各県知事に対しては廃棄物県税の適用を要請するとともに、新旧のゴミ焼却施設のダイオキシン対策費の五〇％を国が助成することになった。ゴミの分別収集や選別、リサイクルの促進を目的として、こうした活動に対する付加価値税率が五・五％に引き下げられた。さらに、情報開示と住民参加を促進するために、すべての廃棄物処理施設に地方情報監視委員会を設置することになった。

一九八九年には一八〇〇万トンだった家庭ゴミは、一九九六年に二三〇〇万トンに増えた。このうちリサイクルされているものは、わずか一六〇万トン、一九六〇年の三倍にすぎない。

一九九二年法のおもな目的であり、一九九八年に再確認された廃棄物そのものの削減は、製品の設計段階とその処分、あるいは廃棄の段階で取り組まねばならない課題だ。この分野では、フランスはいまだに大きく立ち遅れている。様ざまな法令にもかかわらず、基準を満たしていないゴミ焼却施設が、有害な煙を今なお未処理のまま大気中に放出し続けているのが現状だ。

もっと少なく、リサイクルしやすい包装を

家庭ゴミのなかで、包装ゴミは重量で三分の一、体積で二分の一を占めている。その多くはプラスチックである。一九九二年法の施行にもかかわらず、企業は市場に出す包装の量をいまだに削減していない。この法律ができた当時、包装への課税を非常に軽くする（一包装あたり一サンチーム［約〇・一七円］にする）ことを提案したのも企業側だった。あまりにも抑止力が小さく、真に汚染者負担の原則が反映されていないため、この税は現在では逆に汚染する権利の保証にほかならなくなり、包装業者はますます多くの包装を用い、それを自治

体や納税者の負担で捨てているのが実状だ。さらに、廃棄物の発生者のなかには、この税を免除されているものもある（カフェ、ホテルレストランなど）。税額を高くすれば、ゴミの発生源での削減に目覚ましい効果がある。ドイツでは、一包装あたり最高一〇サンチームが課せられたことで、ドイツの大量消費財包装の生産は八％も減っている。

ゴミ削減の目標を達成しようとすれば、ゴミ焼却業者や包装業者との衝突は避けられない。他方、ほとんどの包装、とくにプラスチック包装は、現在まだリサイクルできないか、リサイクルが非常に困難な状態だ。そこで、包装が引き起こす汚染の大小、あるいは包装のなかに含まれる材料のリサイクルのしやすさ、また、再利用の道があるかどうかが、一九九八年末から税額に反映されるようになり、この問題で最初の前進が見られた。

フランスよりも進んでいるデンマークやアメリカ、スウェーデンでは、リサイクルが難しい素材や汚染を起こす材料を含む包装の販売を禁止するという思い切った措置を取っている。フランスではこうした禁止措置がないため、リサイクル業者が自治体に廃棄物の下流での分別を要求しているが、これは住民にとって極めて複雑であり、自治体にとってもコストの高い作業となっている。

すべての包装がリサイクル可能になるまでの間、住民の分別作業を支援する必要がある。住民への広報や教育を怠っていながら、自

ゴミの発生者負担の原則

家庭ゴミ税は、家屋の価値をベースに計算されるため、毎日捨てられるゴミの量とは無関係に課税されている。少ししか捨てない人も、たくさん捨てている人と同じ税金を払わされているのである。この課税方式では、分別や包装の少ない製品を買おうという気が起きないだけでなく、廃棄物の収集や処理のコストも覆い隠されてしまう。焼却処分や埋立処分しなければならないゴミにはお金がかかり、住民が分別収集カゴに入れたものはお金がかからないようにする必要がある。大人数の家庭や所得の低い家庭に対しては、所得と家族指数を考慮に入れて税額を計算すべきだ。こうしたやり方は可能であり、ベルギーのリエージュ地方の小さな村ウペイユでは非常にうまくいっている。

治体が分別収集の成績が悪いのを住民のせいにすることがしばしばある。分別収集の成功は、自治体と住民がいかに緊密に、そして継続的に接触を取り、集合住宅の管理人やゴミ収集員の研修（これが忘れられていることが多い）を行うかにかかっている。

リサイクル品の市場開拓が急務

ドイツでは、住民側からの積極的な参加があったにもかかわらず、収集した包装ゴミをどうするかが未定だったり、充分に考えられていなかったために、取り組みがつまづいてしまった。集まってくるゴミの量に処理が追いつかなくなってしまったリサイクル業者は、集めたゴミを低価格でフランスや東欧、東南アジアに向けて輸出したのだった。包装税の一部を早急にリサイクル品の市場の実現に回さなければ、フランスも同じ轍を踏む恐れがある。リサイクル品の市場は確かに存在するが、現在まだ掘り起こしが充分でないか、まったく手つかずの状態にある。

リサイクル不可能な素材を好んで使い続ける部門では、特定の製品（電話線や電線の被覆、包装、パイプ、留め金、電子部品、電気製品の部品など）の生産基準や、リサイクル素材の価格に関する差別条項を見直すだけで、アメリカやドイツ、ベルギーなどで生まれたような市場を開くことができるだろう。

また、自治体や行政は、市街地施設や事務備品、紙、道路の舗装材、緑地の管理、建物の設計など、行政の意のままに操作することができる市場を形成している。コンポスト（たい肥）については、環境省の主導で一九九八年初めにようやくコンポストが満たすべき基準を改善し、商品化の方法を定めるための本格的な調査が始まった。フランスはオランダから毎年一〇〇万トンものコンポストを輸入していることを見れば、畑の肥料散布や敷地の緑化、ゴミ投棄場の被覆など、確固としたコンポスト市場が存在していることがわかる。家庭ゴミの投棄場や汚水処理場から出るバイオガスの有効利用についても同じことが言える。こと発酵に関しては、われわれはまだ初歩的な段階にとどまっているのである。

リサイクル材料の市場開拓は、雇用創出にもつながる。ふつう言われているのとは反対に、雇用創出効果が高いのはゴミ焼却ではなく分別である。しかも、分別収集は、新しい職種の宝庫でもある（品質判定師、プロジェクト・マネージャー、廃棄物管理コンサルタント、住民やマンションの管理人、あるいは仲介業者に分別の仕方を説明したり、家庭訪問や、学校、市民団体や公共の場での講習会で分別収集やゴミ減量化の意味を説明するリサイクル講師など）。一九九七年末段階でその雇用量は三五〇〇人と見積もられている。これは、社会的に有用な雇用のひとつの例であり、緑の党は市民セクターとしてこうした雇用を促進するよう提案している。

ゴミの量を減らしてリサイクルを増やすことが、家庭ゴミをただ捨てるだけのゴミ投棄場を、法律通り二〇〇二年までになくす保障になるのである。

緑の党の政策提案

焼却されるゴミを減らす

●一九九八年四月二八日付通達が適用されていない県でのゴミ焼却施設の新規建設を三年間凍結する。
●基準を満たしていないゴミ焼却施設を閉鎖する。
●ダイオキシンの放出濃度を一立方メートルあたり〇・一ナノグラム以下に制限する。

ゴミを発生源で減らす

●家庭消費財の包装への課税を増額し、カフェ、レストラン、ホテルの包装に対する税を新設する。
●エコ包装の基準を改定し、もっともリサイクルしやすい素材を優遇する。
●リサイクルが難しく、汚染の多い複雑な素材を含む包装を禁止する。
●発酵可能な廃棄物のコンポスト化および個人によるコンポスト化を促進する。
●市民に包装の少ない製品やリサイクル製品を優先して買うよう奨励する。

●家庭ゴミ回収税の算出方法を見直す。

リサイクルを拡大する

●公共市場の要件に環境の基準を導入する。
●特定の製品の生産基準を改定する。
●リサイクル素材の優遇価格条項を導入する。
●リサイクル可能な包装に品質ラベルを与える。
●包装税の一部をリサイクル製品の市場開拓に回す。
●発酵可能な廃棄物のコンポスト化とバイオガスの有効利用を促進する。

農業

共通農業政策（CAP）は今すぐ改革を！

第二次大戦の直後、西ヨーロッパは共通農業政策（CAP）の実施をきっかけに統合ヨーロッパの建設を開始した。当時は、ヨーロッパ大陸でいつまでも後を絶たない食糧不足の脅威をなくす必要があった。このため、ヨーロッパの食糧自給を確保するために、生産者に増産を要請され、消費者に安い農産物を供給するとともに農業生産者にはまともな所得を保証する政策が取られたのだった。

この政策は見事な成功を収め、一九七〇年代半ばには農産物の余剰が出はじめ、同時に、自然資源の加速的荒廃と農業人口の大幅な減少が始まった。だが、補助金の配分方式を見直す改革は一九九二年まで行われず、しかも環境と雇用の破壊を止める効果はなかった。

現在、再びCAPの改革が行われている。失業と深刻な環境問題を抱えているヨーロッパで最初に行われねばならない公共政策は、雇用と環境破壊、そして公衆衛生をめぐるヨーロッパ社会の要求に応えることである。これらの要求は、世界市場の征服という実体の怪しい目的よりも重視されねばならない。

惨憺たる結果をもたらした一九九二年改革

一九九二年の改革がもたらした変化の中心は、助成の配分メカニズムをめぐるものだった。生産量に比例した価格保証を捨て、耕作地一ヘクタールごとに奨励金を支給する直接所得保障に切り替えられた。だが、この新しい政策も従来の流れを逆転させるために用いられることはなかった。

一九九二年以降、フランス国内で二〇万人の農業雇用が消失している。生産者に支給される奨励金の額も、上限を設けないまま耕作面積に応じて計算されているため、生産者は耕地面積の拡大に駆り立てられている。奨励金目当てに土地を漁る生産者が農地の取得を困難にし、農業を志す、土地をもたない若者に門戸を閉ざしている現状では、若者の定着を促すという政策も空念仏にしか聞こえない。

皮肉なことに、公の資金が社会の利益のために使われずに、雇用の破壊や社会的不平等の拡大を招いているのである。農民の四〇%が最低賃金以下の所得で生活している一方で、フランスの穀物生産者の上位四五〇〇人は年間平均七五万フラン［約一二五〇万円］もの助成を受けている。マルシェ（エーヌ県）に七〇〇ヘクタールの農地をもつモナコのレニエ王子は、ひとりで年間一五〇万フラン［約二五〇〇万円］を懐に入れている。フランスをはじめ、EU諸国ではこれよりもはるかに多額の補助金がバラまかれている。国土「乱整備」や農村社会の破壊を招いている何十億フランにものぼるPACからの補助金が、社会的に正当かどうかが問い直されているのである。

一九九二年の改革には、環境に関して、ますます加速する自然資源の荒廃への配慮がまったくなかった。農業と環境にまたがる施策は自主的な取り組みが基本になっているため、申し訳程度の予算しかなく、行政上も複雑で、すでに現状に合わない張りぼてのような存在にすぎない。奨励金は、環境対策とは何のつながりもなく支給されているばかりか、自然資源、とくに水にもっとも害の多い生産システムが奨励されているのが現状だ。たとえば、穀物と採油作物（ナタネ、ヒマワリ、大豆、エンドウなど）の栽培に灌漑を利用している生産者に、一ヘクタールあたり平均一〇〇〇フラン［約一万七〇〇〇円］が支払われていた。灌漑は特定の生産には役に立つが、雨の少ない地方で栽培されている小麦やトウモロコシに補助金を出すのはエコロジーの面でも経済の面でも非常識きわまりない。穀物生産と同じ奨励金を受けることができる飼料用トウモロコシの集約栽培は、大量の水を消費し、土壌の流亡が起きるために、大量の化学肥料が必要になる。しかも、トウモロコシ飼料はタンパク質が少ないため、大豆で補給しなければならないが、大豆はほとんどが輸入である。こうした農業の選択は、憂慮すべき結果をもたらす。フランスの水資源の三七％に硝酸汚染の恐れがあり、奨励金によるトウモロコシ栽培ブームで、二五〇万ヘクタールの牧草地が消滅しているのだ。

さらに、ＣＡＰは「補塡金」のメカニズムによって、農業に依存した南の国ぐにの経済にも悪影響を与えている。ＥＵ委員会は、持て余している余剰農産物を捨て値で世界市場に輸出している。そのさい、農業生産者は「補塡金」を受け取ることで、適正な価格を保障されている。その結果、マリ共和国の首都バマコの市場に通常価格よりも大幅に安く輸出された牛の骨が流入して現地の同業者の発達が妨げられるといった弊害が生じている。

また、フランス農業の経済的パフォーマンスも、距離をおいて見る必要がある。確かに穀物は二四〇億フランの貿易黒字を稼ぎだしたが、そのうち二三〇億フランは税金なのだ！　同じように、ヨーロッパはみずからの必要食物摂取量を自給できないために、カロリーを輸入せざるを得なくなっている。たとえば、動物性食品は、依然としてブラジルやアメリカの大豆に依存しているのである。

さらに、ＣＡＰの収支は大幅にマイナスになっている。ＥＵ予算の半分が農業雇用を破壊しており、自然資源と市民の健康を脅かし、南の経済を不安定にしている。こうしたグロテスクともいうべき政策は、もう終止符を打つべきときに来ている。ヨーロッパ建設の最初の絆となり、ヨーロッ

「狂牛病」で問われる専門家の立場

一般に「狂牛病」と呼ばれるウシ海綿状脳症（BSE）は、利害集団の自主規制だけに生産方法を任せることの限界をまざまざと見せつけた。ヨーロッパの消費者は、初めて自分の食卓の料理が健康に重大な危険をもたらすことを実感した。さらに今日、遺伝子組み換え作物について、欧州委員会は公衆の健康を犠牲にして金銭的な私的利益を優先している。市民は「食品はどのように生産されているのか？」という疑問をもち始めており、科学的な専門家の独立性と厳密さをめぐる議論や生産の仕方に対する市民の監視をめぐって論議が巻き起こっている。

パ大陸の食糧自給を達成するという任務を実現したのは事実だとしても、CAPは今日、現在直面している様ざまな問題に立ち向かうことで、その正統性を補強する必要がある。一八〇〇万人の失業者を抱えるヨーロッパにあって、CAPはもはや雇用の問題を避けて通ることはできなくなっている。それだけでなく、環境の保護と市民の健康というヨーロッパ社会の願いにも応える義務を負っているのである。

エコ優先原則の適用

ヨーロッパに必要なのは、ほんとうの意味でいまとは違う農業の構想だ。農業雇用を維持し、自然資源の保全に積極的に貢献し、市民の健康を守り、人びとが自分で食糧を得る権利を保障することを目的とする農業の構想だ。

農業雇用を維持するためには、農業奨励金の配分の仕方を変える必要がある。農業奨励金は、上限を設定するとともに、逆進制とし、小規模農地を優遇して中小生産者を優先的に援助する必要がある。また、創出した雇用の数に応じて補助金を

袋小路のなかで前向きの逃げを打つ欧州委員会

1999年の欧州委員会[訳注(1)]の改革案は、新しい要請に応えているとはとうてい言えないものだ。この改革の骨子は、価格の引き下げと、生産から切り離された直接所得保障の維持にあるが、補助金はこれまでと同様に不平等に配分されることになる。欧州委員会の目的はふたつある。ひとつは、農業食品産業《アグロビジネス》に極めて安い価格で農産物を提供することであり、もうひとつは、世界市場、とくに東南アジア市場を制覇することである。東南アジアを襲った経済危機は、欧州委員会に「世界市場」が幻想であることを思い知らせたはずだ。だが、ヨーロッパの農民に「世界市場」という展望を提供するために、欧州委員会は、農業生産者に新たな出血を求めようとしている。しかし、農産物価格の引き下げと国際競争力は、他の国の人びとが自分で食糧を得る権利という限界に突き当たっており、社会構想の代わりになり得るものではない。

(1)欧州委員会（Commission européenne）は、EUの最高決定機関である欧州理事会（Conseil européen）の下に置かれている行政機関で、EUの各行政機関の運営の監督、理事会へ提案、理事会決定の実施を行なう。

出す改正を行うべきである。

私たちの自然資源を保全するためには、エコ優先原則を確立する必要がある。この原則は、農業団体と国ならびにEU、そして環境保護市民団体が共同で基準リストを作成し、これを守っている生産者に対して奨励金を支給するというものだ。スイスの例に倣って、異なる要求に基づくふたつの基準リストの間で調整を行うべきである。[訳注(1)] たとえば有機農業のような、環境への配慮が大きい生産者には、より多くの支援を行うのである。

今すぐ実施すべき措置も取る必要がある。たとえば、灌漑に支給されている割増奨励金の撤廃や、牧草栽培地に対する定額奨励金の新設は、飼料用トウモロコシ栽培に与えられている特典を撤廃し、牧草と秣《まぐさ》による飼育を復活させることで、環境を守り、ヨーロッパ農業の輸入大豆タンパク依存を減らすことができるだろう。

ヨーロッパの消費者の健康を守るためには、慎重の原則を具体的に実施して行くことが不可欠であり（二二八頁「健康」の章参照）、より広くは、公権力が経済権力よりも社会全体の利益を優先する力をもつことが必要だ。専門家の意見を求めるさいには、その専門家が利益集団とどのような関係を持っているかを公表するなど、透明性を最優先させねばならない。

さらに、生産の在り方に対して市民権を積極的に行使するためには、消費者団体と環境保護団体を政治的な選択の前提となる意見の形成機関に送り込み、意思決定に参加させる必要がある。リスクの予防は、反権力、すなわち市民権を認知し、反権力に必要な手段を提供することなしには達成できないのである。

訳注

(1)～行うべきである：スイスで一九九九年に成立した有機農業促進法では、環境重視型農業をその基準の厳しさによって「有機農業」と「統合農業」のふたつのカテゴリーに分け、それぞれに基準リストと助成基準を定めることで、生産者と消費者の間口を広げている。有機農業は基準が厳しい代わりに、価格も高く、助成も多い。統合農業は、基準が緩い代わりに助成も少なく、価格も安い。

貿易には自由化よりも組織化を

人びとが自分で食糧を得る権利を尊重するために、ヨーロッパは国際競争力と世界市場の制覇というロジックと訣別せねばならない。ヨーロッパは、同じような生産性のレベルにある地域の集合体を形成し、関税による保護により自国の農業経済を守る体制を、とくにアフリカ大陸のパートナー諸国とともに、推進すべきである。これは、はるか以前から北の諸国が合意してきた基本的な権利であり、これを南の諸国にだけ禁じる理由は何もない。つまり、農産物貿易は、自由化すべきなのではなく、組織化しなければならないのである。ヨーロッパはこのオルタナティブな構想を世界貿易機構（ＷＴＯ）のなかに導入する義務がある。人工的に輸出を煽り立て、再生産に配慮し得ない農業モデルに南の諸国の食糧を依存させる補助金は今すぐ撤廃しなければならない。

農業の選択を民主化する

どのような農業を選択するかによって、雇用や国土整備、環境の質、公衆の健康、さらには国際連帯までが大きな影響を受ける。すでに見たように、それは農業生産者だけでなく、消費者や環境保護に携わる市民、地域の発展に携わる人びと、つまり市民全体にかかわる問題だ。したがって、農業の選択を民主化することは、「政治を生産する」もうひとつのやり方と不可分の必要と言えるのである。

国と主要な農業生産者団体の間の差し向かいの交渉では、こうした問題全体を把握しきれなくなっている。農業の選択の方向をほんとうの意味で変えるためには、新しい当事者を認知することが前提条件となる。ヨーロッパレベルでは、欧州委員会と欧州議会の幹部がこうした当事者の意見を聞くことを義務化すべきときに来ているといえるだろう。農業方針法は、ようやく組合の複数主義を認めたが、農業の意思決定の場を消費者団体と環境保護団体にも開くべきである。

さらに、CAPの整合性のなさはヨーロッパの制度にもおよんでいる（一〇〇頁「ヨーロッパ」の章参照）。国家の利害を積み重ねただけでは、一貫性のあるヨーロッパ政治を生みだす保障にはならない。制度改革により、欧州議会に現在欠けている方針決定権を与えるべきである。

緑の党の政策提案

- 補助金に上限を設け、雇用の基準にもとづいて改定する。
- 飼料栽培農地の奨励金は定額とし、灌漑への奨励金を廃止する。
- 補助金にエコ優先原則を導入する
- 同じような生産性をもつ国ぐにを集め、関税障壁で守られた超国家的集団をつくり、農業主体の経済を守る。
- 輸出補助金を廃止する。
- 市民団体が独立の専門家を雇う資金を確保するために市民参加基金を創設する。
- 農業の意思決定機関すべてに消費者団体、環境保護団体、および地域開発の当事者の参加を許す。

伝統の大地、ブルターニュ
昨日は原油、今日はブタの糞

許可なし滞在者のことでオレを困らせて見ろ……
「……コーン－ベンディットをドイツへ国外退去にしてやるから！」

あとがき

二一世紀、ヨーロッパが道を示すとき

ダニエル・コーン‐ベンディット

千年紀の曲がり角は、長い間さまざまな夢を掻き立ててきた。だが、二〇世紀最後の四半世紀のエコロジストの闘いは、二一世紀初めの二〇年か二五年間にも継続して行かなければならないものである。

われわれがヨーロッパの主要な国ぐにで政治の舞台に登場し、政府の内部に足を踏み込んだことはわれわれの最初の成功と言えるが、確固たる地位を築いたとはとうてい言えない。

だが、ひとつだけ変わったことがある。それは、われわれの求める持続的発展が、われわれの子や孫の時代にヨーロッパだけでなく世界中で実現するために、われわれが取り組まねばならない場が今後ヨーロッパでますます大きくなるということだ。昨日の社会主義がそうであったように、持続的発展も一国だけで実現することはできない。

ヨーロッパ経済とその生産・交易機構は非常に錯綜しているため、ヨーロッパの少数の国で獲得できたものをできる限り早く加盟国全体に拡大し（またその逆も）、孤立した形では実施不可能な新しい集団的問題意識をもち、EUの諸機関で実現しそうなものはすべて早急に拡大して行くために、われわれはヨーロッパのレベルに努力を集中せざるを得ない。

同じように世界レベルでも統合ヨーロッパの重みがあって初めて、われわれの提案を、政策に反映させるこ

とができるのであり、こうした国際レベルで最も重要となるのは進歩の概念に対するわれわれの批判なのである。

この批判の背景には、慎重の原則を世界レベルで適用するとともに、途上国が、西洋型の進歩という目くらましの罠が、途上国を、そして途上国もろとも世界全体を行き詰まりに導きかねないことを理解する必要があるという大きな課題がある。

三〇年前には、アメリカやフランス、ドイツ、イギリスで、つまりあらゆる豊かな国で、緑の勢力は人間活動が世界に与えつつあった地球温暖化のリスクに対して最初に注意を喚起した。当時は誰もがわれわれを鼻先で笑った。

今では、二〇世紀中の暑かった年を順に並べると、そのトップの一〇年が第四四半期に集中していることがわかり、地球が一～四度暑くなり、バングラデシュなどの洪水やエルニーニョサイクルの変化による太平洋各地の記録的干魃、そして他の場所での豪雨など、「自然」災害が二一世紀末を待たずに発生することは誰もが認めている。

一九七四年のフランス大統領選挙期間中、ひとりの無名の男がテレビの前の何百万ものフランス国民を前にコップ一杯の水を飲んで見せた。この候補者、ルネ・デュモンは、環境を無視して人間活動を発展させ続ければ、間もなくこの水が稀少で高価な品物になるだろうと語った。当時は誰もが彼をひょうきんな変わり者と思った。

今では、どこでも工業活動や農業活動、都市排水が、数十年にわたって地下水や河川水、さらには近海の海水まで汚染していることを知らない人はいない。危険のない水道水を飲み続けるためには、長い年月にわたってますます多額の資金を、詰まるところわれわれ一人ひとりの懐から払って行かねばならない。

同じ問題は、大気汚染にもある。大都市の空気は、自動車の通行でますます有害になっている。こうした都市汚染は風で拡散し、周辺の農村を汚染し、方々で酸性雨を降らせ、森を枯らしている。

さらに、われわれの食卓の食品にも同じ問題がある。食品に含まれる遺伝子組み換え作物や農薬、家畜用抗生物質がますます増え、それを食べるわれわれのなかで特定のガンを増やし、医薬品に対する耐性を増大させたり、あるいは狂牛病のような治療が不可能な疾患に直接感染させたりするのである。

商品の値段がますます安くなる一方で、その商品の使用や生産の仕方がもたらす環境や健康への損害を修復するための出費がますます高くなっているのである。たしかに経済活動、つまり成長や雇用は生みだされる。だが、こんなものを進歩と呼ぶことはできない。

進歩とは、知識や科学、技術の発展とともに、人間の健康と人間が住む環境を守るために厳しく、進化していく基準を設定することで、人間活動がもたらす悪い影響に十分な配慮が払われるよう、常によりいっそうの監視を行っていくことである。

ヨーロッパのレベルでこうした意識を高め、それを世界レベルに広げる努力をすることを、今後何年かにわたるわれわれの行動の基軸のひとつとしなければならない。

持続的発展か、石油ランプか？

われわれの主張はいつも失笑を買ってきた——チェルノブイリ事故までは。この事故は、内在的な危険をもつ技術が、管理できないまま、政治的・社会的に崩壊しつつある国で使われることが、大陸規模でいかに甚大な被害をもたらし得るかを証明した。

核は、被害が発生した場合にそれが極めて長期間継続するという点で象徴的だ。しかし、問題は大規模産業災害のリスクすべてに共通している。イタリアのセベソやインドのボパールでの事故は、まだ誰もが憶えているはずだ。それと同じように、遺伝子組み換え作物（GMO）の組み換えられた遺伝形質が他の植物や土壌微生物に転移するリスクが出てきている。だが、この問題では、闘いはまだ始まったばかりだ。

現在、われわれ先進国社会の豊かさと快適さがエネルギー消費に依存していることは広く認められているが、自動車やトラック、飛行機などのエンジンを動かすガソリンや軽油、灯油などの形で、あるいは石炭や石油からつくられる電気（世界の電力の九〇％がこれらを燃料としている）の形でわれわれが利用しているこのエネルギーは、まさにアリ地獄の動く砂のようなものだ。

今日、地球温暖化の原因が、もっとも発展した国ぐにで行われているこうしたエネルギー消費にあることはすでに分かっている。また、こうしたエネルギー消費がいずれは世界の石炭資源や石油資源の枯渇に行き当たることもすでに分かっている。にもかかわらず、先進国の産業界首脳や、彼らの行商人として仕える政治家たちが第三世界や新興工業国に向けて毎日輸出しているのは、まさにこうしたエネルギー消費の在り方なのであり、こういう風にエネルギーを使えばわれわれと同じ豊かさのレベルに到達できるんだよと仄めかしているのだ。

こうした態度は無責任だ。それは、地球全体を破滅に導く態度であり、われわれの孫に、豊かな国ではコンクリート壕の未来を、そしてそれ以外のすべての場所では地域紛争の未来を用意する態度である。

確かに、第三世界の子供も豊かな国の子供も、今の子供も将来の子供も、すべての子供たちに等しく、われわれは豊かで快適な未来を用意してやる義務がある。だが、それは、自動車や化石燃料のムダ使いや輸出競争が中心のわれわれの社会モデルを世界に拡大することによって達成できるものではないのだ。

また、一部の魔法使いの弟子たちがわれわれに信じ込ませようとしているように、答えは原子力のなかにあるのでもない。たとえ二一世紀に核廃棄物の「きれいな」処理方法が見つかったとしても、その内在的リスクゆえに原子力は答えにはなり得ない。

向こう五〇年間で唯一可能な道とは、あらゆる勢力が結集して、相互に利益もたらす交易と、再生可能エネルギーの開発、世界の化石燃料資源の公平な分配、省エネ（人や貨物の輸送では都市部の公共交通の開発、都市と都市を繋ぐ列車や運河、沿岸海運の拡大。住宅、とくに団地の暖房や照明用エネルギーの消費を抑えるパッシブソーラー設計など）にもとづいたエコ発展を確立することだ。

さしあたり、それには豊かな国の企業や政府が全地球的責任を負うことが必要だ。今のところ、このことを言っているのは緑の勢力だけだ。その声をできる限り早急に実現し、将来世代に、今日のわれわれと同じレベルの生活水準を保障できる世界、豊かな国と貧しい地域の間の富の格差が解消に向かう平和な世界を手渡すことが是非とも必要なのである。

そのために、ヨーロッパは国際機関など世界レベルで比重を増し、国際ルールを変え、南北のエコ発展と、回避不可能な長期的課題の解決を最優先する地球規模の持続的発展の建設を実現していかなければならない。このことを、われわれのこれからの行動の第二の基軸とすべきである。

もっと短期的には、ヨーロッパレベルでの最初の一歩として、EUの保護規約（環境、消費者、従業員、生産方式の）を各国間で整合させ、知識と技術の進歩状況に応じて基準を定期的に引き上げる改正を行っていくことができる。

だが、今日のヨーロッパには、持続的発展の最初の基礎を築くもっと直接的な機会がすでにある。それは東欧再建の必要だ。

東欧再建のチャンスを　み取る

東欧諸国で共産主義の廃墟の上に、われわれの西側システムと同じものを再生産してはならない。われわれがはまり込んでいる泥沼の轍を今のうちから避けられるような社会の建設のために援助を行わねばならないのだ。東欧の再建を利用してわれわれが行き当たっている社会の亀裂と都市の閉塞という壁を何十年か先送りした挙げ句、三〇年後に東も西も同時にこの壁に行き当たるのではなく、今から東で持続的発展を建設していくことで、東欧再建を西側経済をも持続的発展の方向に転換するチャンスにしようではないか。それはやろうと思えばできることだ。新たにつくり出さなければならないものは何もない。ノウハウはすでにあるし、技術もある。必要なのは、利害の対立する業界ロビーを乗り越えてこれを実現しようという政治的意思だけなのだ。

ヨーロッパ高速道路網を建設して東欧諸国を「トラック一辺倒、クルマ一辺倒」に押し込め、われわれがすでに経験済みの結末に至るのではなく、河川輸送や沿岸輸送、トラック・鉄道併用貨物輸送、TGV（高速鉄道）などのヨーロッパネットワークを、東西が共に力を合わせて建設すべきなのだ。

東欧を集約的農業に向かわせ、河川や地下水汚染を引き起こし、農村の過疎化と都市の失業をもたらすのではなく、今のうちから生産物の質に配慮し、その農業廃棄物自体をリサイクルした有機肥料を使う農業を組織するために援助をしていくべきなのだ。

東欧に新しい原発の建設（融離ケーソンのオプションつきで）を提案するのではなく、その五分の一の費用で三倍の雇用を創出する省エネ工事の拡大に援助すべきなのだ。太陽、風力、薪炭、バイオガスなど、東欧の気象条件や地元の自然資源に合った再生可能エネルギーの開発に援助を行うべきなのだ。

われわれ西側で大金を使って多くの街に路面電車を復活させている時に、東欧の街から時代遅れになった路面電車の軌道や老朽化したポールの架線を撤去することを奨励するのではなく、東欧が便数の多い、多様な近代的都市公共交通を計画するのを援助すべきなのだ。東欧の街で歴史的な中心街を生かし、大気汚染と通勤の移動を最小限に抑えるような都市計画をつくる援助をすべきなのだ。

EUやOECD、あるいはIMFの「専門家」たちが東欧諸国で犯しているとてつもない間違いを数え上げればきりがないが、ヨーロッパの進む方向を変えることで、これらを避けることができるのである。

世代を犠牲にするか、社会福祉のヨーロッパをつくるか？

社会福祉のヨーロッパをつくる闘いは、補完的であると同時に、即時的でなければならない。

経済と金融のヨーロッパはすでに出来上がったが、社会福祉のヨーロッパにはいくら呼んでも返事がない。二〇年来、ヨーロッパ統合の要は経済であり、経済の基準が社会福祉の基準を凌駕してきた。失業の低下も長期目標としてしか設定されていないのが現状だ。

その結果、約二〇年来ヨーロッパ諸国すべてにはびこっている大量失業がひとつの世代を犠牲にしつつある。両親が失業中で、財産はもとより、社会的活力や社会のなかで自分の場所を探すことの意味に至るまで、何も子供に伝えることができない家庭しかもてない若者の割合が、今後ますます増えていくことになるのだ。早く何とかしなければ、このような状況はわれわれヨーロッパ社会の死をもたらすことになる。

失業問題に対して恒久的な答えを見つけようとすれば、まず経済成長で問題を解決できるという固定観念を捨てなければならない。労働生産性の上昇と、「栄光の三〇年」訳注(1)の経済活動の原動力となった耐久消費財の普及の飽和のために、今後の経済成長は、せいぜい経済成長によって減少する雇用を埋め合わせる程度の雇用しか生みだすことができないのであり、たとえ差引がプラスになったとしてもその差があまりにも小さいため、今日の膨大な数の失業者を吸収するには三〇年もの年月が必要なのである。つまり、成長で失業を吸収できるという議論を唱える者は、もうひとつの世代が犠牲になることを平気で受け容れているということになるのである。

EUは一八〇〇万人の失業者（労働力人口の一一％）を抱えているが、国ごとの失業率はルクセンブルクの三％からスペインの二二％まで、かなりの差がある。また国ごとの社会モデルの違いも、たとえばスカンジナビア諸国とギリシャのように大きな差がある。国家間の競争はヨーロッパのなかでも続いているが、社会福祉ダンピングや産業の外国移転のエスカレートによる国際競争力の獲得競争は、社会連帯の破壊や社会福祉の低位協調につながる恐れが大きい。

これに対するオルタナティブとして、通貨を雇用のために役立たせる「社会連帯・持続可能な発展協定」を推進しなければならない。

この協定のマクロ経済上の第一の柱は、すでに見たヨーロッパのエコロジー的大事業計画である。だが、マクロ経済だけでは充分ではない。真の鍵とは、労働の分かち合いであり、これを生涯教育や早期退職、年間労働時間制、週間労働時間制、有給休暇の延長などあらゆる方法を使って進めることだ。実労働時間の一〇％削減によって、失業率を半減させることができる。それをどうやって実現するか？

マーストリヒト条約でインフレと公共赤字について数値目標が設定されたとき、各国にはそれを達成する手段の選択権を維持した。欧州議会も同じようにすればいい。EU加盟国すべてに一九九九年一月一日（ユーロ誕生の日）から次の任期が終わるまでに実労働時間の一〇％削減を設定し、一時間あたりの最低賃金を各国間で三〇％の変動幅に収束させるのである。

これで充分だろうか？　ノーだ。社会福祉の統合と同じ考え方で、労働権や、パートタイムに関する法規、職業上の男女平等、外国人労働者の権利、そしてもちろん健康保険制度や年金保障制度を各国間で整合させる必要があり、これには「社会保障調整構造基金」の新設が不可欠になる。

実現はどのくらい先になるのか？　週四日制に向けて足並みが揃うのにおそらく一〇年程度かかるだろう。だが、ヨーロッパのなかの豊かな国ぐにの社会保障レベルも一日にして成ったわけではない。フランスでは解放以来一九六八年六月まで、労働協定は県ごとに結ばれており、最低賃金も地域によって差があった。ポルトガルがデンマークに追いつくのにもおそらく同じくらいの時間がかかるだろう。これも今すぐ始めなければならない理由のひとつだ。

しかし、尊厳ある生活を送るための所得と自己と他者への尊重を保障する労働をすべての人に与えようとするときに、企業だけを当てにするのは間違いだろう。市場によって充たされる必要だけが活動と豊かさの源ではないからだ。このことは、たとえば学校では補修学級や、様ざまな活動による子供の覚醒、地域では保育所や託児所、老人在宅介護、あるいは環境では緑地の維持などで、とくに明らかだ。

いわゆる「市民セクター」には雇用の巨大な鉱脈がある。それが失業者の暇つぶし的な一時しのぎの周辺的

訳注

(1)「栄光の三〇年」：第二次大戦後の復興から一九七〇年代半ば以降の経済危機までの西ヨーロッパの高度成長期を指す。

活動ではなく、真に新しいタイプの雇用であり、その立ち上がりや専門職化、財政基盤の強化のための支援が必要であることは誰もが認めている。ここではすべてを新たにつくり出さなければならない。ここでは、民間資金と公共資金の組み合わせ（とくに失業者の雇用助成の方向転換による）、あるいはボランティアと有給職員の組み合わせ、新たな法人格、税制など、すべてが新たにつくり出さなければならないものばかりだ。

どのようにそれをやっていくか？　これの適用対象になるはずの人たちを差し置いて社会関係は考えられない。ということは、法律や運用のデクレ（政令）ですべてを規制することはできないわけだ。法規では禁止事項を定めたり、できることを掘り起こすだけにし、手続きやそれぞれの事情にあった組織の在り方は現場の当事者に任せるべきだ。

これは、人びとは「進歩の被害」を修復するための対策や手段だけを望んでいるわけではないからだ。人びとが市民として望んでいるのは、自分たちに直接関わる問題を自分たちの間で話し合えることなのであり、自分たちの意見を表明し、アイデアを提案し、こうした新しい活動の内容を決め、それを実行するための道が開かれていることなのだ。

ＥＵが、現実のなかに、現場に根を張りたいと望むならば、ひとつの計画が集団的に練り上げられ、それが適用される地域の住民の真の願いから出てきたものであることを本当の意味での裏付けとして公に認めることで、サブシディアリティー（最小自治体優先）の原則を市民のレベルまで引き降ろす必要がある。それに補助金と同じくらいの価値を置かねばならない。これは完全に実現可能であり、数値化することも可能だ。

フランスでは、こうした市民団体や社会経済セクター[訳注(2)]によって二〇〇万人近い雇用が創出されている。ヨーロッパレベルでは、イギリスの「チャリティー」やイタリアの「社会協同組合」、フランスの「町内事業体」、あるいはドイツの「オルタナティブ・ネットワーク」などがある。欧州議会は一九九四年にこの市民セクターの認知を採択している。今度はその成熟を育んでいく必要があるのである。

ただ、そう簡単には行かない。ヨーロッパではふたつの「秩序」が権力を二分していると言える。ひとつは欧州理事会と欧州委員会の「ユーロ官僚」たちの政策であり、もうひとつは巨大多国籍企業である。だが、第三の勢力である市民は弱体な議会に代表を送ることしかできない。この議会は、今日ほとんどないに等しいというのが実状だ。では、これをどうすべきなのか？　もしヨーロッパが社会福祉と市民のヨーロッパを望むならば、これをヨーロッパ主権の源泉にしなければならないのである。

ダニエル・コーン‐ベンディット　一九九九年春

訳注

(2)社会経済：公の経済活動のなかで行われているが、単に市場経済の行動原理だけでなく、社会的な行動原理の要素の強い経済活動。消費生活協同組合、生産者協同組合、オルタナティブ・ショップなどがその中心。

訳者あとがき

「ヨシュカがもうすぐ大臣になるかもしれないよ」――薄暗い冬の日曜日、カフェに集まって簡素な昼食を取ったあと、エスプレッソに砂糖を入れながら、フランクフルトから来ていたドイツ緑の党のフンディス派（根源派＝左派）メンバーが、会話の切れ目にポツリと言った。

この日、フランス緑の党と左翼との連合に賛同する党メンバーたちは、結党一周年を前に今後の戦略を練る小さなシンポジウムをパリの北のはずれの公民館で開いていた。「ホントに？」朝から降り続ける小雨のなか、暖房の利かない殺風景なホールで、盛り上がりに欠けた午前の基調報告を終えてちょっと疲れ顔のイヴが、半信半疑の様子で訊き返した。「おい聞いたか。ヨシュカが大臣だってよ。」周りのテーブルにいた他のメンバーたちも、この時は冗談半分にこの話を聞き流した。

だが、その二カ月ほど後のある晩、テレビのニュースを見ていると、ジーンズ姿のヨシュカがホルガー・ベルナー・ヘッセン州首相と握手する場面が映し出された。アナウンサーは「ドイツで初めてSPD［ドイツ社民党］と緑の党の連合州政府が生まれ、緑の党の環境大臣が誕生」と伝えていた。

それから一五年あまりたった今、当時看護婦から麻酔医になったばかりで、あのシンポジウムにも出ていたはずのドミニック（あの頃の彼女はまだ目立たない存在で、私自身は直接面識はなかったが）はフランス政府の国土整備・環境大臣を、イヴも国民議会の副議長を務めている。当のヨシュカは、周知の通りドイツの外相として今や押しも押されもせぬ存在だ。

裸電球ひとつ灯ったサンドニの市民グループの会議室で、千フラン（当時約二万二千円）あまりの活動資金の不足をどう工面しようかと相談していたアランは、いまジョスパン首相の経済顧問をしている。七年前、パリ一三区にあるＩＮＥＳＴＥＮＥの小さな事務所で、この市民派エネルギー・シンクタンクをたった二人で立ち上げたときの苦労話をしてくれたピエールは、本書にもあるように環境・省エネ庁長官に就任した。彼と同じ事務所を分け合っていたＷＩＳＥ‐パリのマイケルは、数年前に来日したとき「ラ・アーグ〔再処理工場〕でドイツの使用済核燃料から抽出したプルトニウムは、高レベル廃棄物と混ぜて廃棄物として管理していくのが一番いいんじゃないかと思って、今ドイツの連中と相談してるんだけどね」と、電車の中でこともなげに話していたが、その一週間後にＢＳ放送で見たフランスのニュースは彼の話とまったく同じ内容を伝えていた……。

今の日本から見れば夢のような話。本人たちさえ「信じられない」と口をそろえて言う急激な変化だが、それは決して一朝一夕に生まれたものではない。有象無象の利益集団が錯綜し、魑魅魍魎が跋扈し、欲とカネと策謀が渦巻く政治の世界はフランスとて同じであり、そこに足を踏み入れるには蛮勇が必要だ。フランスのエコロジストが政治の世界に根を下ろすまでには三〇年近い躊躇と試行錯誤の積み重ねがあった。

そのエッセンスが本書には凝縮されている。とくに、現場の運動が実社会の中で掘り起こしてきた様ざまな個別的問題（いわゆる「環境」分野にとどまらない）を当事者の目で調べ、その発生のメカニズムを分析し、具体的な対策を立案する問題解決能力。さらに、そうした個別的対策を有機的に連関させて組織化し、ひとまとまりの「政策」として練り上げる揺るぎのないビジョンと構想力。そして何よりも、容赦ない政治力学のただ中でその政策を実行してきた彼らの経験――今や地球上で緑の党をもたない唯一の地域となったこのアジアで、「われわれ」の政治を始めようとするすべての人びとにとって、本書は知恵と勇気の豊かな源泉となると確信している。

最後に、本書の翻訳がかくも遅れたことを原著者ならびに日仏の出版社の方々に深くお詫びするとともに、編集にあたられた緑風出版の高須次郎、高須ますみ、斉藤あかねの各氏、ならびに原文の解読に助言を厭わなかった妻のフランソワーズ・ジャンに、この場をかりて厚くお礼申し上げます。

二〇〇一年　春

訳者・真下俊樹

【た行】

【な行】

【さ行】

索引

（章のタイトルになっているものは斜体で表示）

【著者紹介】

フランス緑の党（ふらんすみどりのとう）

正式な党名は「緑、エコロジスト連盟 - エコロジスト党（Les Verts, Confédération écologiste-Parti écologiste)」。1984年1月、パリ北西郊外のクリシーで結成。党の源流は、1974年の大統領選にエコロジストとして出馬した農学者ルネ・デュモンの支援グループ「エコロジー運動（Mouvement écologique)」にさかのぼる。このグループが中心となって1979年5月の欧州議会選推進団体「ヨーロッパ - エコロジー（Europe-écologie)」が結成された。この時までは選挙推進団体は選挙後解散する取り決めになっていた（「生分解性（bio-dégradable）組織」と呼ばれた）が、「ヨーロッパ - エコロジー」の有志が79年11月に常設の運動組織「政治的エコロジー運動（Mouvement d'écologie politique=MEP）を結成、82年11月に「緑 - エコロジスト党（Les Verts-parti écologiste)」と改名した。他方、1981年の大統領選および総選挙推進団体から「エコロジスト連盟（Confédération écologiste)」が結成され（81年12月）、82年11月に「緑 - エコロジスト連盟（Les Verts-Confédération écologiste)」、83年5月に「緑（Les Verts)」と改名した。今日のフランス緑の党はこれら二つの「政党」の合併により結成されたもので、上記の正式党名もその痕跡をとどめている。1986年に他政党との連合を拒否する「左でも右でもない（ni gauche, ni droite)」派のアントワンヌ・ヴェシテルが多数派を占めたが、1993年に左翼（社共、極左）との連合を主張するドミニック・ヴォネが多数派を獲得。今日まで党内で基盤を固めている。1997年5／6月の総選挙で6.86%を得て、国土整備・環境大臣１名（兼任）、国民議会議員６名を獲得。1998年3月の地域圏議会選で5.21%、県会議員選で7.5%、2001年3月の市区町村議会選で12%、県会議員選で7～12%を獲得（いずれも立候補した選挙区での平均得票率）、地方議会にも多数の議員を送り込んでいる。

所在地：107, avenue Parmentier, FR-75011 PARIS,
電話 : 33/01.43.55.10.01/Fax : 33/01.43.55.16.15,
Webページ : http://www.les-verts.org/

【訳者紹介】

真下　俊樹（ましも　としき）

1954年京都府生まれ。1975年から「東大自主講座」「原爆体験を伝える会」に参加。1978年「市民エネルギー研究所」の設立に参加。東大文学部卒業後、パリのフランス国立社会科学高等研究院（EHESS）で開発経済・インフォーマル経済を専攻。同時にヨーロッパ各国のエコロジー・オルタナティブ活動家、緑の党と交流。法政大学非常勤講師（地球環境論)、國學院大學非常勤講師（環境経済学）等を経て、現在、フリーでエネルギー・環境問題、ヨーロッパ緑の党の政策を研究。著書に『2010年日本エネルギー計画』（共著、ダイヤモンド社、1994年）。訳書にB. デルプーシュ『世界の食糧・農業』（農文協、1990年)、『シリーズ・東欧革命』（共訳、緑風出版、1991年)、A.ゴルツ『労働のメタモルフォーズ　働くことの意味を求めて』（緑風出版、1996年）など。［連絡先e-mail: mashimot@kyodonomori.com］

緑《みどり》の政策事典《せいさくじてん》

2001年5月31日　初版第１刷発行　　定価2500円＋税

著　者　フランス緑の党
訳　者　真下　俊樹
発行者　高須次郎
発行所　緑風出版 ©
〒113-0033　東京都文京区本郷2-17-5　ツイン壱岐坂
［電話］03-3812-9420　［FAX］03-3812-7262
［E-mail］info@ryokufu.com
［郵便振替］00100-9-30776
［URL］http://www.ryokufu.com/

装　幀　堀内朝彦
写　植　R 企 画
印　刷　モリモト印刷　巣鴨美術印刷
製　本　トキワ製本所
用　紙　大宝紙業　　E2000

Printed in Japan　　ISBN4-8461-0104-5　C0031

◎緑風出版の本

▨全国のどの書店でもご購入いただけます。
▨店頭にない場合は、なるべく最寄りの書店を通じてご注文ください。
▨表示価格には消費税が転嫁されます。

政治的エコロジーとは何か

アラン・リピエッツ著／若森文子訳

四六判上製
二三二頁
2000円

地球規模の環境危機に直面している今ほど、政治にエコロジーの観点からのトータルな政策が求められている時はない。本書は、フランス緑の党の経済政策スタッフでもある経済学者の著者が、エコロジストの政策理論を展開する。

労働のメタモルフォーズ
——働くことの意味を求めて
——経済的理性批判

A・ゴルツ著／真下俊樹訳

四六判上製
四一三頁
3200円

現代産業社会の中で労働の解放はどのように構想されうるのか？　マルクスの労働論からイリイッチ、ハーバーマスら現代思想に至る労働観を総括し、労働する人間の自律と解放を考える、フランス現代思想家の注目の書。

エコロジスト宣言

A・ゴルツ著／高橋武智訳

四六判上製
三一六頁
2200円

フランスの代表的左翼理論家である著者は、エコロジー的・自主管理的社会主義論を武器に現代社会を解剖し、新たなる社会の構想を宣言する。ヨーロッパのエコロジー運動と労働者自主管理運動のバイブルといわれる名著。

エコロジーから自治へ

コルネリュス・カストリアディス、ダニエル・コーン＝ベンディット共著／江口幹訳

四六判上製
一八九頁
1700円

仏五月革命の旗手・コーン＝ベンディットと孤高の革命的思想家・カストリアディスがはなつエコロジーをめぐる白熱の討論は、エコロジー論の新地平を切り開く。訳者・江口幹もエコロジーから自治への思想を全面展開。